新版
ミクロ経済学
MICROECONOMICS

嶋村紘輝
SHIMAMURA Hiroki

成文堂

はじめに

　私たちの生活において、実際は、経済の占める重要性はきわめて高いものです。生活の基本にあたる衣・食・住をはじめ、教養・娯楽、スポーツ・文化、旅行などの諸活動は、ほとんどすべて経済的な側面をもっています。

　本書は、はじめて経済を本格的に学ぶ読者を主な対象として、「ミクロ経済学」の基本的な概念や基礎理論を、やさしく正確に説明することを目的としています。本書を読むうえで、特に経済学について事前の知識は必要ありません。経済のミクロ面に関心を抱く読者ならば、誰でも理解できる内容のものです。

　より詳しく言うと、市場経済のしくみや機能はどのようになっているのか、経済を構成する個々の家計(個人)や企業はどのような行動をとるのか、市場において財・サービスの価格や数量はいかに決定されるのか、所得は人びとの間にどのように分配されるのか、などの問題に対して、ミクロ経済学はどのような解答を示すことができるのかを、明快な文章と図表、ときには簡単な式や数値例を使い、具体的にわかりやすく解説することを意図しています。

　なお、ミクロ経済学を理解しておくことは、マクロ経済学や金融、財政、貿易、経済政策、労働経済、産業組織、交通経済、経済発展、環境経済などの経済学の応用分野、経営、会計、マーケティングなどの商学一般を学んでいくうえでも、必要不可欠なことです。

　読者の方々が、本書を読んで、現代社会における経済の仕組みや機能、さまざまな経済行動や経済現象に対する認識を深め、さらに問題解決の方法を自ら考えることができるようになることを願っています。

●本書の構成

　本書は、ミクロ経済学を総合的に学習できるように、全体で10章の構成にしてあります。

第1章では、はじめて経済学に接する読者を念頭に置き、「ミクロ経済学の課題と方法」について説明します。

　つぎの第2～5章は、ミクロ経済学の「基礎編」というべき部分です。まず、第2章で「需要と供給」の問題を取り上げ、市場経済の仕組みや機能を明らかにします。続いて、第3、4章では、個別経済主体の行動を考察の対象として、「家計の消費行動」および「企業の供給行動」について説明します。その後、第5章において、「完全競争市場の均衡と効率性」の問題を考察します。

　さらに、第6～10章は、ミクロ経済学の「応用編」に当たる部分です。まず、第6章では市場が「不完全競争」の場合を取り上げ、独占や寡占について説明します。ついで第7章において、「生産要素市場と所得分配」の問題を扱い、また、第8章では、外部性や公共財などの「市場の失敗」について検討します。加えて、第9、10章において、特に最近、ミクロ経済学の分野で重要性を増している「ゲーム理論」と「不完全情報」の経済学について解説します。

　各章の構成は、はじめに「本章の内容」と「キーワード」、つぎに「本文」があり、最後に「練習問題」という形になっています。さらに、その章の内容と関連した「コラム」がついています。

　巻末には、ミクロ経済学の「学習ガイド」、練習問題の「解答・ヒント」、重要語を中心とした「索引」があります。

● **本書の読み方・使い方**

1　本書では、全体を通して、ミクロ経済学の概念や理論を体系立てて配列してあります。ですから、最初の章から順を追って読み進むのがベストと思われます。本書の全体を学習することにより、初級から中級レベルのミクロ経済理論を修得することができます。

　　ただし、各章はおのおの完結するように書いてありますので、特に興味のある章を個別に読んでいくことも可能です。

2　本文中に出てくる重要な語句や図表の番号は、すぐわかるようにゴシック活字にしてあります。

3　内容が入門レベルとしてはやや高度であるとか、本書の全体的な流れから見て、抜かしても大きな支障はないと思われる節や項には、※印をつけておきました。※印のついた個所は、はじめて読むときにはざっと目を通すだけにするか、あるいは飛ばしてもかまいません。

　また、数学的な補足があると理解が深まる箇所には＊印をつけ、脚注で説明してあります。余裕のある読者は活用してください。

4　各章のおわりに「練習問題」があります（やや難解な問題には※印がついています）。そして、詳細な「解答・ヒント」を巻末（257～270ページ）に添付しておきました。

　練習問題には、本文の内容の理解を確認するものや、本文では十分に扱えなかった問題など、いろいろあります。読者は、ぜひ自分で解答を試みてください。実際に練習問題に当たることは、本書で説明するミクロ経済学の理解度を高め、経済分析の力を身につけるうえで有効な方法です。

5　現在、大学などで経済関連科目を履修している学生諸君はもとより、国家・地方などの公務員、公認会計士、不動産鑑定士、証券アナリストなどを目指す読者の方々にとって、本書によりミクロ経済学を総合的に修得することは、所期の目的達成に大いに役立つと思います。

　本書の刊行は、実は10年程前から企画されていましたが、本格的に作業が始まったのは一昨年です。当初は、前書『ミクロ経済学』を部分的に改訂することを計画していましたが、結局、全面的に書き改めることとなりました。前書と同様、多くの方々に愛読される本になればと期待を込めて、ここに書名も新たにして世に出すことにしました。

　おわりに、本書を企画して、また読みやすく、見やすくするため、多大な労を惜しみなく払ってくださった成文堂の皆様、とりわけ社長阿部耕一氏と編集長土子三男氏には、心よりお礼を申し上げます。

　　2005年3月

　　　　　　　　　　　　　　　　　　　　　　　　　　　　　嶋村紘輝

目　次

はじめに

第1章　ミクロ経済学：課題と方法 … 1

1　経済問題と経済学 … 2
① 経済問題：資源の希少性(2)　② 経済学とは(3)
③ 科学としての経済学(4)

2　ミクロ経済学とは何か … 5
① マクロとミクロ(5)　② ミクロ経済学の手法(6)

3　市場と政府 … 7
① 市場経済体制(7)　② 政府の役割(8)

4　経済活動の担い手と相互の関係 … 9
① 家計、企業、政府(9)　② 生産物市場と生産要素市場(10)

練習問題 … 11

第2章　需要と供給 … 12

1　市場と競争 … 13
① 市場とは(13)　② 完全競争と不完全競争(13)

2　市場の需要と供給 … 14
① 需要曲線(15)　② 供給曲線(17)

3　市場の均衡 … 18
① 市場の調整過程(18)　② 市場均衡(19)

4　需要と供給の変化 … 20
① 需要の変化(20)　② 供給の変化(22)
③ 需要と供給の同時変化(23)

5　需要の価格弾力性 …………………………………………………… *24*

① 需要の価格弾力性とは(*24*)　② 需要の価格弾力性と需要曲線
③ 総収入と需要の価格弾力性(*26*)

6　供給の価格弾力性 …………………………………………………… *28*

① 供給の価格弾力性とは(*28*)　② 供給の価格弾力性と供給曲線(*29*)
●コラム：石油ショックの影響(*30*)

7　政府の価格規制 ……………………………………………………… *31*

① 価格の上限の規制(*31*)　② 価格の下限の規制(*32*)

8　課税の影響 …………………………………………………………… *33*

① 売り手への課税(*33*)　② 買い手と売り手の税負担(*34*)

練習問題 ……………………………………………………………………… *35*

第3章　家計の消費行動 …………………………………………… *37*

1　家計とは何か ………………………………………………………… *38*

① 家計の経済的な役割(*38*)　② 消費者としての家計(*38*)

2　家計の予算制約 ……………………………………………………… *39*

① 予算線(*39*)　② 所得・価格の変化と予算線(*40*)

3　効用と無差別曲線 …………………………………………………… *42*

① 効用とは(*42*)　●コラム：基数的効用と序数的効用(*43*)
② 無差別曲線(*44*)　③ 無差別曲線の凸性と限界代替率の逓減(*45*)

4　最適な消費の決定 …………………………………………………… *47*

① 効用最大化(*47*)　② 限界代替率と価格比率の均等(*49*)
③ 限界効用の均等(*49*)

5　家計の所得と消費 …………………………………………………… *50*

① 正常財(*50*)　② 需要の所得弾力性とエンゲル曲線(*52*)
③ 下級財(*54*)

6　価格と家計の消費 …………………………………………………… *55*

① 価格変化の効果：家計の需要曲線(*55*)

② 代替効果と所得効果：正常財のケース(56)　③ ギッフェン財(58)

7 交差効果 ……………………………………………………………………… 59

① 代替財と補完財(59)　② 需要の交差弾力性(61)

●コラム：スルツキー方程式※(62)

練習問題 ………………………………………………………………………………… 63

第4章　企業の供給行動 …………………………………………………… 64

1 企業とは何か ………………………………………………………………… 65

① 企業の経済的な役割(65)　② 企業の目標(65)

2 投入と産出 …………………………………………………………………… 66

① 生産関数(66)　② 総生産物曲線と収穫の法則(67)
③ 平均生産物と限界生産物(69)

3 等産出量曲線 ………………………………………………………………… 70

① 等産出量曲線とは(70)
② 等産出量曲線の凸性と技術的限界代替率の逓減(72)
③ 規模に関する収穫(73)

4 最適な生産要素の投入 ……………………………………………………… 75

① 等費用線(75)　② 費用最小化(76)
③ 企業の拡張経路(78)　●コラム：経済学上の費用と利潤(79)

5 短期費用 ……………………………………………………………………… 80

① 総費用(81)　② 平均費用(83)
③ 限界費用(85)

6 企業の収入：完全競争のケース …………………………………………… 86

① 総収入と平均収入(86)　② 限界収入(87)

7 最適生産量の決定 …………………………………………………………… 88

① 総収入と総費用による利潤最大化(88)
② 限界収入と限界費用による利潤最大化(90)

8 企業の短期供給曲線 ………………………………………………………… 92

① 市場価格と最適生産量(92)　② 企業の供給曲線(93)

9 長期費用※ ·· 94
　　① 長期総費用(95)　　② 長期平均費用(96)
　　③ 長期限界費用(97)
 10 企業の長期供給行動※ ·· 98
　　① 長期の利潤最大化：企業の長期供給曲線(98)　　② 企業の長期均衡(99)
　練習問題 ··· 100

第5章　完全競争市場と効率性 ·· 102

 1 完全競争市場の均衡 ·· 103
　　① 完全競争市場とは(103)　　② 市場の需要・供給曲線と均衡(104)
 2 市場の調整過程と均衡の安定性 ·· 106
　　① ワルラス的調整過程(106)　　② マーシャル的調整過程(107)
　　③ クモの巣型の調整過程(109)
 3 消費者余剰と生産者余剰 ·· 110
　　① 消費者余剰とは(111)　　② 生産者余剰とは(112)
 4 競争均衡の効率性 ··· 113
　　① 完全競争市場と経済余剰(114)　　② 経済余剰の計測：数値例(115)
 5 政策措置と経済余剰 ·· 116
　　① 価格規制の非効率性(116)　　② 課税の非効率性(117)
 6 効率性の基準：パレート最適 ··· 118
　　① パレート最適とは(118)　　② 効率性と公正(119)
　●コラム：社会的な最適点─効率的な配分と公正な分配─(121)
 7 パレート最適な資源配分の条件※ ·· 122
　　① 消費のパレート最適(122)　　② 生産のパレート最適(124)
　　③ 消費と生産のパレート最適(126)
 8 完全競争とパレート最適 ··· 128
　　① 3つのパレート最適条件の実現(128)　　② 厚生経済学の基本定理(129)
　練習問題 ··· 130

viii 目次

第6章 不完全競争 ……………………………………………………… 132

1 独占 …………………………………………………………………… 133
① 独占とは (133)　② 独占企業の需要曲線と総収入 (134)
③ 平均収入と限界収入 (136)

2 独占企業の最適行動 …………………………………………………… 137
① 利潤最大化 (138)　② 独占企業の利潤 (139)

3 独占と競争 ……………………………………………………………… 140
① 独占均衡と競争均衡 (140)　② 独占の非効率性 (141)
●コラム：政府の競争促進政策 (142)

4 価格差別 ………………………………………………………………… 143
① 価格差別とは (143)　② 最適な価格設定 (144)

5 独占的競争 ……………………………………………………………… 146
① 多数の売り手と製品差別化 (146)　② 独占的競争の均衡 (147)
③ 独占的競争の意味合い (148)

6 寡占とゲーム理論 ……………………………………………………… 149
① 寡占とは (149)　② 競争的寡占：囚人のジレンマ (149)
③ 協調的寡占 (151)

7 寡占モデル※ …………………………………………………………… 152
① クールノー均衡 (153)　② 協調 (155)
③ シュタッケルベルグ均衡 (156)

8 寡占価格 ………………………………………………………………… 158
① マークアップによる価格決定 (158)　② 非価格競争 (159)
③ 屈折需要曲線 (160)

9 参入障壁 ………………………………………………………………… 161
① 参入障壁とは (161)　② 参入阻止行動 (162)

練習問題 ……………………………………………………………………… 163

第7章　生産要素市場と所得分配 …… 165

1　企業の労働需要 …… 166
① 利潤最大化と労働需要(166)　② 企業の労働需要曲線(167)

2　家計の労働供給 …… 168
① 労働と余暇の選択(168)　② 家計の労働供給曲線(170)

3　労働市場の均衡 …… 172
① 市場賃金率の決定(172)　② 賃金格差(173)

4　固定的生産要素の価格 …… 175
① 固定的な土地サービスの価格(175)　② 経済地代(176)
●コラム：資産価格とバブル* (178)

5　生産要素の需要独占 …… 180
① 要素需要の独占(180)　② 需要独占の均衡(182)

6　生産要素の供給独占と双方独占 …… 183
① 要素供給の独占(183)　② 双方独占(184)

7　市場経済と所得分配 …… 186
① 市場メカニズムによる所得分配(186)　② 所得分配政策(187)

練習問題 …… 188

第8章　市場の失敗 …… 189

1　外部性 …… 190
① 外部性とは(190)　② 生産の外部不経済(190)
③ 生産の外部経済(192)

2　当事者による外部性の解決法 …… 194
① 統合(194)　② 交渉：コースの定理* (195)

3　外部性に対する政策 …… 197
① 環境規制(197)　② ピグー税(197)

③ 補助金(198)　　④ 市場の創出・運営：排出権取引(199)

4 公共財 ……………………………………………………………… 200
① 非競合性と非排除性(200)　　② ただ乗り(フリーライダー)の問題(201)

5 公共財の供給 ………………………………………………………… 202
① 公共財の最適供給量(202)　　② 政府による供給(203)

●コラム：共有地の悲劇(204)

6 自然独占 ……………………………………………………………… 205
① 規模の経済と自然独占(205)
② 限界費用価格形成と平均費用価格形成(207)
③ 2部料金制とX非効率性(208)

練習問題 ……………………………………………………………………… 209

第9章　ゲーム理論 ……………………………………………………… 211

1 ゲーム理論とは何か ………………………………………………… 212
① 相互依存と対立(212)　　② ゲームの分類(212)

2 戦略型ゲーム ………………………………………………………… 213
① 寡占企業の価格競争ゲーム(214)　　② ナッシュ均衡(215)

3 囚人のジレンマ ……………………………………………………… 218
① 自白か黙秘か(218)　　② 競争か協調か(219)

●コラム：自由貿易か保護貿易か(220)

4 繰り返しゲーム ……………………………………………………… 221
① トリガー戦略(222)　　② しっぺ返し戦略(223)

5 展開型ゲーム ………………………………………………………… 225
① ゲームの木(225)　　② 後ろ向き帰納法(226)

6 参入阻止ゲーム ……………………………………………………… 227
① スーパー・マーケットの参入(227)　　② 有効な参入阻止行動(229)

7 部分ゲーム完全均衡* ……………………………………………… 231

目　　次　xi

　　　① ナッシュ均衡の絞り込み(231)　② 部分ゲーム完全均衡とは(232)

　練習問題 ……………………………………………………………………… 234

第10章　不完全情報 ……………………………………………………… 235

1　不完全な価格情報 ………………………………………………………… 236
　　　① 情報と市場価格(236)　② 不完全情報下の消費行動(237)

2　逆選択 ……………………………………………………………………… 238
　　　① レモンの市場(239)　② 中古車市場：数値例*(240)
　　　③ 逆選択の事例(242)

3　逆選択への対応 …………………………………………………………… 243
　　　① シグナリング(243)　② 自己選択(245)

4　モラル・ハザード ………………………………………………………… 246
　　　① 保険契約者の行動(246)
　　　② 医療保険のモラル・ハザード：非効率性(247)
　　　③ エージェンシー関係(248)

5　モラル・ハザードの解決方法 …………………………………………… 249
　　　① モニタリング(249)　② 誘因システム(250)
　　　●コラム：効率賃金仮説(252)

　練習問題 ……………………………………………………………………… 253

学習ガイド ……………………………………………………………………… 255
練習問題の解答・ヒント ……………………………………………………… 257
索　　引 ………………………………………………………………………… 271

第1章

ミクロ経済学：課題と方法

> 【本章の内容】　本書の目的は、ミクロ経済学を学ぶことにより、現代社会における経済の仕組みや機能、さまざまな経済行動や経済現象をよりよく理解することにある。
>
> 　そのため、まず本章では、経済学とりわけミクロ経済学とは、どのような問題を対象とするのか、また、どのような方法により問題を検討して解決をはかろうとするのか、という点について考えてみる。同時に、私たちの社会の経済システムは、どのような特徴をもつものなのか、について説明する。
>
> 　この章の内容は、ミクロ経済学の課題や研究方法の概略を知るうえで有益である。また次章以降で、ミクロ経済学の本格的な学習を始めるための、出発点となるものである。

●本章のキーワード

資源の希少性　　選択　　資源配分　　所得分配　　実証的分析と規範的分析
ミクロ経済学とマクロ経済学　　最適化　　均衡値の決定　　市場経済
見えざる手　　政府の役割　　経済主体（家計・企業・政府）　　生産物市場
生産要素市場　　経済循環

1 経済問題と経済学

はじめに、「経済学」とはどのような課題を、いかなる方法で扱う学問であるのか、という問題について考えてみる。

① 経済問題：資源の希少性

まず、なぜ私たちの社会においては、常に「経済問題」が存在するのであろうか。その根本的な理由は、「資源」（人的資源、天然資源、資本など）の**希少性**(scarcity)という点に見いだせる。

最初に、個人のレベルで考えてみよう。ほとんどの人は衣・食・住をはじめ、教養・娯楽、スポーツ・文化活動などいろいろな領域にわたり、より多くの、よりよい、そしてより多様な欲求を実現したいと思っている。ところが、現実には、各人がもっている所得には限りがある。仮に、有り余る所得をもっていたとしても、利用できる時間には限りがある。したがって、個人のもつ多種多様な欲求が、同時にすべて満たされることはあり得ない。各人は、限りある所得や時間を使って、まず何をどれだけ充足させるかを、決める必要がある。

つぎに、国のレベルで見ても同じようなことが言える。たとえば、政府は、国民が健康で文化的な生活を営むことができるように、各種の政府サービスの提供、社会資本や生活環境の充実・改善、社会保障の実施など、さまざまな活動を行っている。また、完全雇用・物価安定・経済成長・資源の有効利用・公正な分配・為替レートの安定など、種々の経済政策の目標を実現しようと努めている。しかし、政府の財源や利用できる手段には限りがあり、すべての目標をすぐ完璧に達成することはできない。政府といえども、その活動に優先順位をつけて、まず何をどの程度まで行うのかを、決めなければならない。

このように、人間の欲求は多種多彩で際限がないのに対して、これを充足するために利用できる「資源」の多くには限りがある。資源は有限であり、欲求の大きさと比べて相対的に希少なのである。つまり、空気などの「自由

資源」(自由財)を除き、資源は一般に、その利用には対価を要する「経済資源」(経済財)の性質をもつ。

そのため、どの個人も、またどんな政府でも、希少な資源をどのように使い、何をどれだけ実現させたらよいのか、という**選択**(choice)の問題に直面せざるを得ないのである。

② 経済学とは

前項で述べたように、経済問題の生じる根本的な理由は資源の希少性にあり、どの個人も政府も、限りある資源をどのように使ったらよいのか、という選択の問題を抱えている。このような選択の問題を、科学的な方法によって解決をはかることが、まさに経済学の目指すところである。

したがって、資源の希少性という点から経済学を定義すると、「**経済学**(economics)とは、希少な資源を使って、何をどれだけ、どのように生産するのか、そして生産された財・サービスは誰に分配されるのか、すなわち、最終的に誰が消費することになるのか、といった選択の問題を研究するものである」と言うことができる。

これより、経済学の扱う問題は、大きく2つに分けることができる。1つは、有限な資源を、どのような財・サービス(人びとの欲求を満足させる有形・無形のもの)の生産に当てたらよいのか、またいかなる方法によって生産したらよいのか、という**資源配分**(resource allocation)の問題である。この資源配分こそ、経済学にとってもっとも基本的な問題であり、一般に**効率性**(efficiency)、つまり希少な資源をいかに有効に利用するか、という視点から研究される。

もう1つは、生産活動の成果を、社会を構成する人びとの間にどのように割り当てたらよいのか、という**所得分配**(income distribution)の問題である。この問題については、**公正**(あるいは、**公平**、**衡平**：equity)、つまり社会的正義の観念に合うように、所得が人びとの間に分配されているか、という視点から研究される。どのような経済問題も、資源配分か所得分配のどちらか、あるいは両方に関係していると考えられる。

③ 科学としての経済学

経済学は社会科学の一分野であり、経済的な選択の問題を科学的方法によって研究する。ここで、科学的方法とは、経済の現実を説明したり将来の動きを予測するための理論は、実証面の裏付けがあってはじめて認められる、という考え方に立つものである。つまり、経済学は、

現実→理論(モデル)→論理的演繹→命題(予測)→検証→理論の確立
　　　　↑――――――――モデルの修正――――――――|

という理論構造をもち、**実証科学**としての性格が強い。

より詳しく説明すると、まず現実をよく観察して、本質的と思われる要素によって**理論**(モデル)を構築する。これは一組の仮説からなり、言葉や数式、数量的な関係を使って表現される。このモデルにもとづき「論理的演繹」を行い、さまざまな「命題(予測)」を導く。そして、モデルから得られた命題が現実に観察される事実(データ)と合致するのかどうかを、実証的な方法によって「検証」する。

もし、モデルの命題が事実によって支持されるならば、それは経済理論として妥当なものと認められる。反対に、現実の観察結果をうまく説明できないのであれば、理論としての妥当性は否定される。それは、演繹の方法が間違っていたか、モデルが適切に構築されていなかったからであり、後者の場合はモデルの修正を要する。このように、実証科学としての経済学は、理論と実証の循環的構造をもつ点に特徴がある。

経済学は、上述したように、現実の経済を客観的に説明したり、将来の動きを予測するという**実証的**(事実解明的)な**分析**を主とするが、これに限られるわけではない。ある価値観にもとづく基準を前提にして、さまざまな経済状態や経済政策の社会的な望ましさを評価したり、改善の方策を明らかにしたりもする。このような経済学の方法は、**規範的な分析**といわれ、経済政策の理論的な基礎を形成する。前項で述べた資源配分と所得分配の基本的な経済問題に関しては、それぞれ「効率性」と「公正」の基準が一般に使われる。

2　ミクロ経済学とは何か

　経済学のコアとなる分野は、分析の視点を経済全体に置くのか、それとも経済を構成する個々の家計・企業や市場に置くのかによって、マクロ経済学とミクロ経済学の2つに大別される。ここでは、特に、ミクロ経済学とはどのような課題、分析方法の特徴をもつものなのか、という点について考察する。

① マクロとミクロ

　まず、**マクロ経済学**(macroeconomics)では、経済を巨視的(マクロ的)に見て、経済全体の集計量に注目しながら経済の動きを把握する。すなわち、一国の経済活動水準の指標である生産、所得、雇用、消費、投資、利子率、物価、国際収支、為替レートなどの集計量の動きを見て、経済全体の活動はどんな水準に決まるのか、またどのように変動するのかを明らかにする。

　現代のマクロ経済学は、ケインズ(J. M. Keynes)の『雇用、利子および貨幣の一般理論』(1936年)に端を発するもので、経済全体の状況や動きを理解したり、予測するのに適している。マクロ経済学は、とりわけ一国の所得の動向を分析の中心に置くことから、「所得分析」ともいわれる。

　これに対して、**ミクロ経済学**(microeconomics)では、経済を微視的(ミクロ的)に見て、家計・企業の行動や市場の機能を明らかにする。家計や企業はどのような行動をとるのか、財・サービスの価格や数量は市場においていかに決定されるのか、市場は相互にどのように関連し合っているのか、所得は人びとの間にどのように分配されるのか、といった問題を扱う。

　ミクロ経済学はワルラス(L. Walras)やマーシャル(A. Marshall)に代表される「新古典派経済学」の伝統に沿うもので、家計・企業の行動や経済の仕組み・機能を細かく究明するのに有効である。ミクロ経済学は、特に市場における価格の役割を重視することから、「価格分析」ともいわれる。

　ただし、経済学はマクロとミクロに分けられるといっても、両者は対立する関係にあるわけではない。ミクロの経済行動や経済現象はマクロ経済の動

きから影響を受けるし、逆に、マクロ経済の様相を明らかにするには、ミクロの経済行動や経済現象の解明が不可欠である。ことに最近、ミクロ経済理論にもとづいて、マクロ経済学を再構築しようとする動きが顕著に見られる。このように、マクロ経済学とミクロ経済学は、同じ経済を異なる視点から解明しようとするものであって、補完し合うべき関係にある。

② ミクロ経済学の手法

　本書は、題名の示すとおり、ミクロ経済学を対象としたテキストである。次章以降において、ミクロ経済学の基本的な概念や理論について詳しく説明するが、ミクロ経済学で使う分析方法の特徴は、「最適化」と「均衡値の決定」の2つに集約することができる。

　まず、家計や企業の行動については、それぞれが自己の利益を求めて、**合理的行動**を選択するとの前提が置かれる。つまり、家計は自らの満足感(効用)が最大となるように、限られた所得で財・サービスを購入したり、生産要素(労働、資本、土地など)の供給を決める。また、企業は自社の利潤が最大となるように、生産水準や生産要素の雇用量を決める、という行動仮説が設けられるのである。

　したがって、家計や企業の直面する問題は、数学的に言えば、一定の制約条件のもとで、ある種の目的を最大にする値を見いだす、という**最適化**(効用最大化、利潤最大化など)の問題として定式化できる。この種の問題は、最大値・最小値を求める方法を適用すれば、その解を得ることができる。

　つぎに、市場の価格や数量の決定、市場間の相互関連性の問題は、市場の**均衡**(経済の内部からは、もはや変化を引き起こす力は働かないバランスのとれた状態)を実現する値を見いだすことにより、解決できる。たとえば、ある市場の価格と数量は、需要と供給がちょうど等しくなる水準に決まる。だから、市場の需要と供給を表す2つの方程式を、連立させて解けば、市場の価格と数量の値は得られる。このように、**均衡値の決定**とは、連立方程式の解を求めることを意味するのである。

3　市場と政府

　ミクロ経済学の本格的な説明は、第2章から始めることにして、以下では、私たちの社会の経済システムについて概観しておく。
　今日、日本やアメリカ、ヨーロッパなどの先進経済諸国をはじめ、世界のほとんどの国では、市場経済を軸としながら、政府も経済面に介入するという経済体制をとっている。つまり、経済問題への対処は、基本的には、民間の自由な経済活動にまかせるが、政府も重要な役割を担う経済システムになっている。

① 市場経済体制

　市場経済(market economy)のもとでは、原則的に、人びとは利己心にもとづいて、自由に経済活動をすることが認められている。財・サービスの取引が行われる**市場**(売り手と買い手が出会い、財・サービスを交換、売買するための場)が存在し、各人はそこで成立する価格を目安にしながら、何をどれだけ、どのように生産するのか、何をどれだけ消費するのか、またどんな仕事に就くのかなどを、自己の意思にしたがって決めることができる。
　つまり、企業活動の自由、消費者選択の自由、職業選択の自由などが、原則的に認められている。同時に、各人の自由な経済活動が保証される代わりに、経済活動の結果については、当人がその責任を負う「自己責任」の原則がとられている。
　そして、市場が競争的な状態にあるときには、**市場の価格調整メカニズム**——アダム・スミス(A. Smith)のいう神の見えざる手(invisible hand)——の作用によって、市場全体の需要と供給は一致することになる。もし、需要量と供給量が異なれば、市場の価格は速やかに変化し、それに伴い各人は需要量や供給量を調整させるから、市場の価格はまた変化する。このようにして、需要と供給はやがて等しくなり、経済的秩序が維持されることになる。その結果、競争的な市場経済のもとでは、各人がたとえ私利を求めて行動しても、あたかも神の見えざる手によって導かれるごとく、資源の効率的な配分が実

現して、社会全体の利益が増進されるのである。

　また、市場経済では自由な行動が認められ、かつ競争の要素が存在するため、人びとの創意工夫や勤労意欲が促進される。それは投資、技術革新、生産性向上などを誘発して、経済活動に活力をもたらす。このため、市場経済は長期的な経済成長にとっても、好ましいシステムと考えられる。

② 政府の役割

　上で述べたとおり、私たちの社会は、基本的には市場経済体制をとっている。しかし、市場は決して万能ではない。市場の機能によって、経済問題がすべてうまく解決されるわけではない。

　たとえば、市場経済のもとで効率的な資源配分が実現するには、市場が競争的な状態にあることが前提条件になる。しかし、現実には、大部分の市場は不完全競争の状態にある。政府には、市場の独占力を排除したり、規制を緩和・撤廃するなど、競争を促進するための措置を講じることが望まれる。

　また、多くの公共サービスや社会資本などは、たとえ市場が競争的であっても、市場経済のもとでは適正量の供給は期待できない。政府自身による供給が必要である。政府は実際、行政、外交、教育、国防などの公共サービスを提供したり、法制度の整備や社会秩序の維持に努めている。道路、上下水道、交通、通信、空港・港湾など社会資本や生活基盤を充実させたり、社会保障や福祉サービスなどの活動も行っている。

　さらに、市場経済では、人びとの所得は基本的に、自分が保有する経済資源の市場価格とその提供量に応じて決まる。分配は生産への貢献にもとづいて決まるので、必然的に所得格差が生じる。社会的に見て容認しがたい貧富の差を解消して、公正な分配の状況を実現するには、政府による所得再分配が不可欠である。加えて、市場経済のもとで、完全雇用、物価の安定、適正な経済成長などが、自動的に達成されるという保証はない。このため、政府はさまざまなマクロ経済政策を実施している。

　このように、実際には市場経済体制のもとで、政府は種々の領域において重要な経済的役割を果たしている。

4 経済活動の担い手と相互の関係

　私たちの社会においては、財・サービスの生産、交換、消費などの経済活動は、どのようなシステムのもとで行われているのであろうか。図1-1は、経済社会の仕組みと機能を簡略化して示したものである。

① 家計、企業、政府

　現実の社会は数多くのさまざまなメンバーから構成されており、複雑な様相を呈しているが、市場経済の活動を担う意思決定単位つまり**経済主体**は、基本的には家計と企業である。

　家計(個人、消費者ともいう)とは、経済社会を構成する究極的な要素で、財・サービスの消費活動を営む意思決定単位のことである。家計は労働、資本、土地などの経済資源、すなわち「生産要素」の所有者であり、これらを生産目的のために供給し、その報酬として賃金、利子、配当、地代などを受け取る。そして、この所得を支出して、消費生活に必要な財・サービスすなわち「生産物」を購入する。

　それに対して、**企業**(生産者)とは、財・サービスの生産活動を営む意思決定単位をいう。企業は実際には、家計を構成する個人によって所有、経営されているが、経済活動の機能の面から見て、企業を独立した経済主体とみなす。企業は家計からいろいろな生産要素を雇用(購入)し、その代価を支払う。そして、これらの生産要素を生産活動に投入して生産物を作り、それを家計に売り収入を得る。

　同時に、企業相互間で「中間生産物」(原材料、燃料、半製品など生産活動に投入され、同一期間内に使用し尽くされるもの)の売買も行われる。なお、企業によって生産された財・サービスから中間生産物の分を差し引いた残りは、消費や投資に使われるもので、特に「最終生産物」とよばれる。

　私たちの社会では、家計と企業に加えて、前節で述べたとおり、**政府**も経済活動の重要な意思決定単位である。政府はその活動に必要な資金を、主に家計や企業から租税として徴収するほか、しばしば公債の発行による借り入

図1-1　経済主体と市場

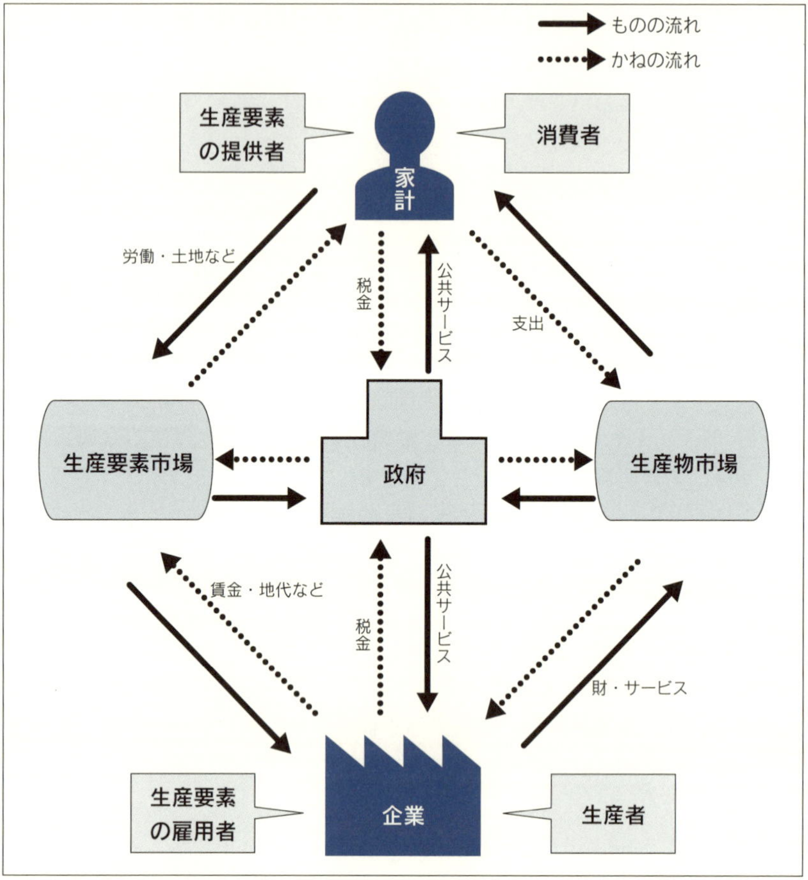

(図：もの（実線）とかね（点線）の流れ。家計（生産要素の提供者・消費者）、企業（生産要素の雇用者・生産者）、政府、生産要素市場、生産物市場の関係を示す。家計から生産要素市場へ「労働・土地など」、生産要素市場から企業へ、企業から生産物市場へ「財・サービス」、生産物市場から家計へ。かねの流れとして、企業から生産要素市場を経て家計へ「賃金・地代など」、家計から生産物市場を経て企業へ「支出」、家計・企業から政府へ「税金」、政府から家計・企業へ「公共サービス」。)

れで調達する。そして、各種の公共サービスや社会資本を、多くの場合は無償で提供する。同時に、政府はその活動を行うために、財・サービスの消費や投資、生産要素の雇用を必要とする。これに伴い、政府から民間への支払いがなされる。

② 生産物市場と生産要素市場

家計、企業、政府の各経済主体の活動は、市場を通じて、相互に結びつけ

られている。**生産物市場**では、消費財や新築住宅の取引については、企業が売り手で家計は買い手として機能する。ただし、中間生産物や機械、設備などの投資財に関しては、ある企業が売り手で別の企業が買い手になる。**生産要素市場**では、家計が売り手(供給者)で企業は買い手(雇用者)である。なお、政府は両市場において買い手として行動する。

以上で説明した各経済主体の活動と相互の関係は、**図1-1**において、**経済循環**の形で描いてある(ただし、中間生産物や投資財の取引は省略)。実線の矢印の方向にもの(財・サービス)が流れ、それと逆に、点線の矢印の方向に同価値のかね(貨幣)の流れが付随して生じる。これより、家計、企業、政府の活動が、生産物市場と生産要素市場によって、お互いに関連し合っている様子がよく見てとれる。

最後に、図1-1の経済循環図に即して言うと、マクロ経済学では、経済活動の循環的流れの総体に注目して、その規模はどのような大きさになるのか、またどのように変動するのか、という問題を扱う。これに対して、ミクロ経済学では、家計や企業の各経済主体の行動、生産物市場と生産要素市場における価格・取引量の決定、各市場間の関連などの問題を考察の対象とする。

練習問題

1. 経済学はどのような課題をもつ学問であるかを説明しなさい。
2. ミクロ経済学とマクロ経済学のそれぞれの特徴点を指摘しなさい。
3. 市場経済システムのもとでは、経済問題はどのように解決されるかを述べなさい。また、政府の役割についても考察しなさい。
4. 経済活動の意思決定単位としては何があるのか。また、それぞれの機能と相互の関連を明らかにしなさい。

第2章
需要と供給

【本章の内容】　私たちの社会においては、経済システムの根幹は市場経済にある。政府も重要な役割を果たしているが、経済問題の解決は、原則的には、市場の自由な活動にゆだねるという体制をとっている。そこで、まず本章では、市場の基本的な仕組みと機能について、「需要と供給」に着目しながら考えてみる。

はじめに、市場と競争形態について説明した後、市場の需要曲線と供給曲線を導く。つぎに、市場の価格調整メカニズムにより、需要と供給は等しくなり、そこで市場の価格と取引量が決まることを明らかにする。また、需要や供給の変化は、市場の価格と取引量にどのような影響を及ぼすのかを検討する。

その後、需要と供給の作用をより厳密に理解するため、弾力性の問題を取り上げる。特に、需要と供給の価格弾力性について、その意味合いを説明する。

さらに、政府の政策措置、とりわけ価格規制や課税はどのような結果を引き起こすのかを、需要と供給の観点から考察する。

●**本章のキーワード**
市場　　完全競争　　プライス・テイカー　　需要曲線　　需要法則
供給曲線　　供給法則　　市場均衡　　超過需要　　超過供給
市場の価格調整メカニズム　　需要の変化　　供給の変化　　需要の価格弾力性
供給の価格弾力性　　価格規制　　消費税

1　市場と競争

　市場における需要と供給について論じる前に、「市場」という言葉の意味と、市場のさまざまなタイプについて説明しておく。

①　市場とは

　市場という言葉は、日常的には、魚市場、青果市場、証券市場など、特定の財・サービス(簡単に、財ともいう)を専門的に取引する場所や組織をさすことが多い。しかし、経済学で**市場**(しじょう)という場合には、より一般的に、具体的な取引所だけではなく、売り手と買い手が出会い、財の取引がなされる場全般のことを意味する。

　たとえば、私たちはスーパーマーケットで食品を買ったり、鉄道を利用して通勤や旅行をしたり、通信販売やインターネットで衣服や車を売り買いなどしている。どのケースも、売り手(供給者)が費用をかけて財を提供し、買い手(需要者)はそれに対価を支払って購入する、という経済活動が行われている、と解釈できる。このように、売り手と買い手が何らかの形で接触して、財の取引がなされるとき、そこに市場が存在すると見るのである。

　ただし、同種の財でも、取引される場所や時間が異なる場合には、それらは別の市場で取引されていると見たほうがよい。たとえば、外国に輸出された日本製の自動車を、日本に住む人がわざわざ外国まで出かけて、購入することはまずない。また、外国に住む人がわざわざ日本に来て、日本製の自動車を買っていくことも、普通は考えられない。したがって、同じ仕様の日本車であっても、一般に、国内の市場と外国の市場は別のものとみなされる。

②　完全競争と不完全競争

　市場は、**表2-1**のように、競争形態によっていくつかに分類できる。まず、売り手と買い手がともに多数かつ小規模で、また各売り手の販売する財は同種であるような市場は、**完全競争**(perfect competition)といわれる。これは、コメ・野菜・くだものなどの農産物、魚介・海藻類の水産物、株式、外

表2-1 市場の形態と特性

競争の種類	売り手の数	価格支配力	製品差別化	該当する産業の例
完全競争	多数	なし	なし	農業、水産業、株式
不完全競争				
独占的競争	多数	ある程度あり	あり	小売、サービス業、出版
寡　　占	少数	相当程度あり	ほとんどなし あり	鉄鋼、石油、化学製品 自動車、家電製品、ビール
独　　占	1人	あり	なし	公益事業

国為替などの市場にほぼ当てはまる。

　完全競争のもとでは、個々の売り手や買い手の取引量は、市場全体からするとほんのわずかにすぎず、各人の行動が市場の価格に目立った影響を及ぼすことはない。むしろ、それぞれの売り手や買い手は、**プライス・テイカー**(**価格受容者**)の立場にある。つまり、市場で決められた価格を与えられた条件として、そのもとで自らの販売量や購入量を決定するのである。

　完全競争の条件が当てはまらない市場は、一般に**不完全競争**(imperfect competition)といわれる。現実の市場は、大部分がこの不完全競争の状態にある。特に、電力・ガス・水道などのように、売り手が1人だけの市場は**独占**という。また、自動車・ビール・鉄鋼など、売り手がごく少数の大企業である市場を**寡占**とよぶ。さらに、各種の小売業やサービス業のように、売り手は多数いるが、それぞれが幾分異なる財を販売している市場は、**独占的競争**といわれる。

　なお、これからしばらくの間、市場は完全競争の状態にあるものとする。そして、不完全競争市場の問題は、第6章以降で取り上げる。

2　市場の需要と供給

　市場は、売り手と買い手の両方から構成されている。そこで、市場の売り手と買い手の行動を、完全競争市場(簡単に、競争市場ともいう)を想定しながら、順に見ていくことにする。

① 需要曲線

はじめに、市場の買い手(需要)側について説明する。**需要**(demand)とは、市場の買い手側の状況を表す用語で、ある財について、買い手が購入しようとする数量と、それに影響を与える諸要因との間の全体的関係をいう。買い手がどれだけ財を購入しようとするのかは、実際、その財の価格をはじめ、他の財の価格、買い手の所得や好み、天候、宣伝・広告、人口規模など、さまざまな要因に影響を受ける。

いま、買い手が購入しようとする数量をQ_D、その決定要因をX_1、X_2、…で示すと、両者の関係は、つぎのような一般的な需要関数

$$Q_D = F(X_1, X_2, \cdots)$$

によって表すことができる。このように、ある財の需要は実際には数多くの事柄に依存するが、なかでも、財そのものの価格がもっとも重要な要因と考えられる。

表2-2の第1、2欄には、ある財(仮に、製品Aとする)について、市場の**価格**(財1単位当たりの値段)と**需要量**(ある価格のもとで、買い手が購入しようと欲する数量)の仮説的な関係が示してある。これより、価格が低いときには需要量は大きく、反対に、価格が高くなるにつれて、需要量は次第に少なくなっていくことが読みとれる。なぜなら、価格が高くなると、買い手は割高になったこの財に代えて、割安の別の財を買うようになる。加えて、価格上昇は所得の実質購買力を低下させ、以前と同じ数量を購入する資金的ゆとり

表2-2 製品Aの需要・供給表

価格 P	需要量 Q_D	供給量 Q_S	超過需要(+)、超過供給(−) $Q_D - Q_S$
20円/箱	140万箱	20万箱	+120万箱
30	120	40	+80
40	100	60	+40
50	80	80	0
60	60	100	−40
70	40	120	−80
80	20	140	−120

がなくなるからである。

　以上のように、価格と需要量が反対方向に動く傾向は、ほぼすべての財・サービスに当てはまり、これは**需要法則**といわれる。このような価格と需要量の関係を図に描いたものが**需要曲線**(demand curve)であり、それは**図2-1 (a)**の直線 DD のように、一般に、右下がりの形で表される*。

　さて、財1単位当たりの価格を P で示し、価格以外の需要決定要因は一定で変化しないと仮定すれば、上の需要関数は簡単に、

$$Q_D = F(P) \qquad \frac{\Delta Q_D}{\Delta P} < 0$$

と表せる。ここで、デルタ記号 Δ は、変数や関数の変化分(増加分)を表す。それゆえ、$\Delta Q_D/\Delta P < 0$ は、価格が低下(上昇)すると、需要量は増加(減少)すること、言い換えると、需要曲線の傾きはマイナスで、右下がりの形で描けることを意味する。なお、図2-1(a)の需要曲線 DD は、具体的に、$Q_D = 180 - 2P$ という1次式の需要関数を図示したものである。この場合、需要曲線の傾き($\Delta P/\Delta Q_D$)は $-1/2$ になる。

図2-1　製品Aの需要曲線と供給曲線

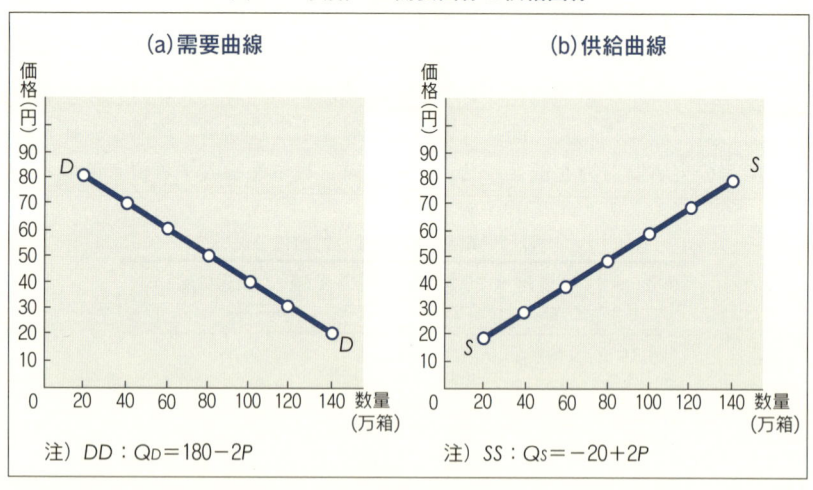

＊本書では、多くの場合、需要曲線や供給曲線は直線で表す。こうすると、図が見やすく、また、1次式のため計算が容易になるという利点がある。

② 供給曲線

つぎに、市場の売り手(供給)側を見ることにする。**供給**(supply)とは、一般に、市場の売り手側の状況を表す用語で、ある財について、売り手が販売しようとする数量と、それに影響を与える諸要因との間の全体的関係をいう。実際、売り手がどれだけ財を販売しようとするのかは、いろいろな要因に左右される。たとえば、その財の価格、他の財の価格、生産にかかる費用、技術の状態、企業目標、政府の規制、天候など、多くの要因が考えられる。

いま、売り手が販売しようとする数量をQ_S、その決定要因をX_1、X_2、…で示せば、両者の関係は、一般的な供給関数

$$Q_S = G(X_1, X_2, \cdots)$$

によって表せる。このように、ある財の供給は実際には数多くの要因に影響を受けるが、もっとも重要な要因は、財そのものの価格と言える。

前掲の**表2-2**の第1、3欄には、製品Aについて、市場の価格と**供給量**(ある価格のもとで、売り手が販売しようと欲する数量)の仮設的な関係が示してある。これらの数値から、価格が低いときには供給量は少なく、価格が高くなるにつれて、供給量は増えることが観察できる。その理由は、価格が高くなると販売収入が増え、利潤の増加が期待できるので、売り手はもっと多く売ろうとするからである。

つまり、価格と供給量は同じ方向に動く傾向があり、これを**供給法則**という。このような価格と供給量の関係を図示したものが、**供給曲線**(supply curve)である。通常、供給曲線は**図2-1(b)**の直線SSのように、右上がりの形で描かれる。

なお、価格以外の供給決定要因はすべて不変と仮定すれば、上の供給関数は、

$$Q_S = G(P) \qquad \frac{\Delta Q_S}{\Delta P} > 0$$

と表せる。ここで、$\Delta Q_S/\Delta P > 0$は、価格が上昇(低下)すると、供給量は増加(減少)すること、言い換えると、供給曲線の傾きはプラスで、右上がりの

形になることを意味する。なお、図2-1(b)の供給曲線 SS は、具体的に、$Q_S=-20+2P$ という1次式の供給関数をグラフ化したものである。この供給曲線の傾き（$\Delta P/\Delta Q_S$）は 1/2 である。

3　市場の均衡

　前節では、市場の需要曲線と供給曲線を別々に見たが、ここでは、両者を組み合わせ、市場の価格と取引量がどのように決定されるのかを明らかにする。そのため、市場は競争的で、価格は上下どちらの方向にも伸縮的に変化するものと想定する。

① 市場の調整過程

　先の**表2-2**を見ると、製品Aの価格が50円のとき、市場の需要量と供給量はともに80万箱で等しくなる。**図2-2**では、これは市場の需要曲線 DD と供給曲線 SS が交わる E 点に対応する。

　もし、価格がこれより低い水準、たとえば30円ならば、需要量は供給量を80万箱上回り、**超過需要**（供給不足）が生じる。この場合、買い手はもっと高

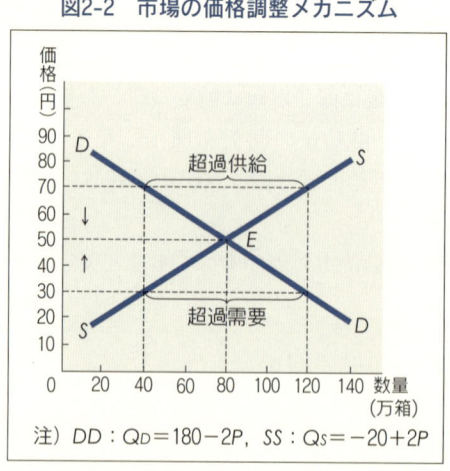

図2-2　市場の価格調整メカニズム

注）DD：$Q_D=180-2P$、SS：$Q_S=-20+2P$

い値を払っても手に入れたいと思うし、売り手は値段を上げても売れると判断する。いわゆる売り手市場の状態になり、価格に上昇圧力が加わり、市場価格は上がる。すると、需要量は減少、供給量は増加して、超過需要は次第に小さくなっていくが、この調整過程は市場に超過需要がある限り続く。

　反対に、価格が50円よりも高く、たとえば70円だとすれば、供給量は需要量を80万箱上回り、**超過供給**(需要不足)が起こる。買い手は値下げを望むし、売り手は売れ残りを防ぐためこれに応じる。今度は、買い手市場の状態になり、価格を押し下げる力が働き、市場価格は下がる。その結果、供給量は減少、需要量は増加して、超過供給は次第に小さくなっていくが、市場に超過供給が存在する間は、この調整過程は続く。

② 市場均衡

　このような調整過程を経て、市場の価格が50円になったときにはどうなのか。この場合、需要量と供給量はともに80万箱で一致し、超過需要も超過供給もない。売り手が販売しようとする数量は、買い手が購入したい数量にちょうど等しく、すべての売り手と買い手が満足できる状況になる。

　つまり、価格が需要と供給の一致する水準(**図2-2**では、需要曲線 DD と供給曲線 SS の交点 E)に達すると、市場には価格の上昇圧力も下降圧力もなく、均衡状態(もはや内部からは、変化を引き起こす力が働かないバランスのとれた状況)となる。結局、市場はそこに落ち着き、価格は50円、取引量は80万箱の水準に決まる。この状態を**市場均衡**(market equilibrium)といい、市場均衡における価格を**均衡価格**(あるいは、**市場清算価格**)、また、そのときの需要量・供給量を**均衡取引量**(簡単に、**均衡量**)とよぶ。

　以上のように、価格の変化により、需要と供給の不一致が解消されて、市場の均衡が実現する仕組みを、**市場の価格調整メカニズム**という。

　ところで、代数的に市場の均衡値を求めるには、まず、需要関数 $Q_D = F(P)$ と供給関数 $Q_S = G(P)$ を均等させて、これより均衡価格の値を計算する。つぎに、その値を需要関数か供給関数に代入して、均衡取引量の値を見いだせばよい。たとえば、前節では、製品Aの需要関数と供給関数は具体的に、$Q_D = 180 - 2P$、$Q_S = -20 + 2P$ とした。市場均衡は $Q_D = Q_S$ の

ときに成立するから、これに需要関数と供給関数を代入して解くと、均衡価格 $P=50$(円) を得る。そして、$P=50$ を需要関数か供給関数に代入すれば、均衡取引量 $Q_D=Q_S=80$(万箱) が求められる。

4　需要と供給の変化

つぎに、需要や供給に変化が起きたとき、市場の価格や取引量はどのような影響を受けるのかを検討する。

① 需要の変化

需要曲線とは、ある価格のもとで、買い手が購入しようとする数量を表したものである。だから、価格以外の需要決定要因に変化があれば、買い手は同じ価格であっても購入量を変化させ、結果的に、需要曲線の位置は変わることになる。

いま、**図2-3(a)** において、製品Aの市場は需要曲線 DD と供給曲線 SS の交点 E で、均衡しているとする。このとき、買い手の所得上昇、好天による製品Aに対する好みの高まり、宣伝・広告の効果、製品Aと競争関係にある**代替財**(substitutes：石油とガス、ビールとチューハイ、牛肉と鶏肉などのように、同種の欲求を充足させる財で、相互に消費の代用が可能なもの)の価格上昇、製品Aの**補完財**(complements：電力と電気製品、背広とネクタイ、住宅と家具などのように、両者が結合して使われる財)の価格下落などがあったとする。

このような変化が起こると、買い手は製品Aの価格自体に変化はなくても、購入量を増加させようとする。つまり、需要の増加が生じて、製品Aの需要曲線は DD から $D'D'$ へと右にシフトする。そのため、当初の価格50円では、40万箱の超過需要が発生し、価格は上がる。これに応じ、供給が増えて、需要は抑えられる。結局、新しい市場均衡は、需要曲線 $D'D'$ と供給曲線 SS が交差する E' 点で実現する。その結果、製品Aの価格は50円から60円に上昇し、取引量は80万箱から100万箱に増加する。

反対に、需要の減少(つまり、各価格のもとで、買い手が購入しようとする数

図2-3 需要の増加

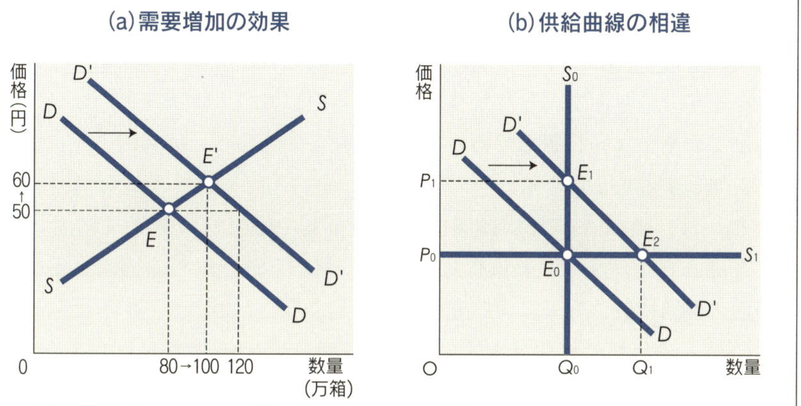

(a)需要増加の効果　(b)供給曲線の相違

注) 図(a)の $DD: Q_D = 180 - 2P$, $D'D': Q_D = 220 - 2P$, $SS: Q_S = -20 + 2P$

量を減少させる効果をもつ需要決定要因の変化)が起こると、需要曲線は左にシフトする。この場合、新しい均衡価格は低下し、均衡取引量は減少する。

ところで、価格と取引量が変化する程度は、1つには、需要曲線のシフト幅(需要の変化の大きさ)によって決まる。図2-3(a)で、需要の増加がもっと大きく、需要曲線が $D'D'$ より右にまでシフトすれば、価格の上昇と取引量の増加の程度はともにより大きくなる。

もう1つ、供給曲線の形状(価格の変化に対する供給の反応の程度)に左右される。たとえば、供給量が一定で限られている財(特定の日に出荷された魚や花卉、繁華街の土地や建物など)の場合、価格が高くても低くても供給は変化しないから、供給曲線は**図2-3(b)**の垂直線 S_0 のように描ける。需要が増加して、需要曲線が DD から $D'D'$ へシフトすると、市場均衡点は E_0 から E_1 に移る。その結果、価格のみが P_0 から P_1 に大きく上昇し、取引量は変わらない。逆に、供給が過剰な財の場合には、いまの価格でいくらでも販売されるので、供給曲線は水平線 S_1 のようになる。このときには、市場均衡点は E_0 から E_2 に移り、取引量だけが Q_0 から Q_1 へ大きく増加する。

② 供給の変化

　供給の変化の効果についても、需要の場合と同じように分析できる。財の供給曲線とは、各価格のもとで、売り手がどれだけの数量を販売しようとするかを示すものである。したがって、財の価格以外の供給決定要因に変化があれば、売り手は同じ価格であっても販売量を変化させ、結果的に、供給曲線はシフトすることになる。

　たとえば、製品Ａの製法に関する技術革新、原材料・労働コストの低減、製品Ａと生産面で代替関係にある財の価格下落、政府の補助金支給や税制面の優遇措置、好天による豊作などが起こったとしよう。すると、売り手は製品Ａの価格に変化はなくても、販売量を増加させようとする。このような供給の増加は、市場の供給曲線を右にシフトさせる効果をもち、**図2-4(a)**では、供給曲線が SS から $S'S'$ へと移動する。

　その結果、当初の価格50円では、40万箱の超過供給が生じ、価格は下がる。このため、需要が増えて供給は減り、超過供給の程度は小さくなる。このような調整を経て、やがて新しい市場均衡が供給曲線 $S'S'$ と需要曲線 DD

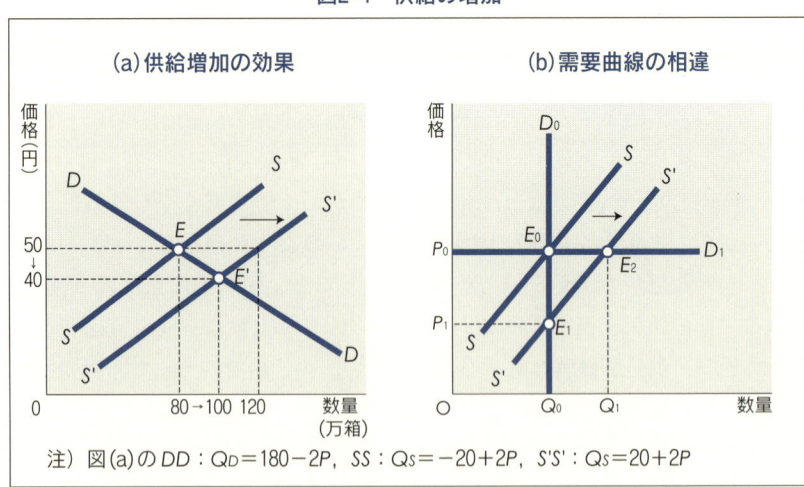

図2-4　供給の増加

注）図(a)の $DD：Q_D=180-2P$, $SS：Q_S=-20+2P$, $S'S'：Q_S=20+2P$

の交点 E' で実現する。変化前と比べて、製品 A の価格は50円から40円に下がり、取引量は80万箱から100万箱に増加する。

　反対に、供給の減少(つまり、各価格のもとで、売り手が販売しようとする数量を減少させる効果をもつ供給決定要因の変化)が起こると、供給曲線は左にシフトする。そのとき、新しい均衡価格は上昇し、均衡取引量は減少する。

　なお、価格と取引量が変化する程度は、1つには、供給曲線のシフト幅(供給の変化の大きさ)に依存する。図2-4(a)において、供給の増加が大きく、供給曲線が $S'S'$ より右にまでシフトしたとすれば、価格の下落幅と取引量の増加幅はもっと大きくなる。

　また、需要曲線の形状(価格の変化に対する需要の反応の程度)によっても変わってくる。財の必需性が強く、需要が価格の高低に影響されない場合には、需要曲線は**図2-4(b)**の垂直線 D_0 のように描ける。供給が増加して、供給曲線が SS から $S'S'$ へシフトすると、市場均衡点は E_0 から E_1 に移り、価格だけが P_0 から P_1 へと大きく下がる。反対に、買い手は現行の価格で財をいくらでも購入する場合には、需要曲線は水平線 D_1 のようになる。この場合には、市場均衡点は E_0 から E_2 に移り、取引量のみが Q_0 から Q_1 に大きく増加する。

③ 需要と供給の同時変化

　今度は、需要と供給の両方が同時に変化する場合を取り上げる。さまざまなケースが考えられるが、たとえば、需要と供給の両方が減少したとする。このとき、**図2-5(a)**のように、需要曲線 DD は $D'D'$ へ、供給曲線 SS は $S'S'$ へともに左にシフトする。その結果、市場均衡点は E から E' に移り、取引量は確実に減少する。しかし、価格への影響ははっきりしない。供給曲線が需要曲線よりも大幅に左にシフトするときには、価格は上昇するが、逆に、需要曲線が供給曲線よりも大幅にシフトする場合には下落する。

　あるいは、需要の減少と供給の増加が同時に起きた場合には、**図2-5(b)**のように、需要曲線 DD は $D'D'$ へ左にシフトするが、供給曲線 SS は $S'S'$ へ右にシフトする。それに伴い、市場均衡は E 点から E' 点に移り、価格は必ず下がる。取引量がどうなるのかは確定できず、供給曲線が需要曲線より

図2-5 需給の同時変化

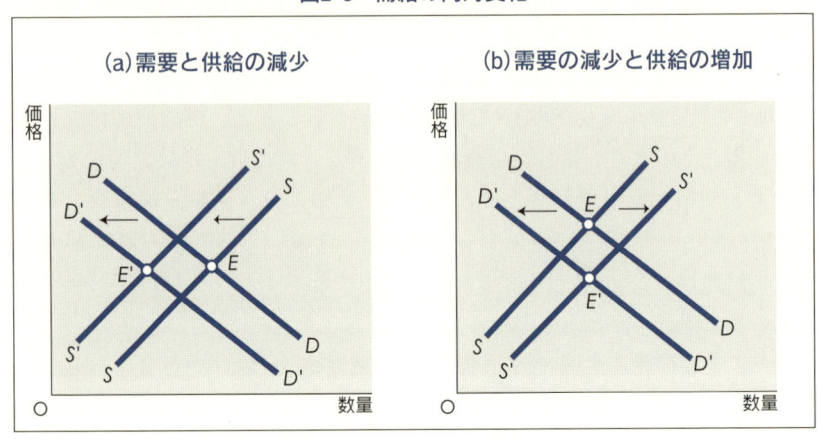

(a)需要と供給の減少　　(b)需要の減少と供給の増加

も大幅にシフトするときには、取引量は増加する。反対に、需要曲線が供給曲線よりも大幅にシフトする場合には、取引量は減少する。

5 需要の価格弾力性

以上では、市場における価格と取引量の決定や変動の問題を、需要曲線と供給曲線にもとづいて検討したが、より厳密に考察するには、弾力性という概念が役に立つ。実際、いろいろな弾力性の概念があるが、本節と次節では、その中でもっとも基本的な価格弾力性について説明する。

① 需要の価格弾力性とは

まず、ある財の価格が変化したとき、その財の需要量がどのように反応するかを表す指標を、**需要の価格弾力性**(price elasticity of demand)という。それは、需要量の変化率(変化の割合)を、その変化を引き起こした価格の変化率(変化の割合)で割った値、と定義される。つまり、

$$需要の価格弾力性 = \frac{需要量の変化率}{価格の変化率}$$

である。ここで、需要量の変化率は$(\Delta Q_D / Q_D) \times 100\%$、価格の変化率は

($\Delta P/P$)×100%と示せるから、需要の価格弾力性 e_D は、

$$e_D = -\frac{\Delta Q_D / Q_D}{\Delta P / P} = -\frac{\Delta Q_D}{\Delta P} \cdot \frac{P}{Q_D}$$

のように表せる。したがって、需要の価格弾力性とは、価格の1％の変化に対して、需要量が何％変化するかを示すものである。あるいは、需要曲線の傾きの逆数($\Delta Q_D / \Delta P$)に、価格と需要量の比率(P/Q_D)を掛けた値である。なお、「需要法則」が成り立つ限り、ΔP と ΔQ_D の符号は正負が逆になるので、需要の価格弾力性を正の数値で表示するため、上の定義式にはマイナスの符号がつけてある。

ところで、前節の**図2-4(a)**では、供給の増加により、市場均衡は需要曲線 DD 上の E 点から E' 点へ変化した。これに伴い、価格は50円から40円に下がり、需要量は80万箱から100万箱に増加した。このとき、初期の均衡点 E を基準にすると、価格の変化率は(10/50)×100＝20％、需要量の変化率は(20/80)×100＝25％である。したがって、需要の価格弾力性は、$e_D=25$％／20％＝1.25になる。

さらに、変化前と変化後の2点の中間点を基準とする**中間点の方法**によって、需要の価格弾力性を計算してみる。図2-4(a)の E 点と E' 点の間では、点($Q_D=90, P=45$)が中間点であるから、この場合、価格の変化率は(10/45)×100％、需要量の変化率は(20/90)×100％となる。これより、需要量の変化率を価格の変化率で割ると、需要の価格弾力性は $e_D=1$ である。

② 需要の価格弾力性と需要曲線

需要の価格弾力性は、価格の変化率と需要量の変化率の相対関係によって、さまざまな値をとり、需要曲線の形状と密接な関係がある。

まず、価格が変化しても、需要量はまったく変化せず、需要曲線が垂直線によって示される財の場合には、需要の価格弾力性はゼロになる($e_D=0$)。このとき、需要は(価格の変化に対して)完全に非弾力的といわれる。反対に、価格がわずかに変化すると、需要量は限りなく変化して、需要曲線が水平な線で描かれる財の場合には、需要の価格弾力性は無限大となる($e_D=\infty$)。このとき、需要は完全に弾力的である。

普通、需要の価格弾力性は、ゼロと無限大の間の値をとる。食料、住居、電気・ガス、日用雑貨などの生活必需品の場合、価格が上がっても下がっても、消費者は需要をそれほど変えない。需要曲線は、傾きが急な右下がりの形になる。一般に、需要量の変化率は価格の変化率よりも小さく、需要の価格弾力性は1より小さな値をとる（$e_D<1$）。このとき、需要は非弾力的といわれる。

これに対し、奢侈品あるいは非必需品の場合には、価格が下がれば需要は大きく増え、逆に、価格が上がると需要は大きく減る傾向が見られる。需要曲線は傾きが緩やかな形で描ける。この場合、需要量の変化率は価格の変化率よりも大きく、需要の価格弾力性は1より大きくなる（$e_D>1$）。このとき、需要は弾力的という。

さらに、価格の変化率と需要量の変化率がちょうど等しいときには、需要の価格弾力性は1になる（$e_D=1$）。たとえば、需要曲線が右下がりの直角双曲線（価格と需要量を掛けた値が、どの点でも同じ大きさになる曲線）で表される場合には、弾力性は常に1である（章末の練習問題6を参照）。

なお、同じ財であっても、長期のほうが短期と比べて、消費者が需要の調整を行う時間的余裕が出てくるので、需要の価格弾力性は大きくなる。

③ 総収入と需要の価格弾力性

ある財の価格が変化したとき、買い手の総支出（価格×購入量）、言い換えると、売り手の総収入（価格×販売量）がどのように変わるのかは、需要の価格弾力性の値によって左右される。

たとえば、市場の供給が増えて供給曲線が右にシフトすると、市場の価格は下がる。このとき、需要が非弾力的な財の場合（$e_D<1$）には、需要量は価格が下落した割に増加しない。需要量の増加率は価格の下落率よりも小さく、買い手の総支出すなわち売り手の総収入は減少することになる。豊作のときに、農家の収入がかえって減少してしまう**豊作貧乏**は、その一例である。

ちなみに、図2-6(a)では、市場均衡点がEからE'へ変化して、価格の変化率は$(20/100)\times100\%$、需要量の変化率は$(10/100)\times100\%$である。これより、需要の価格弾力性の値は$e_D=10\%/20\%=0.5$と計算できる。そし

図2-6　価格の変化と総収入

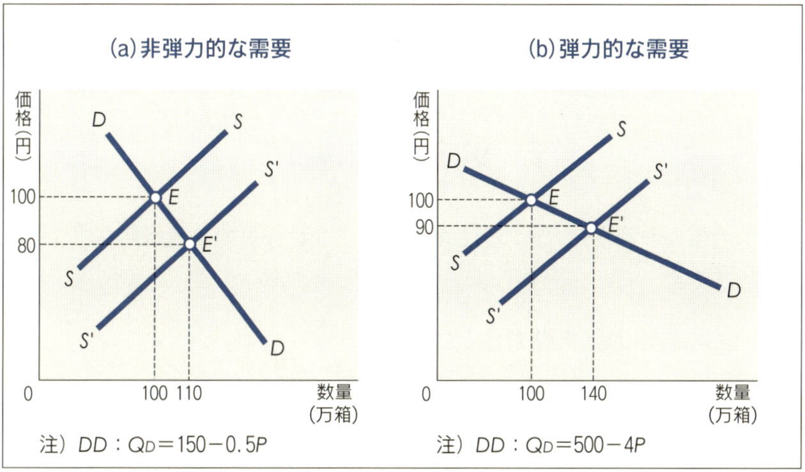

(a)非弾力的な需要

注）$DD: Q_D = 150 - 0.5P$

(b)弾力的な需要

注）$DD: Q_D = 500 - 4P$

て、売り手の総収入は、100円×100万箱＝1億円から、80円×110万箱＝8800万円に減少する。

　逆に、市場の価格が上がるときには、需要が非弾力的な財の場合は、販売量の減少率は価格の上昇率よりも小さいため、売り手の総収入は結果的に増加する。

　これに対して、需要が弾力的な財の場合($e_D > 1$)には、供給が増えて価格が下がると、その割合以上に需要量は増加する。販売量の増加率は価格の下落率を上回るので、売り手の総収入は増加することになる。安売り店がたとえディスカウントして売っても、売り上げ額が増加することになるのは、このケースに当たる。たとえば、**図2-6(b)**で、市場均衡点が供給の増加によりEからE'へ移ったとする。これに伴う価格の変化率は(10／100)×100％、需要量の変化率は(40／100)×100％であり、需要の価格弾力性は$e_D = 40％／10％ = 4$になる。同時に、売り手の総収入は当初の1億円から、90円×140万箱＝1億2600万円へと増加する。

　需要が弾力的な財の場合は、上の例とは逆に、市場の価格が上がると、販売量の減少率は価格の上昇率よりも大きくなり、売り手の総収入は減少する結果になる。

なお、需要の価格弾力性が1の財の場合($e_D = 1$)には、販売量は価格の変化とちょうど同じ割合だけ反対方向に変化するので、価格が上がっても下がっても、総収入は一定で変わらない。

6　供給の価格弾力性

前節の需要の価格弾力性に引き続き、ここでは、供給の価格弾力性について検討する。

① 供給の価格弾力性とは

需要の場合と同じように、ある財の価格が変化したとき、その財の供給量がどのように反応するかは、**供給の価格弾力性**(price elasticity of supply)によって測られる。この指標は、供給量の変化率を、その変化を引き起こした価格の変化率で割った値であり、

$$供給の価格弾力性 = \frac{供給量の変化率}{価格の変化率}$$

と定義される。ここで、供給量の変化率は$(\varDelta Q_S / Q_S) \times 100\%$、価格の変化率は$(\varDelta P / P) \times 100\%$と示せるから、供給の価格弾力性$e_S$は、

$$e_S = \frac{\varDelta Q_S / Q_S}{\varDelta P / P} = \frac{\varDelta Q_S}{\varDelta P} \cdot \frac{P}{Q_S}$$

のように表せる。したがって、供給の価格弾力性は、価格が1％変化すると、供給量は何％変化するかを示すものである。あるいは、供給曲線の傾きの逆数$(\varDelta Q_S / \varDelta P)$に、価格と供給量の比率$(P/Q_S)$を掛けた値である。なお、「供給法則」によって、通常は$\varDelta P$と$\varDelta Q_S$の符号は正負同じであるから、供給の価格弾力性は正の数値になる。

さて、4節の**図2-3(a)**では、需要の増加により、市場均衡は供給曲線SS上のE点からE'点へ変化した。これに伴い、価格は50円から60円に上がり、需要量は80万箱から100万箱に増加した。この場合、初期の均衡点Eを基準にすると、価格の変化率は$(10/50) \times 100 = 20\%$、供給量の変化率は$(20/80) \times 100 = 25\%$である。ゆえに、供給の価格弾力性は、$e_S = 25\% / 20\% =$

1.25 になる。

　つぎに、「中間点の方法」によって、供給の価格弾力性を計算してみる。図2-3(a)の E 点と E' 点の間では、点 ($Q_S=90, P=55$) が中間点であるから、今度は、価格の変化率は $(10／55)\times 100\%$、供給量の変化率は $(20／90)\times 100\%$ となる。これより、供給量の変化率を価格の変化率で割ると、$e_S=1.22$ が得られる。

② 供給の価格弾力性と供給曲線

　供給の価格弾力性は、価格の変化率と供給量の変化率との関係により、ゼロから無限大の間の値をとり、供給曲線の形状と密接な関係がある。

　まず、価格がたとえ変化しても、供給量は一定で変わらない財の場合は、供給曲線は垂直線によって示される。供給の価格弾力性はゼロになり ($e_S=0$)、供給は(価格の変化に対して)完全に非弾力的といわれる。反対に、価格が少しでも変化すると、供給量はほとんど無限に増減する財の場合、供給曲線は水平線で描かれる。このとき、供給の価格弾力性は無限大となり ($e_S=\infty$)、供給は完全に弾力的である。

　また、農産物や天然資源などは、価格が変化しても、供給を速やかに調整するのはむずかしい。供給曲線は傾きが急な右上がりの形になり、一般に、供給量の変化率は価格の変化率よりも小さい。この場合、供給の価格弾力性は1より小さな値をとり ($e_S<1$)、供給は非弾力的といわれる。

　一方、多くの工業製品の場合、価格の変化に対して供給の調整が比較的速やかに行われる。すなわち、価格が低ければ供給量を大きく減らし、逆に、価格が高ければ供給量を大きく増やすことが可能である。このとき、供給曲線は傾きが緩やかな形で描かれ、供給量の変化率は価格の変化率よりも大きくなる。したがって、供給の価格弾力性は1より大きく ($e_S>1$)、供給は弾力的である。

　さらに、価格の変化率と供給量の変化率が一致するときには、供給の価格弾力性は1になる ($e_S=1$)。たとえば、供給曲線が原点から出発する右上がりの直線で表される場合には、弾力性は常に1である(練習問題6を参照)。

　なお、同じ財であっても、長期のほうが短期と比べて、売り手が生産の調

整を広範に行う時間的余裕があるため、供給の価格弾力性は大きくなる。

●コラム：石油ショックの影響

　アラブ諸国を中心とした石油輸出国機構（OPEC）は、1970年代に2度にわたり、協調して石油の供給を減らしたため、石油の世界価格は大幅に上昇した。しかし、80年代になると石油価格は下がり、その後は安定した動きを示した。この**石油ショック**の影響を、需要-供給の観点から考えてみる。

　石油の供給が削減されると、石油の市場供給曲線は左にシフトする。このとき、削減量が大きければ、供給曲線のシフト幅はそれだけ大きくなり、石油の価格は大幅に上昇することになる。

　これに加え、短期においては、石油の需要と供給はともに非弾力的と考えられる。消費者は、石油価格の上昇に即座に反応して、すぐに石油の使用量を大きく減らすことはできない。また、生産者は、価格が上がったからといって、既存の油田から、素早く石油の供給を大幅に増加させることはむずかしいからである。

　したがって、短期の石油の需要曲線と供給曲線は、どちらも傾きが急な形になる。この状況下で石油の供給が減少し、供給曲線が左にシフトすると、需給の調整は主に価格によってなされるため、石油の価格は大幅に上昇する結果になる。

　しかし、長期においては、石油の需要と供給はともに弾力的になる。石油の価格が高ければ、消費者は石油の使用量を少なくするように行動する。反対に、生産者は、既存の油田から増産をはかったり、新しい油田を開発して、石油の供給を増加させることが可能になるからである。

　そのため、長期の石油の需要曲線と供給曲線は、どちらも傾きが緩やかな形になる。この場合、短期と同じだけ石油の供給が減少し、供給曲線が左にシフトしても、需給の調整は主に数量によってなされるので、価格はわずかしか上昇しないことになる。

7 政府の価格規制

ここまでは、市場の価格は、需要と供給の状態に応じて伸縮的に変化する、と想定した。しかし、政府が市場の価格を規制する場合には、一体どのような結果になるのかを考えてみる。

① 価格の上限の規制

政府は、市場で決まる価格を高すぎると判断して、価格の上限を法的に定め、それ以下の価格で取引するように規制することがある。非常時の物価統制、インフレ抑制のための賃金・価格の規制や凍結、公共料金の規制などがこれに当たる。

いま、ガソリン市場の需要曲線と供給曲線が、図2-7(a)において、それぞれ直線 DD と SS によって表されるものとする。市場が競争的であれば、需要と供給の一致する E 点で、均衡価格は100円に決まり、また、均衡取引量は160万kℓの大きさになる。

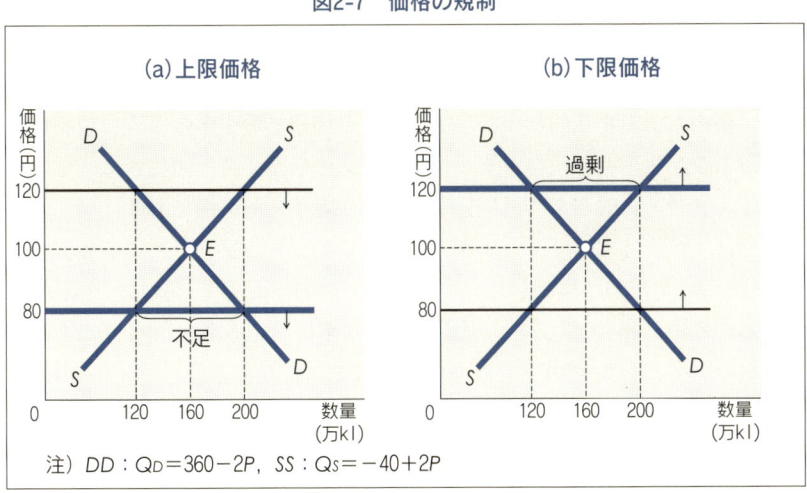

図2-7 価格の規制

注) $DD: Q_D = 360 - 2P$, $SS: Q_S = -40 + 2P$

さて、政府は物価を安定させるため、ガソリンの取引価格の上限（最高水準）を法的に規制したとする。もし上限価格が、市場の均衡価格よりも高い120円の水準に設定されたならば、市場では規制後も、均衡価格100円で取引されることになる。上限価格は拘束力をもたず、何の効果も及ぼさない。

これに対して、価格の上限が市場の均衡価格よりも低い水準、たとえば80円に設定された場合には、上限価格は拘束力をもつ。市場では、本来の均衡価格での取引は法的に禁止され、実際の取引価格は規制価格80円の水準まで引き下げられる。このため、市場の需要量は均衡量より増加して200万$k\ell$に、逆に、供給量は減少して120万$k\ell$になる。したがって、市場では80万$k\ell$の超過需要、つまり品不足が生じる。けれども、政府により市場の価格は80円に規制されているわけであるから、需要と供給の不一致を解消するように、価格調整メカニズムは働かない。

その結果、多くの人がガソリンを手に入れるため、スタンドの前で列を作り、長々と待たなければならないかもしれない。あるいは、配給制の実施が必要になるかもしれない。これでは人びとの生活は不便になるし、資源配分の方法として好ましいものとは言えない。また、品不足の状態になると、闇市場での不法な取引が横行しかねない。

② 価格の下限の規制

上のケースとは反対に、政府は、市場で決定される価格を低すぎると判断して、価格の下限を法的に定め、それ以上の価格で取引するように規制することがある。生産者の所得を安定させるための価格支持、労働者に一定の所得を確保させる目的をもつ最低賃金の制定などが、その例である。

今度は、政府はガソリン業界を保護する目的で、ガソリンの取引価格の下限（最低水準）を法的に規制したとする。図2-7(b)において、仮に、下限価格が市場の均衡価格100円よりも低い80円の水準に設定されたならば、この下限価格は実際には拘束力をもたない。市場では規制前と同じく、100円の均衡価格で取引が行われるので、価格規制は何ら実効性がない。

一方、価格の下限が市場の均衡価格よりも高い水準、たとえば120円に設定されたときには、下限価格は拘束力をもつ。この場合には、本来の均衡

格で取引を行うことはできず、市場の取引価格は下限の120円まで引き上げられる。その結果、供給量は200万klに増加し、需要量は120万klに減少するため、80万klの超過供給、つまり過剰が生じる。しかし、政府により価格が規制されているため、市場の価格調整メカニズムが働いて、超過供給が解消することはない。

　これは資源の浪費であり、また売り手にとっても、販売量が減少してしまうので利益になるとは限らない。もし、政府が余剰分を買い付けるとなれば、膨大な補助金が必要となり、税金の使い方として疑問が残る。

　以上のように、政府による市場価格の規制は、所期の政策目的とは別に、資源配分と所得分配の面でやっかいな問題を引き起こすことになる。

8　課税の影響

　ここでは、政府が財の販売(購入)に対して税金をかけると、どのような結果になるのかを検討する。

①　売り手への課税

　図2-8の直線 DD と SS は、2節で説明した製品Aの市場需要曲線と市場供給曲線である。市場が競争的ならば、需要曲線と供給曲線の交点 E で市場均衡が成立し、価格は50円、取引量は80万箱になる。このとき、政府は売り手から、製品Aの販売に対して、1箱当たり10円の税(消費税あるいは物品税)を徴収することに決めたとする。

　買い手は直接、税金を払わないから、価格と需要量との関係に変化はなく、市場の需要曲線 DD は課税前と変わらない。売り手にとっては、1箱につき10円の消費税分だけ、余計にコストがかかることになるため、従来の販売価格に税金分を上乗せして考える必要がある。したがって、市場の供給曲線は10円の消費税分だけ上にシフトし、SS から $S'S'$ に移る。その結果、新しい市場均衡は、需要曲線 DD と供給曲線 $S'S'$ の交点 E' で実現する。

　より具体的に説明すると、製品Aに1箱当たり10円の消費税が課される

図2-8 消費税の影響

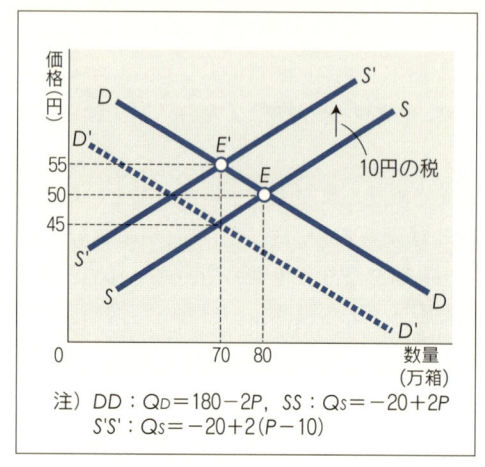

注）$DD : Q_D = 180 - 2P$, $SS : Q_S = -20 + 2P$
$S'S' : Q_S = -20 + 2(P - 10)$

と、供給関数は$Q_S = -20 + 2P$であったのが、$Q_S = -20 + 2(P-10)$に変わる。これと需要関数$Q_D = 180 - 2P$を均等させて解けば、新しい市場の均衡価格と均衡取引量が求められ、それぞれ$P = 55$(円)、$Q_D = Q_S = 70$(万箱)になる。つまり、課税によって、市場の価格は50円から55円に上昇し、取引量は80万箱から70万箱に減少する。

② 買い手と売り手の税負担

図2-8において、課税前には、買い手は1箱の製品Aに対して50円支払い、売り手も同じ50円を受け取っていた。しかし、課税後には、買い手の購入価格は55円に上昇し、課税前と比べて5円だけ多く支払うことになる。消費税の一部は買い手に転嫁され、買い手は実質的に5円分を負担する。一方、売り手は1箱につき55円で販売するが、消費税10円を政府に納めるから、売り手が実際に受け取るのは45円である。売り手は実質的に、5円分の税を負担する。

言い換えると、政府の税収は10円×70万箱＝700万円である。この税金は売り手が納付するが、実質的には、売り手と買い手がそれぞれ、5円×70万箱＝350万円ずつ負担していることになる。

このように、政府が財・サービスに課税すると、市場の価格調整メカニズムによって、一般に価格は上昇し、取引量は減少する。そして、直接の納税者である売り手だけではなく、買い手も税を負担する結果になる。

　ところで、図2-8を見ると、需要の価格弾力性が小さく、需要曲線の傾きが急であるほど、買い手の税負担の割合は高くなることが推察できる。需要曲線が垂直線で描ける極端な場合には、税はすべて買い手の負担となる。反対に、供給の価格弾力性が小さく、供給曲線の傾きが急であるほど、売り手の税負担の割合は高くなる。供給曲線が垂直の場合には、売り手は税を転嫁できず、すべて自ら負担しなければならない。

　なお、買い手から直接、消費税を徴収する場合には、図2-8において、供給曲線 SS は変化しないが、需要曲線が税金分だけ下にシフトして、DD から $D'D'$ に移る。しかし、課税の影響は、売り手から税を徴収する場合とまったく同じ結果になる(練習問題7を参照)。

練習問題

1. 競争的な市場において、価格と取引量の均衡値が決定されるメカニズムを、価格の調整機能に注目しながら説明しなさい。
2. 需要の減少、供給の減少はそれぞれ、市場の価格と取引量にどのような影響を及ぼすかを、価格弾力性の相違に留意して明らかにしなさい。
3. 需要の増加と供給の増加が同時に起きた場合、また、需要の増加と供給の減少が同時に起きた場合について、市場の価格と取引量はどのように変化するかを検討しなさい。
4. 市場の需要曲線と供給曲線は、$Q_D = 240 - 6P$, $Q_S = -60 + 4P$ で表されるものとして、以下の問いに答えなさい。ただし、価格の単位は円、数量の単位は万箱である。
   (1) 市場の均衡価格と均衡取引量はいくらか。
   (2) 市場均衡点における需要と供給の価格弾力性を求めよ。また、供給の増加により、市場の均衡価格が下がるとすれば、売り手の総収入はどのように変化するか。
   (3) 製品1箱当たり5円の消費税を売り手から徴収すると、市場の価格と取引量はいくらになるか。このとき、政府の税収、買い手と売り手の税負担額はおのおのいくらになるか。
5. 市場の需要曲線と供給曲線は、$Q_D = 180 - 2P$, $Q_S = -20 + 2P$ で表されるものとして、以下の問いに答えなさい。ただし、価格の単位は円、数量の単位は万箱である。
   (1) 政府が上限価格を1箱当たり40円に規制するとき、超過需要はいくらか。また逆に、下限価格を1箱当たり70円に規制するとき、超過供給はいくらになるか。
   (2) 政府がこの製品を、生産者から1箱当たり70円ですべて買い上げ、消費者に40円

で売り渡すとき、政府の赤字額と在庫量はそれぞれいくらになるか。
6*.「需要曲線が右下がりの直角双曲線で表される場合には、需要の価格弾力性は常に1である。また、供給曲線が原点から出発する右上がりの直線で表される場合には、供給の価格弾力性は1になる」。以上の内容を証明しなさい。
7. 図2-8の状況において、政府は1箱当たり10円の消費税を、直接、買い手から徴収するとした場合、どのような結果になるかを検討しなさい。

第3章
家計の消費行動

【本章の内容】　前章では、市場全体の需要と供給に注目して、市場経済の基本的な仕組みや機能について説明した。そこで、つぎに、市場の需要や供給を構成する、個々の家計や企業の行動について考えてみたい。

まず、この章では、財・サービス市場における需要の背景にある、家計の消費者としての行動を取り上げる。

はじめに、家計の意味を述べ、つぎに、家計の消費支出面における制約条件を示す。また、家計の消費選好を表す効用や無差別曲線について説明する。その後、家計の最適な消費選択行動について明らかにする。

さらに、家計の所得が変化すると、家計の消費行動はどのように変わるのかを見る。最後に、財・サービスの価格の変化は、家計の最適な消費選択にいかなる影響を与えるのかを考察する。

家計は、財・サービスの消費者(需要者)としてだけではなく、生産要素の供給者としても経済活動を担っているが、この問題は第7章で扱う。

●本章のキーワード

効用最大化　　予算線　　無差別曲線　　限界代替率　　最適消費の条件
所得-消費曲線　　正常財　　需要の所得弾力性　　エンゲル曲線　　下級財
家計の需要曲線　　代替効果　　所得効果　　ギッフェン財
スルツキー方程式　　(粗)代替財　　(粗)補完財

1　家計とは何か

はじめに、私たちの社会における家計(あるいは個人)の経済的な意味合いについて、簡単に説明しておく。

① 家計の経済的な役割

家計とは、財・サービスの消費活動を営む意思決定単位のことであり、第1章の経済循環図(図1-1)が示すとおり、経済活動の点から見て2つの側面がある。

1つは、家計は労働、資本、土地など資源の所有者であり、これらを生産目的のために提供し、その報酬として、賃金、利子、配当、地代などの所得を受け取る、という生産要素の供給者としての側面である。この問題は、後に第7章で取り上げる。

もう1つは、家計は、資源を提供して得た所得を支出し、生活に必要な財・サービスを購入する、という財・サービスの消費者(需要者)としての側面である。本章では、この家計の消費行動について、詳しく見ていく。

② 消費者としての家計

家計は消費者として、食物、衣類、教養・娯楽、旅行など、いろいろな財・サービスを購入している。その際、合理的な家計であれば、これらの財・サービスを消費することから得られる満足の度合い(これを**効用**という)を、できるだけ大きくするように行動を決定する、と考えられる。つまり、**効用最大化**が家計の消費行動の究極的な目的と言える。

ただし、各家計が実際、一定期間に消費のために使うことのできる金額には、限りがある。いくらでも際限なく、消費にお金を費やせるわけではない。消費行動には、つねに経済的制約が伴う。したがって、家計は、財・サービス(以下では、簡単に財とよぶ)の消費から得られる効用が最大になるように、限りある所得をさまざまな用途にいかに支出したらよいのか、という**消費選択**の問題に直面していると見ることができる。

2　家計の予算制約

家計の消費者としての行動を明らかにするため、まず、家計の消費支出面の制約条件から説明を始めることにする。

① 予算線

いま、説明を簡単にするため、家計の消費選択の対象になる財は、食料と衣料の2種類だけであり、それぞれの数量を X と Y で、また価格を P_X と P_Y で示す。また、食料と衣料の市場はどちらも完全競争の状態にあり、価格は各市場の需要と供給によって決まると考える。したがって、個々の家計は**プライス・テイカー**であり、財の価格を一定で与えられたものとして行動する。さらに、たとえ借り入れや貯蓄取り崩しの可能性を考慮に入れたとしても、家計が一定期間に支出可能な所得額には限りがある。その支出可能な名目(貨幣)所得額を M で表す。

さて、家計による食料と衣料の支出総額($P_X \cdot X$ と $P_Y \cdot Y$ の合計)は、所得の金額 M を超えることはできないから、家計はその消費行動に際して、

$$P_X \cdot X + P_Y \cdot Y = M$$

という制約条件を考慮に入れながら行動することになる。この関係は、家計が支出可能な所得をすべて消費に向けたとき、食料と衣料がどれだけ購入できるのかを示すもので、家計の**予算線**(budget line)あるいは**予算制約式**(budget constraint)とよばれる。

図3-1 において、家計の予算線は右下がりの直線 AB のように描ける。もし、家計が衣料をまったく購入せず、所得をすべて食料の購入に使うとすれば、それは B 点($X = M/P_X$, $Y = 0$)で示される。逆に、食料は購入せずに衣料だけを選ぶときには、それは A 点($X = 0$, $Y = M/P_Y$)によって表される。そして、一般に、食料と衣料の両方に所得を使う場合には、両財の購入量は、直線 AB 上のいずれかの点によって示されることになる。

上の予算線は、$Y = M/P_Y - (P_X/P_Y)X$ と書き換えられるから、予算線の傾きは $-P_X/P_Y$、つまり、食料と衣料の価格比率(食料の相対価格)にマイナ

図3-1　家計の予算線

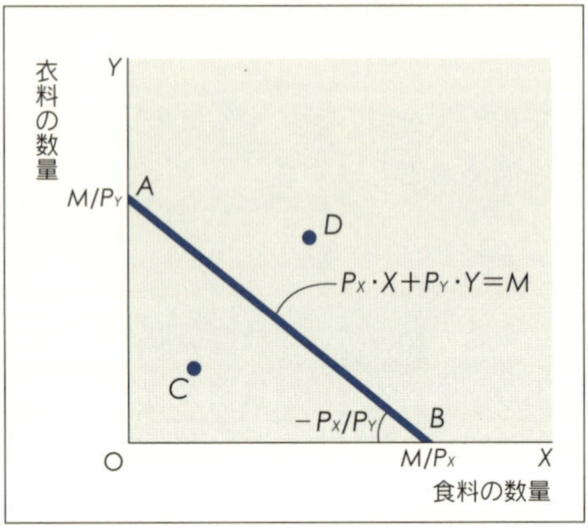

（図：縦軸「衣料の数量」Y、横軸「食料の数量」X。切片 A は M/P_Y、B は M/P_X。予算線 $P_X \cdot X + P_Y \cdot Y = M$、傾き $-P_X/P_Y$。点 C は内側、点 D は外側。）

スをつけた値に等しいことがわかる。これは、市場において食料1単位は何単位の衣料と交換され得るかという、「市場の交換比率」を表す。たとえば、食料の価格が2千円、衣料の価格が4千円であれば、予算線の傾きは$-1/2$になる。この値は、家計が食料の購入を1単位だけ控えると、市場において衣料を0.5単位余分に購入できることを意味する。

さらに、予算線ABより内側の点（たとえば、C点）は、所得の一部を使い残したときの食料と衣料の購入量を表す。反対に、予算線ABより外側の点（たとえば、D点）は、現時点の所得では購入不可能な食料と衣料の組み合わせを意味する。したがって、予算線とは、ある一定の所得と市場価格のもとで、家計が消費のために選択し得る財の量的範囲を示すものである。

② 所得・価格の変化と予算線

いま、食料と衣料の価格は、それぞれ2千円と4千円のままであるが、家計の所得が当初の8万円から16万円に倍増したとする。このとき、**図3-2(a)**において、家計の予算線は直線ABから$A'B'$に、右上へ平行にシフトする。

食料と衣料の価格は変わらないから、新しい予算線$A'B'$の傾きは元のままである。しかし、家計が衣料をまったく買わず、所得をすべて食料に使う

図3-2 予算線のシフト

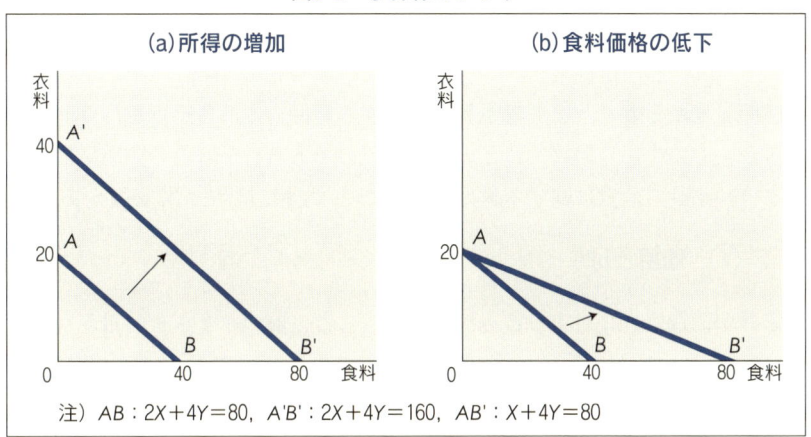

(a)所得の増加

(縦軸：衣料、横軸：食料)
A' = 40, A = 20, B = 40, B' = 80

(b)食料価格の低下

(縦軸：衣料、横軸：食料)
A = 20, B = 40, B' = 80

注) $AB : 2X+4Y=80$, $A'B' : 2X+4Y=160$, $AB' : X+4Y=80$

とすれば、変化前には40単位(8万円÷2千円)であったのが、80単位(16万円÷2千円)まで購入できるようになる(B'点)。逆に、食料は全然購入せずに所得をすべて衣料に振り向ければ、20単位(8万円÷4千円)から40単位(16万円÷4千円)までに増やせる(A'点)。このように、所得が増加することにより、家計の消費可能な範囲は、直線ABから$A'B'$まで拡大する。

なお、家計の所得は8万円のままで、食料と衣料の価格がそれぞれ千円と2千円に半分に下がった場合も、実質的には上のケースと同じである。所得8万円の実質購買力は2倍に上がり、予算線は図3-2(a)の直線$A'B'$のようになる。

つぎに、食料の価格だけが、2千円から千円に下がったとする。**図3-2(b)** において、家計の予算線はA点を中心に右上へ回転し、直線ABからAB'にシフトする。

食料の価格が低下したため、予算線の傾きは$-1/2$から$-1/4$へと緩やかになる。これに伴い、食料は80単位(8万円÷千円)まで購入できるようになる(B'点)。ただし、衣料の価格は変わらないから、衣料の最大可能な購入量は以前と同じ20単位である(A点)。このように、食料の価格が下がると、家計の消費可能な範囲は、直線AB'のところまで広がる。

3　効用と無差別曲線

　前節で見たとおり、家計は予算線の画する範囲内で消費選択を行うわけであるが、その中から最終的にどの点を選ぶのであろうか。この問題に取り組むには、家計の消費に関する選好(好み)について検討しておく必要がある。

① 効用とは

　家計が消費選択に対する意思決定を下すには、財のさまざまな組み合わせ（バスケット）に対して、自己の選好にもとづき、相互の順序を整合的に決めることができなければならない。

　そのために、**効用**(utility)という概念が用いられる。ここで、効用とは、家計が財を消費することから得られる満足の度合いのことである。あるいは、財の各組み合わせに対する、家計の選好順位を示す数値指標ということもできる(効用の概念については、次ページの**コラム**を参照)。いずれにせよ、効用の水準によって、家計の選好の強さが表現される。

　すなわち、効用の水準が高いほど、家計の満足度は大きく、選好の順位は高いことが意味される。反対に、効用の水準が低いほど、家計の満足度は小さくて、選好の順位は低いことになる。このような家計の消費選好は、一般に、家計が消費する財の数量と、それから得られる効用水準との関係を表す**効用関数**

$$U = U(X, Y)$$

によって示される。ここで、U は家計の効用水準を、X と Y はそれぞれ食料と衣料の消費量を表す。

　さて、食料や衣料は家計の生活にとって不可欠なものであり、プラスの効用をもたらす望ましい財(goods)と言える。つまり、**限界効用**(ある財を1単位余分に消費したときに生じる効用の変化分)はともに正である。したがって、効用、食料、衣料の変化分をそれぞれ Δ（デルタ）の記号を使い、ΔU、ΔX、ΔY と表せば、食料の限界効用 $= \Delta U/\Delta X > 0$、衣料の限界効用 $= \Delta U/\Delta Y > 0$ という関係が見られる。

また、家計は消費の至福(飽和)点には到達していないものとする。その場合、食料と衣料は家計にとって多ければ多いほど好ましいから、効用水準は食料および衣料の増加につれて高くなる。そして、食料と衣料の各種の組み合わせから得られる効用水準 U の大きさによって、相互の選好順位が決められるのである。

> ### ●コラム：基数的効用と序数的効用
>
> 　効用とは、財の消費から得られる心理的な満足の度合いをさすが、それには2つの解釈の仕方がある。
> 　1つは、効用はその絶対的水準に意味があるとし、効用を基数として扱う**基数的効用**の立場である。この立場では、効用水準そのものが重要であり、効用は絶対的な尺度で計測できるものと考える。たとえば、1杯目のコーヒーから得られる効用は10、そして2杯目のコーヒーから得られる効用は6、だから前者は後者より4だけ満足度が高いというように、効用水準がどのような大きさであるかが重要な意味をもつ。
> 　もう1つは、効用は絶対的水準ではなくその大小に意味があるとして、効用を序数として扱う**序数的効用**の立場である。この立場では、効用の水準それ自体には格別の意味はなく、満足度の順序付けを反映する相対的な大きさが重要になる。すなわち、効用とは家計の選好順序を表す数値指標である、と考える。たとえば、1杯目のコーヒーは2杯目のコーヒーよりも高い満足感を与えるなら、前者の効用は後者の効用より高いとすればよく、それらの効用が具体的にどんな水準であるかはあまり意味をなさない。
> 　家計の選好や消費選択行動では、選好順位が問題で、効用の絶対的水準は特に重要ではないから、序数的効用の概念にもとづいて明らかにすることができる。しかし、社会的な状況や政策の効果などを判断するうえで、個人間の効用比較が不可欠な場合には、基数的効用の概念が必要になる。

② 無差別曲線

以上で述べた家計の消費選好は、**無差別曲線**(indifference curve)とよばれる概念を用いて、図形で表示することができる。

まず、無差別曲線とは、効用の大きさが同一になる食料と衣料の組み合わせを次々と結んだもので、家計にとって無差別な(同じ好みの)財の組み合わせを示す。先の効用関数で説明すると、効用水準をある特定の大きさ $\overline{U}$ に指定して、$\overline{U} = U(X, Y)$ の関係を満たす食料の数量(X)と衣料の数量(Y)のすべての組み合わせを、X-Y 平面上に描いたものである。

図3-3 には、3つの無差別曲線 U_0、U_1、U_2 が描いてある。それぞれが家計に対して、ある一定の効用をもたらす食料と衣料の組み合わせを表している。たとえば、曲線 U_0 上の点($A, B, C, \cdots$)ではどこでも、家計の効用水準は同一であり、それゆえ選好の順位は同じである。

この無差別曲線は、一般に、つぎのような性質をもつ。

(1) 財の組み合わせを示すどの点についても、そこを通過する無差別曲線を描くことができる。

図3-3 の各点は、ある特定水準の効用をもたらす食料と衣料の組み合わせを表す。したがって、その点と同一の効用を実現する組み合わせを次々と見つけていけば、新たな無差別曲線が描けるはずである。実際には、無差別曲

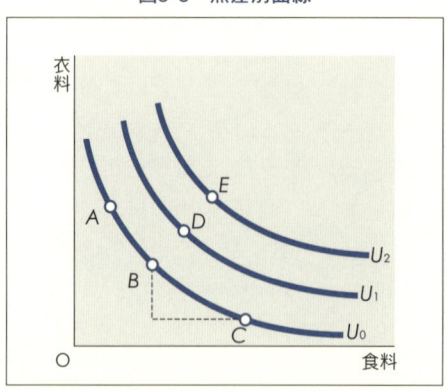

図3-3 無差別曲線

$U_0 \sim U_2$ の間や上下に、無数の無差別曲線が存在する。

(2) 無差別曲線は右下がりになる。

　食料と衣料はともに望ましい財であるから、どちらか一方の財をより多く消費すると、家計の効用は高まる。ゆえに、以前と同一の効用水準を保つには、もう一方の財は少なくなければならない（たとえば、図3-3の曲線 U_0 上の B 点と C 点における、食料と衣料の数量を比較してみよ）。このことは、無差別曲線はマイナスの傾きをもち、右下がりの形になることを意味する。

　ただし、一方の財が、家計にマイナスの満足を与える望ましくない財――ごみ、騒音、大気汚染など、限界効用が負の財 (bads)――であれば、無差別曲線は右上がりの形になる。また、いずれか一方の財が、家計にとってまったく関心のない財であれば、無差別曲線は水平か垂直の直線になる。

(3) 原点から遠くにある無差別曲線ほど、高い効用水準を表す。

　原点 O から右上に離れている点ほど、より多くの財を含むため、その点の財を消費することから得られる効用は大きくなる。したがって、そこを通過する無差別曲線はより高い効用水準を表し、選好の順位はそれだけ高くなる。図3-3の B 点、D 点、E 点をそれぞれ通る無差別曲線の効用水準については、$U_0 < U_1 < U_2$ という関係がある。

(4) 無差別曲線は互いに交差しない。

　仮に、図3-3において、無差別曲線 U_0 と U_1 がどこかで交差するとしたら、その交点と B 点、D 点は無差別で、効用水準は同じということになる。しかし、D 点は B 点よりも右上に位置し、食料と衣料の両方をより多く含むから、D 点の効用は B 点の効用よりも高くなるはずである。ここに矛盾が生じる。言い換えると、家計の消費選好が整合的である限り、無差別曲線は互いに交わることはない。

　無差別曲線は以上のような性質をもつので、食料と衣料の各種の組み合わせはすべて、図形的に、整合性をもって順序づけられることになる。

③ 無差別曲線の凸性と限界代替率の逓減

　無差別曲線の性質(1)～(4)に加えて、通常、無差別曲線は原点に対して凸型である、とされる。つまり、無差別曲線の傾きは、左上から右下へと移動す

るにつれて、次第に緩やかになると考える。この無差別曲線の性質は、家計は相対的に少ない財を高く評価する、という消費選好を反映したものである。

図3-4(a)において、無差別曲線 U_0 上を A 点、B 点、C 点へと移るにつれて、相対的に食料が多く衣料が少なくなっていく。これに応じ、家計は豊富になる食料を低く、希少になる衣料を高く価値づけるようになる。その結果、効用水準を一定とした場合、食料をもう1単位得るために犠牲にしてよいと思う衣料の量は、徐々に少なくなるのである。

無差別曲線の凸性は、つぎのように説明することもできる。無差別曲線の各点の傾きは、食料を余分に消費したとき、効用水準を一定に維持するには、衣料の消費をどれだけ減らしてよいかを示す。この無差別曲線の傾きにマイナスをつけた値を、**限界代替率**(marginal rate of substitution：*MRS*)とよぶ。限界代替率は、食料と衣料の変化分をそれぞれ $\varDelta X$ と $\varDelta Y$ で表すと、以下のように定義される。

$$MRS = -\frac{\varDelta Y}{\varDelta X} \quad (ただし、効用水準は一定)$$

したがって、無差別曲線を凸型とすることは、ある無差別曲線上を左上から右下へと移動するにつれて、その傾きは次第に緩やかになること、言い換

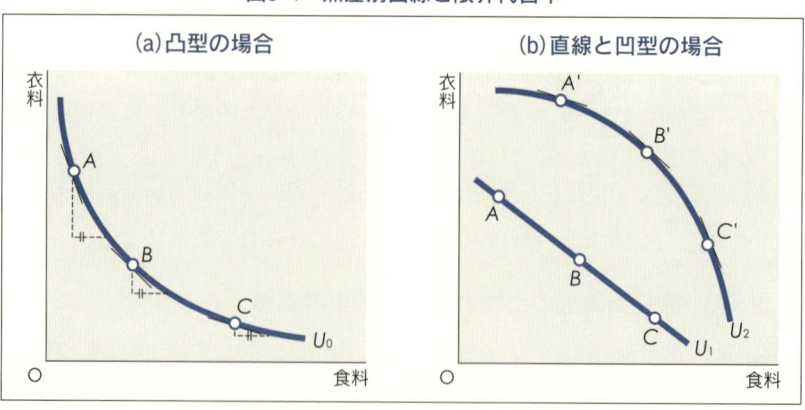

図3-4　無差別曲線と限界代替率

(a) 凸型の場合

(b) 直線と凹型の場合

えると、限界代替率が次第に小さくなることを意味する。無差別曲線の凸性とは、「限界代替率の逓減」を仮定することにほかならない。

ところで、図3-4(b)の無差別曲線U_1は、右下がりの直線で描かれている。この場合、無差別曲線の傾きはA、B、Cのどの点でも同じであり、限界代替率は一定である。これに対し、無差別曲線U_2は原点に向かって凹型である。曲線U_2上をA'点、B'点、C'点と左上から右下へ移動するにつれて、傾きは次第に急になっていく。したがって、この場合、限界代替率は逓増する(家計がどのような消費選好をもつとき、無差別曲線は右下がりの直線や凹型になるのかについては、章末の練習問題2を参照)。

4　最適な消費の決定

これまでのところで、家計にとって購入可能な財の範囲は予算線で与えられ、また、家計の消費選好は無差別曲線によって表示されることを見た。今や、両者を結びつけることにより、家計の最適な消費選択行動を明らかにすることができる。

① 効用最大化

合理的な家計は、**効用最大化**を目的として、予算制約に考慮を払いながら、もっとも高い効用を実現する財の組み合わせを選択する。図3-5の状況では、予算線ABの範囲内で、無差別曲線が最高位に達する点を選ぶものと考えられる。家計の最適な消費選択は、どのようにして決まるのかを見てみる。

まず、予算線ABの内部の点(たとえば、C点)では、支出可能な所得の一部は使われずに残っている。所得を残しておいても何ら意味がない(貯蓄の必要性はない)とすれば、家計はもっと購入量を増やすことによって、より大きな効用を得ることができる。ゆえに、予算線ABの内部の領域は、効用の最大点にはならない。また、予算線ABの外側の点(たとえば、D点)は、予算面の制約により購入が不可能である。

したがって、家計の消費選択は予算線AB上のどこかで行われる。しか

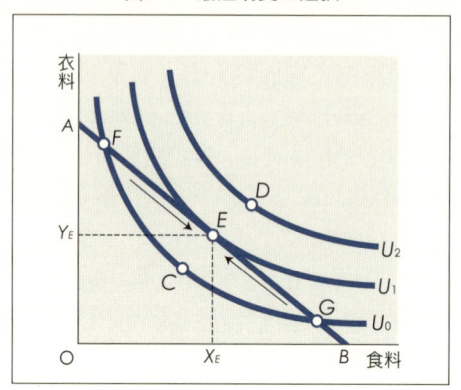

図3-5 最適消費の選択

し、予算線が無差別曲線と交差するような点では、まだ効用を高める余地があり、効用は最大になっていない。たとえば、F点では、衣料を減らし食料を増やせば、同じ所得でもって、より高位の無差別曲線に到達することができる。反対に、G点では、食料の購入を控えて衣料を増加させると、家計の効用は高まる。

このように、予算線ABに沿って、矢印の示す方向に両財の購入量を調整していくと、結局、予算線ABが無差別曲線U_1と接するE点で、家計の効用は最大になる。このE点が**消費の最適点**であり、家計は食料をX_E量、衣料をY_E量だけ購入(需要)、消費することになる。

具体的な例を使い、家計の最適な消費量を実際に計算してみる。2節の例にしたがい、食料と衣料の価格はそれぞれ2千円と4千円、家計の所得は8万円とする。また、家計の効用関数は$U=X\cdot Y$で表されるものとする。つまり、家計の効用水準Uは、食料の消費量Xと衣料の消費量Yを掛けた値とする。家計の問題は、予算線$2X+4Y=80$の制約のもとで、効用関数$U=X\cdot Y$を最大にするXとYの値を見いだすことである。

この場合、予算線は$Y=20-0.5X$と書けるから、これを効用関数に代入して整理すると、$U=-0.5(X-20)^2+200$を得る。これより、$X=20$のとき効用が最大になることがわかる。また、このXの値を予算線に代入すると、$Y=10$が求められる。さらに、効用水準は$U=200$となる。

② 限界代替率と価格比率の均等

さて、消費の最適点では、無差別曲線と予算線は互いに接しているから、無差別曲線の傾き($\Delta Y/\Delta X$)と予算線の傾き($-P_X/P_Y$)は相等しい。これより、$-\Delta Y/\Delta X = P_X/P_Y$が得られるから、

$$限界代替率(MRS) = 2財の価格比率\left(\frac{P_X}{P_Y}\right)$$

という関係が成り立つ。この関係が**最適消費の条件**であり、一定の所得のもとで、効用最大化を実現する消費の最適点においては、限界代替率と2財の価格比率が等しくなることを示す。

上式の左辺の限界代替率は、効用を同じ水準に維持するには、食料1単位は何単位の衣料と代替可能であるかを表すから、いわば「家計の消費選好上の交換比率」を意味する。これに対して、右辺の2財の価格比率は、市場では、食料1単位は何単位の衣料と交換され得るかという「市場の交換比率」を意味する。だから、消費の最適点では、家計の選好上の交換比率と市場の交換比率がちょうど一致している、と言うことができる。

限界代替率が2財の価格比率よりも大きいときには(たとえば、**図3-5**のF点)、家計は市場で衣料の購入を減らし食料の購入を増やすという交換を行えば、自らの効用を高めることができる。反対に、限界代替率が2財の価格比率よりも小さいときには(たとえば、G点)、食料を減らして衣料の購入を増加させれば、家計の効用は高まる。結局、限界代替率と2財の価格比率が等しくなる点(E点)で、2財の消費を決定すると、効用最大化が達成されるのである。

③ 限界効用の均等

最適消費の条件はまた、限界効用の概念にもとづいて表すこともできる。同一の無差別曲線に沿って動くときには、食料の増加に伴う効用の上昇は、衣料の減少による効用の低下によって相殺され、効用水準は一定に保たれる。食料と衣料の限界効用を、それぞれMU_XとMU_Yで示すと、食料の増加に伴う効用の上昇は、食料の増加分と限界効用を掛けた値($MU_X \cdot \Delta X$)で表

される。また、衣料の減少による効用の低下は、衣料の減少分と限界効用を掛けた値（$MU_Y \cdot \Delta Y$）に等しい。

したがって、同一の無差別曲線に沿って動くときには、常に $MU_X \cdot \Delta X + MU_Y \cdot \Delta Y = 0$ の関係が成り立つ。この関係より、$-\Delta Y/\Delta X = MU_X / MU_Y$ が導けるから、限界代替率（左辺）は、食料と衣料の限界効用の比率に等しいことがわかる。これより、前項の「最適消費の条件」は、

$$\frac{MU_X}{MU_Y} = \frac{P_X}{P_Y} \quad \text{あるいは} \quad \frac{MU_X}{P_X} = \frac{MU_Y}{P_Y}$$

と表現することもできる。

それゆえ、家計は、2財の限界効用の比率と市場の価格比率が一致するように、所得を食料と衣料に配分すれば、その効用は最大になる。あるいは、各財について、貨幣1単位（1円）当たりの限界効用（**貨幣の限界効用**）が等しくなるように、各財の需要量を決めれば、家計の効用最大化が実現する。

なお、以上では、消費の最適点において、限界代替率＝2財の価格比率という最適消費の条件が成立して、2財とも購入される標準的なケースだけを取り上げた。しかし、いつもこのような結果になるわけではない。最適消費の条件が成り立たず、1つの財だけを購入することで、効用が最大になる場合もある（この**コーナー解**のケースについては、練習問題4を参照）。

5　家計の所得と消費

前節では、ある一定の所得と価格のもとで、家計は各財の消費量をどのように決定するのかを見た。それでは、家計の所得や財の市場価格が変化すると、家計の最適な消費選択はどのように変わるのであろうか。まず、本節では、家計の所得の変化は、消費決定にどのような影響を及ぼすのかを検討する。

① 正常財

いま、前節①の数値例と同じく、食料と衣料の価格は2千円と4千円であるが、家計の支出可能な所得が8万円から16万円に増加したとする。この

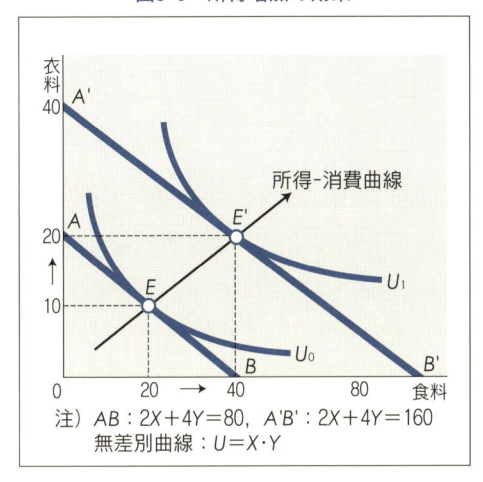

図3-6 所得増加の効果

衣料
A' 40
A 20
E 10
0 20→ 40 80 食料
所得-消費曲線
U_1
U_0
B   B'

注）AB：2X+4Y=80、A'B'：2X+4Y=160
無差別曲線：U=X・Y

とき、**図3-6**の家計の予算線 AB は、2節②で説明したとおり、直線 $A'B'$ へと右上に平行にシフトする。所得の上昇により、家計が消費のために選択し得る財の量的範囲は、直線 AB から $A'B'$ まで拡大する。

家計は、新たな予算制約 $A'B'$ のもとで、もっとも高い効用を実現する財の組み合わせを選択する。ここで、家計の消費選好の状態（無差別曲線の形状）は、所得の変化があっても影響を受けないものとする。その場合、新しい消費の最適点は、予算線 $A'B'$ と無差別曲線 U_1 が接する E' 点であり、そこで家計の効用は最大になる。

具体的に、数値例の最適消費量を求めてみる。新しい予算線 $2X+4Y=160$ は、$Y=40-0.5X$ と表せるから、これを効用関数 $U=X\cdot Y$ に代入して整理すると、$U=-0.5(X-40)^2+800$ になる。それゆえ、効用が最大値（$U=800$）を実現する食料の数量は $X=40$ である。さらに、この X の値を予算線に代入すると、衣料の数量 $Y=20$ を得る。したがって、所得の上昇により、消費の最適点は図3-6の E 点から E' 点に移り、家計は食料の消費量を20単位から40単位に、また衣料の消費量を10単位から20単位に、それぞれ増加させることになる。

このように、家計の所得が上昇するにつれて、財の需要量は一般に増加す

る。所得が上がりゆとりが出ると、普通、家計は財をより多く消費して、効用を高めようとするからである。こうした性質をもつ財は、**正常財**(normal goods)あるいは**上級財**(superior goods)とよばれる。私たちの身の回りにある商品は、ほとんどが正常財と考えられる。

図3-6において、家計の所得が変化するにつれて、消費の最適点(すなわち、予算線と無差別曲線が互いに接する点)も変化するが、これらの消費最適点(E点、E'点、…)を次々と結んで得られる関係は、**所得-消費曲線**(income-consumption curve)といわれる。それは、すべての財の価格および家計の選好状態を一定としたとき、家計の所得水準が上昇するにしたがい、2財の需要量はどのように変わるのかを示すものである。図3-6では、所得-消費曲線は右上を向いているから、家計の所得が増加すると、食料と衣料の需要量はどちらも増加することを意味する。

② 需要の所得弾力性とエンゲル曲線

所得の変化と需要量の変化との関係は、**需要の所得弾力性**(income elasticity of demand)の概念を用いると、よりよく理解できる。まず、需要の所得弾力性とは、所得の変化に対する需要の反応の程度を示す指標で、「ある財の需要量の変化率を、その変化を引き起こした所得の変化率で割った値」と定義される。つまり、

$$需要の所得弾力性 = \frac{需要量の変化率}{所得の変化率}$$

である。いま、所得をM、需要量をX、それぞれの変化分をΔMとΔXで示すと、需要の所得弾力性ε(エプシロン)は、

$$\varepsilon = \frac{\Delta X/X}{\Delta M/M} = \frac{\Delta X}{\Delta M} \cdot \frac{M}{X}$$

のように表せる。ここで、所得が増加すると需要量が増加する正常財の場合には、ΔMとΔXの符号はともにプラスであるから、εの値は正になる。つまり、正常財とは、需要の所得弾力性εが正であるような、普通の財のことである。

もっとも、ひとくちに正常財といっても、需要の所得弾力性の大きさは財

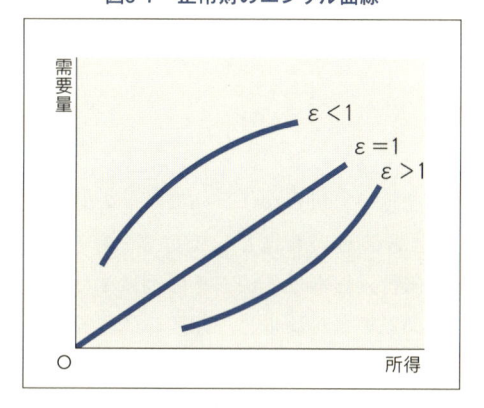

図3-7 正常財のエンゲル曲線

によってさまざまである。たとえば、奢侈品、耐久消費財(家具、家電製品など)、教養・娯楽品などの場合、所得が高まると、それ以上の速さで需要が増える傾向が見られる。したがって、需要の所得弾力性は1より大きい。

なお、前項の図3-6において、所得-消費曲線が横軸に対して凹型の形になるときには、横軸に測った財の需要の所得弾力性は1より大きい。この場合、所得と需要量との間の関係を表す**エンゲル曲線**は、**図**3-7に描いてあるように、一般に、下に凸の形状をとる。

反対に、主食、日用雑貨、光熱などの必需品については、所得が上昇しても需要はそれほど増えず、需要の所得弾力性の値は1より小さい。この点に関連して、「家計支出に占める食費の割合は、所得水準が高まるにつれて、次第に低くなる傾向がある」という**エンゲルの法則**がよく知られている。この現象は、家庭における食事は必需的なことであるため、たとえ所得が上昇しても需要量はあまり増えず、その結果、食料支出は所得の増加ほどには増えないことを示す。

ところで、所得-消費曲線が横軸に対して凸型の形になるときには、横軸に測った財の需要の所得弾力性は1より小さい。そして、エンゲル曲線は図3-7の下に凹型の曲線のようになる。

最後に、需要が所得と同じ割合で増加する場合には、需要の所得弾力性の値は1に等しい。このときには、図3-6の所得-消費曲線は原点から出発す

る直線で示され、エンゲル曲線も図3-7の原点から出発する直線によって表される。

③ 下級財

　所得が上昇すると、すべての財の需要量が増えるわけではない。所得の上昇につれて、より好ましい・快適な代替品に家計の好みが移ってしまい、需要が逆に減少する財もある。主食としての米、学生下宿、テープレコーダー、扇風機、国内旅行、銭湯などが、その例に挙げられる。このように、所得が増加するとその需要量が減少し、需要の所得弾力性の値がマイナスになる財を、**下級財**ないしは**劣等財**(inferior goods)とよぶ。

　図3-8(a)において、海外旅行は正常財であるが、国内旅行は下級財であるとする。この場合、家計の所得が上昇すると、予算線はABから$A'B'$へシフトし、新しい消費の最適点は、当初のE点より左上に位置するE'点に変わる。その結果、所得-消費曲線は左上を向いた形になり、国内旅行は減少し、海外旅行は増加する。つまり、所得の増加により、海外旅行に需要が移り、国内旅行の需要量はかえって減少してしまうのである。また、下級財である国内旅行のエンゲル曲線は、**図3-8(b)**のように右下がりの形になる。

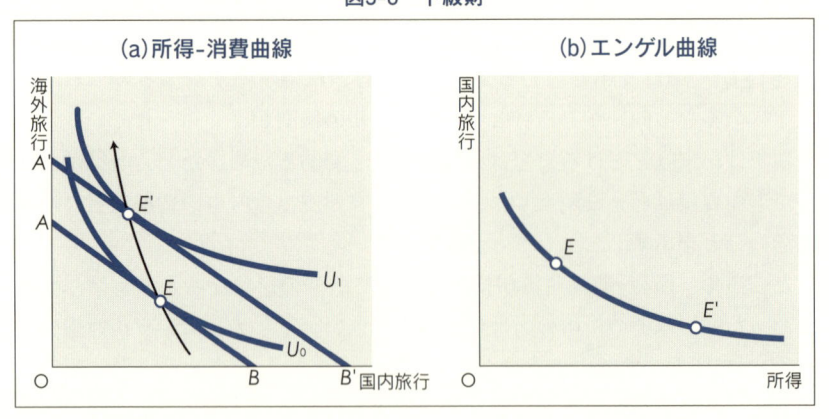

図3-8　下級財

6　価格と家計の消費

つぎに、価格の変化は家計の消費行動にどのような影響を与えるのかを検討する。ここでは、家計の所得と消費選好の状態（無差別曲線の形状）、および衣料の市場価格は一定で変わらないものとして、食料の市場価格が変化したとき、家計の最適な消費選択はいかに変化するのかを考察する。

① 価格変化の効果：家計の需要曲線

今度は、衣料の価格は4千円、家計の所得は8万円のままであるが、食料の価格が2千円から千円に下がったとする。このとき、**図3-9(a)** において、家計の予算線 AB は2節②で説明したとおり、A 点を中心に右上へ回転し、直線 AB から AB' にシフトする。食料の価格が低下することにより、家計が購入可能な量的な範囲は、直線 AB' まで拡大する。

家計は、この新しい予算制約 AB' のもとで、最大の効用が実現する点に到達しようとする。それは、予算線 AB' が無差別曲線 U_1 と接する E' 点で達成される。つまり、E' 点が新しい消費の最適点であり、家計はこの点に対

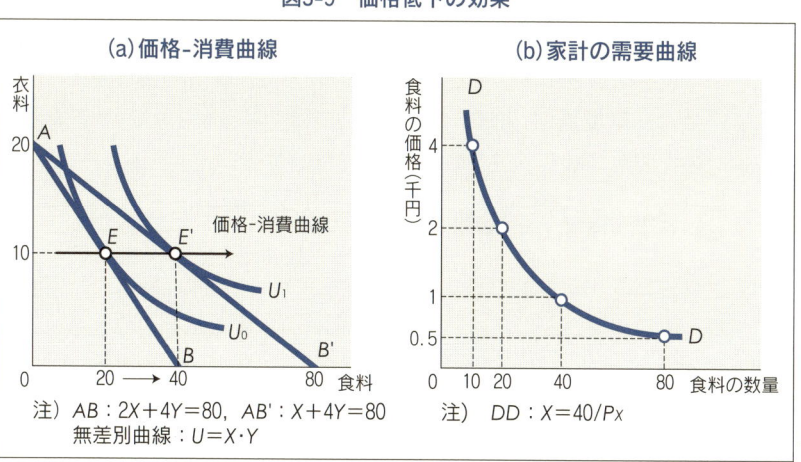

図3-9　価格低下の効果

(a) 価格-消費曲線

注）$AB: 2X+4Y=80$, $AB': X+4Y=80$
　　無差別曲線：$U = X \cdot Y$

(b) 家計の需要曲線

注）$DD: X = 40/P_X$

応して食料と衣料の消費量を決める。

最適な消費量を具体的に計算しておく。新しい予算線 $X+4Y=80$ を、$Y=20-0.25X$ と書き換え、これを効用関数 $U=X\cdot Y$ に代入して整理すると、$U=-0.25(X-40)^2+400$ を得る。これより、効用を最大にする食料 $X=40$ が求められる。さらに、この X の値を予算線に代入すると、衣料 $Y=10$ を得る。また、最大の効用水準は $U=400$ である。

以上のように、図3-9(a)において、食料の価格が変化するにつれて、効用が最大になる消費の最適点(すなわち、新しい予算線と無差別曲線の接点)も変化するが、これらの消費最適点(E 点、E' 点、…)を結んで得られる関係は、**価格-消費曲線**(price-consumption curve)といわれる。それは、家計の所得水準と選好状態、および衣料の価格を一定とした場合、食料の価格変化に対して、家計は2財の需要量をどのように変化させるのかを表すものである。

図3-9(a)では、価格-消費曲線は右を向いているから、食料の価格が下がると、食料の需要量は必ず増加することになる。上で見たように、食料の価格が2千円から千円に低下すると、食料の需要量は20単位から40単位へ増加する。食料の価格がさらに500円に下がると、需要量は80単位に増えるし、逆に4千円に上がると、10単位に減ることも確かめられる。

このような食料の価格と食料の需要量との関係を図に描くと、**図3-9(b)**のような右下がりの曲線 DD が得られる。これが食料に関する**家計の需要曲線**である。食料の価格が低下した場合、他の条件に変化がなければ、家計は食料の需要量を増加させることを示す。したがって、家計の消費需要についても、一般に、**需要法則**(価格と需要量との間に見られる負の関係)が成り立ち、家計の需要曲線は右下がりの形で描かれる。

② 代替効果と所得効果：正常財のケース

ある財の価格変化が家計の最適な消費選択に与える影響は、「代替効果」と「所得効果」の概念を用いると、より厳密に考察することができる。

図3-10 において、食料の価格が下がったため、家計の予算線は直線 AB から AB' にシフトして、消費の最適点は E から E' へ移ったとする。この E 点から E' 点への変化(全体効果)は、E 点から E^* 点への変化(代替効果)

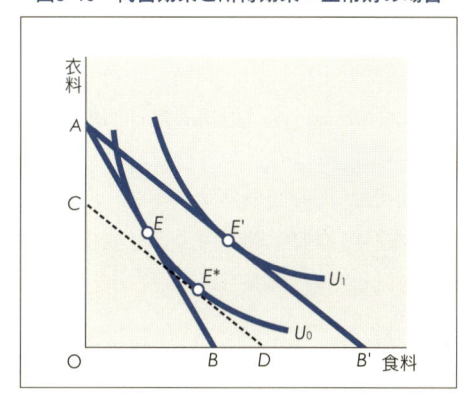

図3-10 代替効果と所得効果：正常財の場合

と、E^*点からE'点への変化（所得効果）の２つに分けて考えることができる。

第１に、**代替効果**（substitution effect）とは、純粋な相対価格の変化の効果をいう。具体的に説明すると、価格変化後の予算線AB'と同じ傾き（２財の価格比率）をもち、当初の無差別曲線U_0と接する仮想上の予算線CDを描き、その際の消費最適点をE^*とする。このとき、最初の最適点Eから仮想上の最適点E^*への動きが代替効果である。

それは、家計が同一の無差別曲線上にとどまるとしたうえでの、２財の価格比率の変化による需要量の変化を示す。あるいは、価格の変化後に、家計が以前と同じ効用水準を実現できるように所得の調整（補償）がなされたうえで、２財の価格比率の変化によって需要量がどのように変化するのかを表すものである。

通常、無差別曲線は右下がりの凸型であることを仮定しているので、代替効果の働きによって、相対的に安価になった食料の需要量は必ず増加する。反対に、相対的に高価になった衣料の需要量は、代替効果によって減少する。

第２に、**所得効果**（income effect）とは、すべての価格を一定としたとき、所得の変化により需要量はどれだけ変化するのかを示すものである。図3-10では、食料の価格低下によって家計の実質所得（実質的な購買力）が増加し、予算線は直線CDからAB'へ平行にシフトしたと解釈できる。このとき、仮想上の最適点E^*から実際の新しい最適点E'への動きが、所得効果であ

る。ここでは、E' 点が E^* 点の右上に位置するので、所得効果の働きによって、食料と衣料の需要量は増加する。食料と衣料はともに正常財である。

したがって、食料の価格低下に伴い、食料については、代替効果と所得効果はいずれもプラスに作用して、家計の需要量は増加する。需要法則が必ず成り立ち、家計の食料需要曲線は右下がりの形になる。また、衣料については、食料の価格が下がると、代替効果はマイナス、所得効果は逆にプラスに作用する。このため、衣料の需要量がどのように変化するのかは、一般的には確定できない*。

③ ギッフェン財

前節③の例に戻り、海外旅行は正常財であるが、国内旅行は下級財とする。この場合、国内旅行の料金が下がると、国内旅行に関する所得効果はマイナスの方向に働く。したがって、**図3-11** において、新しい消費の最適点 E' は仮想上の最適点 E^* よりも左上に位置することになる。

もし、新しい消費の最適点が E_1' であれば、国内旅行については、代替効果 ($E \to E^*$) により増加するが、所得効果 ($E^* \to E_1'$) によっては減少する。ただし、この場合、プラスの代替効果がマイナスの所得効果を上回るので、国

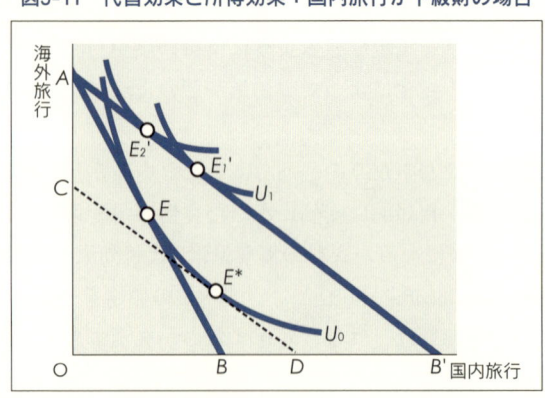

図3-11　代替効果と所得効果：国内旅行が下級財の場合

＊なお、先の図3-9(a)では、食料の価格が下がったとき、衣料に対するマイナスの代替効果とプラスの所得効果が相殺し合い、衣料の需要量は10単位で変化しない。

内旅行の需要量は結果的には増加する。たとえ国内旅行は下級財であっても、需要法則が成り立ち、家計の需要曲線は正常財の場合と同じく、右下がりの形になる。

しかしながら、下級財としての性格が顕著で、マイナスの所得効果が大きく現れるときには、需要量は減少する。たとえば、新しい消費の最適点が、最初の最適点 E の左上方の E_2' である場合には、マイナスの所得効果 ($E^* \to E_2'$) のほうが、プラスの代替効果 ($E \to E^*$) よりも強く、国内旅行の需要量は料金が下がったにもかかわらず、かえって減少してしまう。

この種の特性をもつ財は、**ギッフェン財** (Giffen goods) とよばれる。ギッフェン財については需要法則は成り立たず、家計の需要曲線は右上がりの形になる。

家計の消費行動において、需要法則が妥当しない例外的なケースは、ほかにも観察される。たとえば、デフレ下の買い控え、インフレ下の買い急ぎ、高値がいっそうの需要を呼び起こす投機的な購入行動、高価であることが需要を喚起する主因となる財 (ヴェブレン効果といわれ、高級ブランド品や贈答品などがこれに当たる)、自己の消費選択が他人の消費行動に影響され、いわゆる「デモンストレーション効果」が現れる場合などには、価格と需要量は同一方向に動く傾向が強く、需要法則は必ずしも成り立たない。

7　交差効果

最後に、ある財の価格変化が、別の財の需要量に及ぼす「交差効果」についてまとめておく。

① 代替財と補完財

まず、鉄道と航空機、映画とビデオ、コーヒーと紅茶などは、同種の欲求を充足させる財で、相互に消費の代用が可能である。したがって、一方の財の価格が低下して需要が増加すると、反対に、他方の財の需要は減少する傾向が見られる。この種の関係にある財は、**代替財** (より厳密に言うと、**粗代替財**) とよばれる。

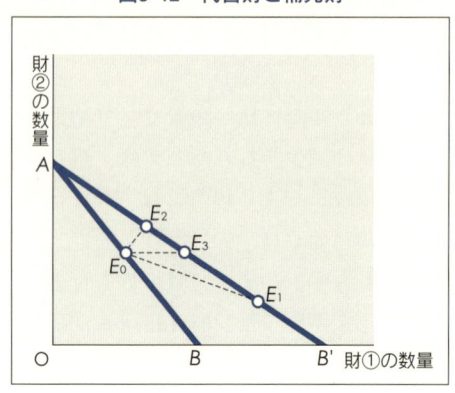

図3-12 代替財と補完財

図3-12において、財①の価格低下に伴い、家計の予算線ABはAB'へシフトしたとする。このとき、財②(正常財とする)については、前節**②**で説明したとおり、代替効果はマイナス、所得効果は逆にプラスに作用する。もし、新しい消費の最適点がE_1のように、当初の消費最適点E_0より右下にくるならば、財①の需要量は増加するが、財②の需要量は減少する。財②に対するマイナスの代替効果がプラスの所得効果よりも強く働いたためである。この場合、財①と財②は(粗)代替財である。

つぎに、自動車とガソリン、パソコン本体とソフト、ナイフとフォークなどは、両者が結合して使われる。だから、一方の財の価格が低下して需要が増加すると、他方の財の需要も増加する。こうした関係にある財は、**補完財**(より正確には、**粗補完財**)といわれる。

図3-12で、財①の価格が低下したとき、新しい消費の最適点がE_2のように、当初の消費最適点E_0より右上にくるならば、財①の価格が下がったことにより、財①のみならず財②の需要量も増加する。財②に対するプラスの所得効果がマイナスの代替効果よりも強く作用したからである。この場合、財①と財②は(粗)補完財である。

さらに、財①の価格が変化しても、財②の需要量には何ら変化がないときは(E_0点からE_3点への変化)、両者は**独立財**という。

なお、理論的に厳密に言うと、代替財と補完財の定義は所得効果を除いて

代替効果のみで行う。財①の価格が低下すると、代替効果により財②の需要量が減少するとき、両者は「代替財」という。反対に、代替効果により財②の需要量が増加するとき、「補完財」とよぶ。

　この章で扱ってきた2財モデルでは、代替効果だけで見ると、2つの財は必ず互いに代替財である。しかし、3財以上の一般的な場合には、2つの財が補完財になる可能性もある。

② 需要の交差弾力性

　一方の財の価格変化に、他方の財の需要量がどのように反応するのかは、**需要の交差弾力性**(cross elasticity of demand)という指標によって測られる。この需要の交差弾力性とは、「財②の需要量の変化率を、その変化を引き起こした財①の価格の変化率で割った値」と定義できる。つまり、

$$需要の交差弾力性 = \frac{財②の需要量の変化率}{財①の価格の変化率}$$

である。

　いま、財①の価格をP_1、財②の需要量をY_2、それぞれの変化分をΔP_1とΔY_2で示すと、需要の交差弾力性η(エータ)は、

$$\eta = \frac{\Delta Y_2 / Y_2}{\Delta P_1 / P_1} = \frac{\Delta Y_2}{\Delta P_1} \cdot \frac{P_1}{Y_2}$$

のように表せる。

　財①の価格が下がると、財①の需要量は増加するが、財②の需要量は減少してしまう場合には、ΔP_1とΔY_2はともにマイナスであるから、需要の交差弾力性は正になる($\eta>0$)。このとき、財①と財②は(粗)代替財である。一方、財①の価格低下により、財②の需要量が増加する場合には、ΔP_1とΔY_2の符号は正負が反対になるから、需要の交差弾力性は負になる($\eta<0$)。この場合は(粗)補完財に当たる。財①の価格が変化しても、財②の需要量に何ら変化がない場合は、ΔY_2はゼロになるから、需要の交差弾力性はゼロで($\eta=0$)、両者は独立財である。

●コラム：スルツキー方程式※

　ある財の価格変化が家計の消費選択に与える影響は、**スルツキー方程式**(Slutsky equation)とよばれる関係式によって、まとめることができる。

　いま、家計の消費選択の対象となる財は、食料と衣料の２つであり、家計の所得や衣料の価格は一定で変わらないものとする。このとき、食料の価格変化が食料の需要量に及ぼす影響は、

$$\frac{\Delta X}{\Delta P_X} = \frac{\Delta X}{\Delta P_X}\bigg|_U - X\left(\frac{\Delta X}{\Delta M}\right)$$

というスルツキー方程式で示される。

　上式の左辺は、食料の価格変化が食料の需要量に与える効果である。右辺の第１項は代替効果に当たり、効用水準 U を一定に維持するように所得の調整（補償）がなされたときの、食料需要への影響を表す。

　右辺の第２項は所得効果に当たり、実質所得の変化による食料需要への影響を表す。つまり、食料の価格が１円低下すると、所得はその時の需要量 X に等しい額だけ実質的に増加する。そして、所得が１円増加すると、食料の需要は $\Delta X/\Delta M$ だけ増加するから、食料の価格低下にもとづく実質所得の増加によって、食料の需要量は結局、$X(\Delta X/\Delta M)$ だけ増加することを示す。

　食料の価格が低下した場合、相対的に安価になった食料の需要量は必ず増加するから、右辺第１項の $\Delta X/\Delta P_X|_U$ はマイナスである。正常財については、$\Delta X/\Delta M$ はプラスであるから、右辺第２項の $-X(\Delta X/\Delta M)$ もマイナスになる。したがって、左辺の $\Delta X/\Delta P_X$ はマイナスになり、食料の価格低下は食料の需要量を増加させる。下級財のときには、右辺第２項がプラスになり、代替効果と所得効果は逆の符号をもつ。代替効果より所得効果のほうが強い場合には、左辺の $\Delta X/\Delta P_X$ はプラスになる。これはギッフェン財のケースに当たり、食料の価格低下により食料の需要量はかえって減少する。

　つぎに、交差効果を考える。食料の価格変化が衣料の需要量に与える影響は、

$$\frac{\Delta Y}{\Delta P_X} = \left.\frac{\Delta Y}{\Delta P_X}\right|_U - X\left(\frac{\Delta Y}{\Delta M}\right)$$

というスルツキー方程式で表せる。右辺の第1項は代替効果、第2項は所得効果に当たる。左辺 $\Delta Y/\Delta P_X$ がプラスになる場合には、食料の価格低下により衣料の需要量は減少するので、衣料は食料の粗代替財である。反対に、マイナスになる場合には、食料の価格低下により衣料の需要量は増加するので、衣料は食料の粗補完財である。さらに、代替効果を表す右辺の第1項 $\Delta Y/\Delta P_X|_U$ のみに注目して、これがプラスになる場合には、衣料は食料の代替財、マイナスになる場合には補完財という。

(練習問題)
1. 衣料の価格が低下すると、図3-2の予算線はどのように変化するかを示しなさい。
2. 家計が財に対してどのような選好をもつとき、無差別曲線が(1)右下がりの直線、(2)原点に対して凹型の曲線、(3)垂直あるいは水平な直線、(4)右上がりの曲線、(5)L字型、になるかを、それぞれ説明しなさい。
3. 家計の消費する財は食料と衣料の2つであり、効用関数は $U=X \cdot Y$、予算線は $P_X \cdot X + P_Y \cdot Y = M$ で表されるものとして、以下の問いに答えなさい。
   (1) $U=100$、200、300に対応する無差別曲線をそれぞれ描きなさい。
   (2) $P_X=2$千円、$P_Y=5$千円、$M=10$万円の場合について、予算線を描きなさい。また、このとき家計は食料と衣料をどれだけ購入するか。さらに、そのときの効用水準はいくらか。
   (3) $P_X=2$千円、$P_Y=5$千円、$M=20$万円の場合、家計は2つの財をどれだけ購入するか。この場合、食料と衣料は正常財か下級財か。
   (4) $P_X=$千円、$P_Y=5$千円、$M=20$万円の場合、家計は食料と衣料をどれだけ購入するか。さらに、$P_Y=5$千円、$M=20$万円の場合について、食料に関する家計の需要曲線を描きなさい。
4*. 消費の最適点が予算制約領域の角になる「コーナー解」は、どのようなときに生じるかを考察しなさい。
5. 家計が購入できる食料の数量を制限する措置がとられた場合、その効果はどのようになるかを、図3-5を使い説明しなさい。
6. 図3-10と反対に、食料価格の上昇が家計の消費選択に及ぼす影響について、代替効果と所得効果を明示しながら説明しなさい。
7. 正常財、下級財、ギッフェン財、ならびに(粗)代替財、(粗)補完財について、それぞれの特徴点を説明しなさい。

第4章 企業の供給行動

【本章の内容】　本章では、財・サービス市場における供給の背景にある、企業の生産者としての行動について検討する。

はじめに、企業の意味を述べ、つぎに、生産要素の投入と生産物の産出との関係を示す。そして、生産要素の最適な投入とは、どのようなものなのかを考える。さらに、生産と費用の関係を、短期の視点から説明する。

その後、完全競争下の企業の収入について検討し、利潤を最大化するには、生産量をいかなる水準に決定すればよいのかを見る。また、企業の供給曲線はどのように導かれるのかを考察する。加えて、長期の視点から、企業の費用関数と供給行動について考える。

このように、本章の目的は、利潤最大化を目指す企業は、どのように生産要素を投入して生産物を産出するのか、その結果、企業の生産物の供給に関して、どのような特徴が指摘できるのかを明らかにすることにある。

なお、企業の生産要素に対する需要については、改めて第7章で扱う。

● 本章のキーワード

利潤最大化　　生産関数　　可変的生産要素　　固定的生産要素　　総生産物
収穫逓増・逓減　　平均生産物　　限界生産物　　等産出量曲線
技術的限界代替率　　規模に関する収穫　　等費用線　　拡張経路　　総費用
固定費用　　可変費用　　平均費用　　限界費用　　総収入　　平均収入
限界収入　　損益分岐点　　操業停止点　　企業の供給曲線　　長期均衡

1　企業とは何か

　はじめに、私たちの社会における企業(あるいは生産者)の経済的な意味合いについて、簡単に説明しておく。

① 企業の経済的な役割

　企業とは、財・サービスの生産活動を営む意思決定単位のことであり、第1章の経済循環図(図1-1)が示すとおり、経済活動の点から見て2つの側面がある。

　1つは、企業は原材料、労働、資本などの生産要素(生産に必要なもの)を雇用(購入)して、原材料費、賃金、利子、レンタル料などの形で、費用の支払いをする、という側面である。各種の生産要素市場は完全競争の状態にあるとすれば、企業にとって、生産要素の価格は与えられた条件になる。したがって、企業の問題は、生産要素の雇用者として、最適な生産活動を行うには、生産要素の投入量をどのように決定したらよいのか、ということになる。

　もう1つは、企業は、財・サービス(この章では、生産物とよぶ)を生産、販売して収入を得る、という側面である。生産物市場も完全競争の状態にあるとすれば、企業にとって、生産物の価格は与えられた条件になる。したがって、企業の問題は、生産物の供給者として、生産量をどのような水準に決定したらよいのか、ということになる。

　本章では、こうした企業の生産要素の投入と生産物の産出・供給に関する行動について、詳しく見ていく。

② 企業の目標

　企業活動の基本は、さまざまな生産要素(原材料、燃料、部品、労働、機械、設備、土地など)を投入し、生産物を産出、販売して収入を得ることにある。その際、企業の行動目標としては、利益の確保、従業員の生活保障、売り上げの増加、マーケット・シェアの向上、社会的な貢献など、いろいろある。

ただ、合理的な企業であれば、**利潤**(生産物を産出・販売して得られる収入から、生産要素の投入に支払う費用を差し引いた差額)を、できるだけ大きくするように行動を決定する、と考えられる。利潤はまさに企業存立の基盤であり、企業行動の究極的な目的は**利潤最大化**にあると言える。

以下では、企業は最大の利潤を実現するため、どのような行動をとるのかを考えていく。

2 投入と産出

まず、本節と次節では、企業の生産活動に注目して、生産要素の投入と生産物の産出との間に見られる、一般的な関係について説明する。

① 生産関数

企業は生産活動のため、いろいろな生産要素を投入物(インプット)として使用するが、それは**可変的生産要素(インプット)**と**固定的生産要素(インプット)**に大別される。前者は、単純労働、原材料、部品、機械・器具など、生産量を調整する必要が生じた場合、速やかに投入量を変えることのできる生産要素のことである。後者は、熟練労働、経営管理能力、工場・建物、設備、土地など、生産量を変更する必要が生じたからといって、即座に投入量を変えることのできない生産要素をいう。

企業は、これらの生産要素を投入して生産物を産出するが、生産物の産出水準は生産過程に投入される生産要素の量に依存する。このような生産要素の投入と生産物の産出との関係は、一般に、**生産関数**によって表される。それは、現在の技術水準のもとで、生産活動を効率的に行った場合、生産要素のさまざまな投入から生産物が最大限どれだけ産出されるのかを示すものである。

いま、企業は労働と資本の2つの生産要素を使って、ある生産物を産出するものとする。このとき、生産物の産出量(生産量)を Q、労働の投入量を L、資本の投入量を K で示すと、企業の生産関数は、

$$Q = F(L, K)$$

のように表される。ここで、生産要素は生産物の産出に役立つ投入物であるから、労働の投入量 L が多いほど、また資本の投入量 K が多いほど、生産量 Q は大きくなる。なお、前章の効用とは異なり、生産量は常に絶対的な尺度で測定できるから、生産関数は基数の概念にもとづくものである。

② 総生産物曲線と収穫の法則

上の生産関数において、仮に、労働は可変的生産要素で、資本は固定的生産要素であるとする。資本の投入量は、K_0 の水準に固定されているとすれば、生産関数は、

$$Q = F(L, K_0)$$

と表せる。この場合、生産量 Q は、直接的には労働の投入量 L のみに依存し、労働量の増減に応じて変化する(厳密に言うと、労働の投入量と生産量の関係は、資本の投入水準にも影響を受ける。資本量が K_0 より大きければ、一般に、同じ労働量でもより多くの生産が可能となる)。

表4-1 には、労働の投入量と生産物の産出量との仮設的な関係が示してある。まず、生産要素(ここでは、労働)の各投入量から産出される生産物の総量(第2欄)は、**総生産物**(total product：*TP*)といわれる。普通、労働投入量 L が増加するにつれて、総生産物の水準つまり生産の総量 Q は大きくなるから、両者の関係は**図4-1(a)**の *TP* 曲線のように描ける。これを**総生産物曲線**

表4-1 労働投入と生産

労働投入量 L	総生産物 TP	平均生産物 AP	限界生産物 MP
1	10	10	
2	36	18	26
3	90	30	54
4	120	30	30
5	140	28	20
6	156	26	16
7	168	24	12
8	168	21	0
9	162	18	-6

とよぶ。ただし、総生産物は生産の初期段階(原点OとA点の間)では急速に増加し、それ以降(A点より右の範囲)、増加の程度は次第に小さくなっていく。そして、最大の水準(C点)に到達した後は、労働投入量を増やすと総生産物はかえって減少する。

それでは、なぜ、総生産物曲線はS字型になるのかを考えてみる。いま

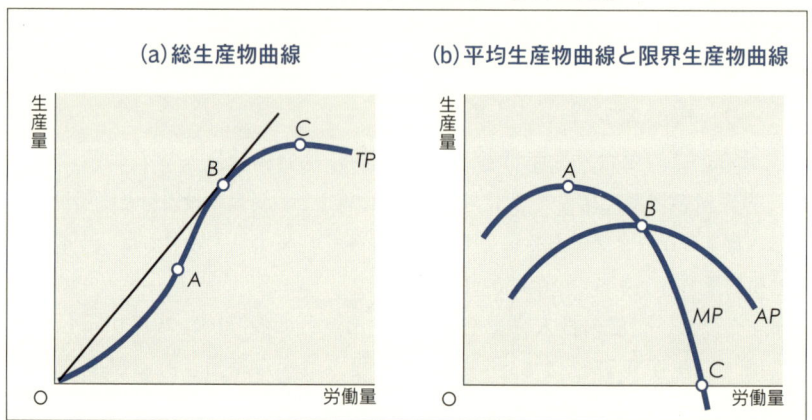

図4-1　総生産物・平均生産物・限界生産物

(a)総生産物曲線　　(b)平均生産物曲線と限界生産物曲線

の状況では、資本は固定的生産要素で、投入規模は変わらない。この一定量の資本に対して、可変的生産要素である労働の投入を増やしていくと、最初の段階では、適切な労働配置や機械・設備の正常な稼働が可能となり、労働の生産性は高まる。つまり、可変的生産要素に関する**収穫逓増**の現象が見られる。

しかし、労働の投入量が増えるにつれて、労働1単位当たりの資本量は次第に減少する。このため、一定の資本量のもとでは労働が過剰気味となり、やがて生産性は下がり始める。すなわち、総生産物の増加の程度が最大になるA点を過ぎると、生産量の増加の程度は小さくなり、**収穫逓減**の現象が起きる。このように、固定的生産要素が存在する場合、可変的生産要素の生産性は究極的には減少することを、**収穫逓減の法則**とよぶ。

③ 平均生産物と限界生産物

労働投入量と生産量との関係は、平均生産物や限界生産物という視点から見ることもできる。はじめに、**平均生産物**(average product：*AP*)とは、生産要素1単位当たりの生産量(総生産物)のことである。たとえば、労働の平均生産物は、総生産物を労働投入量で割ることにより求められ、

$$AP = \frac{TP}{L} = \frac{Q}{L}$$

と表せる。先の**表4-1**では、各労働投入量に関する平均生産物は、第3欄の数値のようになる。この労働投入量と平均生産物の関係を**図4-1(b)**に描くと、労働の**平均生産物曲線** *AP* が得られる。平均生産物は、定義により、原点Oと総生産物曲線 *TP* 上の点を結ぶ直線の傾きに等しい。したがって、総生産物が生産の初期段階では急速に増加するが、徐々に増加のテンポが小さくなるのに対応して、平均生産物は当初は増加するが、やがて最大値(*B*点)に至り、その後は減少していく。

つぎに、**限界生産物**(marginal product：*MP*)とは、生産要素を1単位余分に増加したときに生じる生産量の変化分のことである。したがって、生産量(総生産物)の変化分を*ΔQ* (*ΔTP*)、労働投入量の変化分を*ΔL*とすれば、労働の限界生産物は両者の比率、

$$MP = \frac{\Delta TP}{\Delta L} = \frac{\Delta Q}{\Delta L}$$

として表される。

表4-1では、労働の追加1単位によって生じる限界生産物の大きさは、第4欄の数値で与えられる。たとえば、労働投入量を3単位から4単位へと1単位増やすと、生産量は90から120へ30単位だけ増加する。それゆえ、限界生産物は30単位で、横の第3、4列の中間に書き込んである。このような限界生産物の動きは、図4-1(b)の**限界生産物曲線** *MP* によって描かれる。限界生産物は、定義により、総生産物曲線 *TP* 上の各点における傾きに等しい。だから限界生産物は、収穫逓増が作用する生産の初期段階では増加し、総生産物曲線の傾きが最も大きくなる*A*点で最大になる。それ以降は収穫

逓減が働くため、限界生産物は次第に減少していき、総生産物曲線の最大点（C）でゼロとなり、その後は負の値をとる。

平均生産物と限界生産物は同じような動きをするが、両者の間には、以下のような関係がある。

第1に、限界生産物が平均生産物を上回る領域（図4-1のB点より左側）では平均生産物は上昇し、反対に、限界生産物が平均生産物を下回る領域（B点より右側）では平均生産物は低下する。また、平均生産物が最大となるB点では、限界生産物と平均生産物は一致する。このため、限界生産物曲線は平均生産物曲線の最大点を、左上から右下に通過する。

第2に、限界生産物の最大値（A点）は、平均生産物の最大値（B点）よりも、低い労働投入水準において実現する。このため、たとえ収穫逓減が作用して限界生産物が減少し始めても、しばらくの間（A点とB点の間）は、平均生産物は上昇する。しかし、限界生産物がさらに小さくなると、平均生産物も下降に転じることになる。

3　等産出量曲線

前節では、労働を可変的生産要素、資本を固定的生産要素としたが、ここでは、労働と資本の両方を可変的生産要素として扱い、生産要素の投入と生産物の産出の関係を見ることにする。

① 等産出量曲線とは

企業が、労働と資本の2つの可変的生産要素を投入して、生産物を産出する場合は、生産要素と生産物の関係を「等産出量曲線」によって表すことができる。**等産出量曲線**(isoquant)とは、ある特定量の生産物を産出し得る2つの生産要素の組み合わせを表すものである。言い換えると、生産量をある特定の水準$\overline{Q}$に指定して、生産関数$\overline{Q} = F(L, K)$を満たす労働投入量（L）と資本投入量（K）のすべての組み合わせを、L-K平面上に描いたものである。

図4-2には、生産量Q_0、Q_1、Q_2に対応する3つの等産出量曲線が描いてある。それぞれが、ある一定の生産量を生み出す労働と資本の組み合わせを

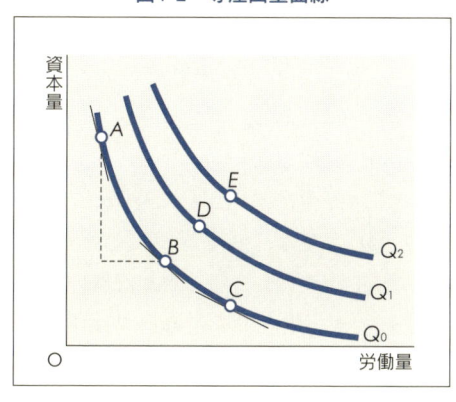

図4-2　等産出量曲線

表している。たとえば、曲線 Q_0 上の点 $(A, B, C, \cdots)$ では、どこでも企業の生産量は等しく、Q_0 の水準である。

　この等産出量曲線は、消費の無差別曲線(前章の3節)と同じく、一般に次のような性質をもつ。ただし、等産出量曲線は生産量という基数の概念にもとづくものである。

(1)　実際には、さまざまな生産量に応じて、無数の等産出量曲線が存在する。

　図4-2の各点は、ある特定量の生産物を産出する労働と資本の組み合わせを表す。したがって、各点について、それと同じ生産量を実現する組み合わせを見つけていけば、新たな等産出量曲線が次々と描ける。

(2)　等産出量曲線は右下がりになる。

　合理的な企業は、労働と資本が生産活動にプラスの効果をもつ場合に、つまり、その限界生産物が正である場合に限り、投入物として使う。したがって、たとえば、労働の投入量が増加すると、生産量は大きくなる。このため、以前と同一の生産水準を維持するには、資本の投入量を減らす必要がある(曲線 Q_0 上の A 点と B 点における、労働と資本の投入量を比較してみよ)。このことは、等産出量曲線はマイナスの傾きをもち、右下がりの形になることを意味する。

(3)　原点から遠くにある等産出量曲線ほど、大きな生産量を表す。

原点Oから右上に離れている点ほど、労働と資本をより多く含むため、生産量は高くなる。ゆえに、そこを通過する等産出量曲線は、より大きな生産量に対応する。B点、D点、E点をそれぞれ通る等産出量曲線の生産水準については、$Q_0 < Q_1 < Q_2$である。

(4) 等産出量曲線は互いに交差しない。

仮に、図4-2において、等産出量曲線Q_0とQ_1がどこかで交差するとしたら、その交点とB点、D点では、生産量が同じということになる。しかし、D点はB点よりも右上に位置し、労働と資本の両方をより多く含むから、D点はB点よりも大きな生産量を生み出すはずである。ここに矛盾が生じる。言い換えると、企業は労働と資本を生産に役立つ投入物であるから使用する、という合理的行動を前提とする限り、等産出量曲線は互いに交わることはない。

(5) 等産出量曲線は原点に対して凸型である。

この性質については、項を改め、「技術的限界代替率」の概念にもとづき説明する。

② 等産出量曲線の凸性と技術的限界代替率の逓減

技術的限界代替率(marginal rate of technical substitution：MRTS)とは、労働を1単位余分に投入したとき、生産量を一定に保つには、資本の投入量をどれだけ減らせるかを表すものである。いま、労働投入量の変化分をΔL、資本投入量の変化分をΔKで示せば、技術的限界代替率は、

$$MRTS = -\frac{\Delta K}{\Delta L} \quad (ただし、生産量は一定)$$

と表せる。技術的限界代替率は、等産出量曲線上の各点における傾きにマイナスをつけた値に等しい。

また、労働の限界生産物を$MP_L (= \Delta Q/\Delta L)$、資本の限界生産物を$MP_K (= \Delta Q/\Delta K)$で示せば、労働投入の増加による生産量の増加は$MP_L \cdot \Delta L$、資本投入の減少による生産量の減少は$MP_K \cdot \Delta K$になる。同一の等産出量曲線上の移動では、生産量は不変であるから、両者は相殺されて、$MP_L \cdot \Delta L + MP_K \cdot \Delta K = 0$の関係が成り立つ。これより、

$$MRTS = -\frac{\Delta K}{\Delta L} = \frac{MP_L}{MP_K}$$

つまり、技術的限界代替率は、労働と資本の限界生産物の比率に等しいことがわかる。

したがって、等産出量曲線を凸型とすることは、ある等産出量曲線上を左上から右下へと移動するにつれて、その傾きが次第に緩やかになること、言い換えると、技術的限界代替率が次第に小さくなることを意味する。すなわち、等産出量曲線の凸性とは、「技術的限界代替率の逓減」を仮定することにほかならない。たとえば、先の**図4-2**において、等産出量曲線 Q_0 上を A 点、B 点、C 点へと進んでいくと、その傾きは徐々に緩やかになり、技術的限界代替率は次第に小さくなることが見てとれる。

その理由は、以下のとおりである。同一の等産出量曲線上を右下の方向に移動するにつれて、労働投入量は増加するが、逆に資本投入量は減少していく。このため、相対的に労働は豊富に、資本は希少になり、労働の限界生産物が小さくなる一方で、資本の限界生産物は大きくなる。その結果、労働投入の増加による生産量の拡大を相殺するのに必要な資本投入の減少分は、少なくて済むようになるからである。

③ 規模に関する収穫

企業の使用する投入物がすべて可変的生産要素のときには、投入と産出の間に、**規模に関する収穫**(returns to scale)の現象が起きる。これは、各生産要素が同じ割合だけ変化したとき、生産量がどのような割合で変化するのかを表すものである。

いま、生産関数 $Q = F(L, K)$ は、任意の正の定数 λ (ラムダ)について、

$$F(\lambda L, \lambda K) = \lambda^k F(L, K) = \lambda^k Q$$

という性質をもつとする。この場合、生産関数は k 次の**同次関数**といわれる。以上の生産関数にもとづき、労働と資本がともに増加したとき、生産量がいかに増加するのかをまとめておく。

$k > 1$ の場合には、労働と資本が λ 倍だけ増加すると、生産量はそれ以上の速さで増加する。生産規模が大きくなるにつれて、分業や専門化が進んだ

り、大規模な設備による効率的生産が可能になるなどして、生産量の増加の割合は各生産要素の増加の割合を上回ることになる。このような状況を、**規模に関する収穫逓増**とよぶ。

$k<1$ の場合には、労働と資本をともに λ 倍だけ増加させても、生産量はそれ以下しか増加しない。規模が大きくなりすぎ、企業活動の非効率性が表面化するなどして、生産量の増加の割合は各生産要素の増加の割合を下回る状況である。この種の現象を、**規模に関する収穫逓減**とよぶ。

$k=1$ の場合には、$F(\lambda L, \lambda K)=\lambda Q$ の関係が成り立ち、生産関数は1次同次といわれる。労働と資本が λ 倍だけ増加すると、生産量も同じく λ 倍だけ増加する。このように、規模の利益も不利益も発生しない状況を、**規模に関する収穫一定**とよぶ。

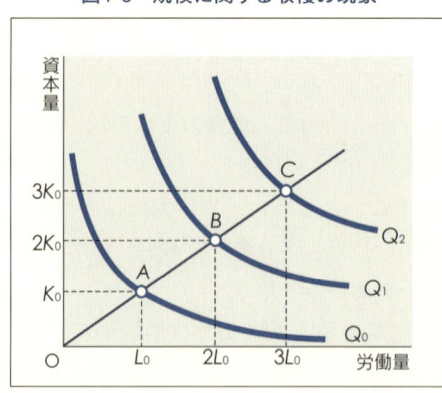

図4-3 は、等産出量曲線を使い、規模に関する収穫の現象を示している。ここでは、労働と資本が等倍ずつ増加する場合が描いてある（$OA=AB=BC$）。規模に関する収穫一定のときは、労働と資本が2倍、3倍と増加するにつれて、生産量も同じく2倍、3倍になり、$Q_1=2Q_0$、$Q_2=3Q_0$ が成り立つ。規模に関する収穫逓増のもとでは、労働と資本が2倍、3倍に増加すると、生産量は2倍以上、3倍以上になり、$Q_1>2Q_0$、$Q_2>3Q_0$ の関係が見られる。規模に関する収穫逓減の場合は、労働と資本が2倍、3倍に増加しても、生産量は2倍以下、3倍以下しか増加せず、$Q_1<2Q_0$、$Q_2<3Q_0$ になる。

図4-3 規模に関する収穫の現象

4　最適な生産要素の投入

　以上において、企業の投入と産出の一般的な関係を見たが、企業活動の究極的な目的は最大の利潤を獲得することにある。そのためには、生産要素の最適な投入(ここでは、一定の生産量を最小の費用で、効率的に作り出すことを意味する)が実現していなければならない。さもなければ、生産要素の投入方法を変更することにより、利潤はまだ増加し得るからである。本節では、最適な生産要素の投入はどのように決められるのかを説明する。

①　等費用線

　前節と同じく、企業は、労働と資本の2つの可変的生産要素を投入して、生産を行うものとする。また、各生産要素市場は完全競争の状態にあり、企業は各市場で決定された生産要素の価格を与件として扱う。つまり、企業は生産要素市場においてプライス・テイカー(価格受容者)として行動し、労働の1単位当たりの価格(賃金率)W、および資本の1単位当たりの価格(資本のレンタル価格)R を、一定で与えられたものと見る。

　この場合、労働と資本の投入量をおのおの L、K で示すと、労働投入に要する支出は $W \cdot L$、資本投入に要する支出は $R \cdot K$ である。したがって、可変的生産要素の投入にかかる費用 C は、労働と資本の投入費用を合計したものであるから、

$$W \cdot L + R \cdot K = C$$

と表せる。ここで、企業の支出できる費用には限りがあり、ある一定の値 C_0 に等しいとすれば、上の関係は $W \cdot L + R \cdot K = C_0$ となり、**図4-4** の右下がりの直線 AB のように描くことができる。これは、一定の費用のもとで、企業は労働と資本をどれだけ投入することができるのかを示すもので、**等費用線**(isocost line)とよばれる。

　等費用線は、家計の予算線に対応する概念で、同じような性質をもつ。まず、等費用線を表す式は、$K = C_0/R - (W/R)L$ と書き換えられるから、その傾きは $-W/R$、つまり労働と資本の価格比率にマイナスをつけた値に等

図4-4 等費用線

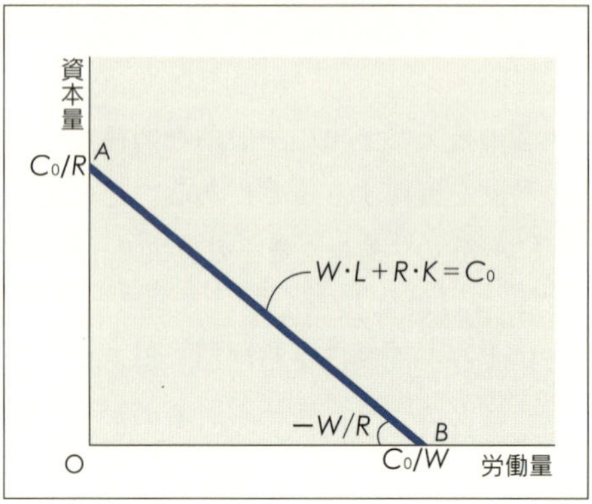

縦軸:資本量、横軸:労働量。直線 AB、A点 C_0/R、B点 C_0/W、傾き $-W/R$、式 $W\cdot L + R\cdot K = C_0$。

しい。また、縦軸の A 点 $(L=0, K=C_0/R)$ は、労働の投入がゼロで、資本のみを投入する場合に当たる。一方、横軸の B 点 $(L=C_0/W, K=0)$ は、反対に、資本の投入がゼロで、労働のみを投入する場合を表す。そして、一般に、労働と資本の両方を生産要素として使うときには、両者の投入量は、直線 AB 上のいずれかの点によって示されることになる。

さらに、労働と資本の価格は変わらず、企業の支出可能な費用が増加(減少)すると、等費用線は右上(左下)へ平行にシフトする。それから、費用は一定のまま、労働の価格が下落(上昇)すると、A 点を中心に右上(左下)へ回転する。

② **費用最小化**

これまでに説明した等産出量曲線と等費用線を、同一の図に描くことにより、企業にとって最適な生産要素の投入が明らかになる。ここでは、一定の生産量をできるだけ少ない費用で産出するには、生産要素の投入をどのように決めたらよいのか、という**費用最小化**の問題を考えてみる。

図4-5 において、企業の目標生産量は Q_0 であり、それは等産出量曲線 Q_0 上のどの点においても実現可能である。このとき、等産出量曲線 Q_0 がいずれかの等費用線と交差する点では、生産要素の投入を調整することにより、同じ生産量 Q_0 をより低い費用で産出することが可能である。たとえば、費

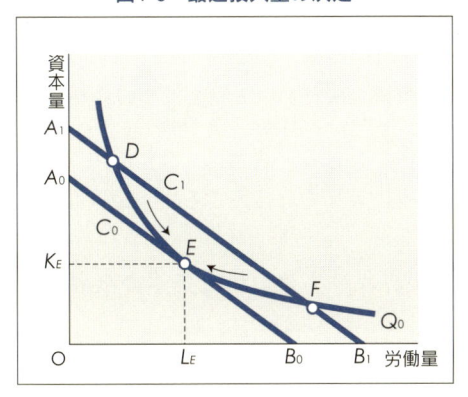

図4-5　最適投入量の決定

用$C_1 (> C_0)$に対応する等費用線A_1B_1との交点Dでは、労働投入を増やし資本投入を減らすことによって、あるいはF点では、逆に労働投入を減らし資本投入を増やすことによって、費用をさらに小さくすることができる。

　このように生産要素投入の調整を続け、等産出量曲線Q_0が等費用線A_0B_0（費用C_0に対応する）と接するE点に到達すると、もはやそれ以下の費用で、Q_0量の生産物を作ることは不可能になる。結局、このE点で費用最小化は実現し、労働と資本の最適な投入量は、それぞれL_E、K_Eの水準に決められる。

　具体的な例を使い、企業の最適な生産要素の投入量を計算してみる。いま、賃金率は1万円、資本のレンタル価格は10万円で、生産関数は$Q = L \cdot K$で表されるものとする。つまり、企業の生産量Qは、労働の投入量Lと資本の投入量Kを掛けた値とする。また、企業の目標生産量は1000単位とする。この場合、等産出量曲線$L \cdot K = 1000$は、$K = 1000/L$と書けるから、これを等費用線$C = L + 10K$に代入して整理すると、$C = L(1 - 100/L)^2 + 200$を得る。これより、$L = 100$のとき費用は200万円で最小になることがわかる。したがって、最適な労働投入量は100単位である。また、このLの値を等産出量曲線に代入すると、最適な資本投入量$K = 10$が求められる。

　さて、上の説明から、一定の生産量を最小の費用で作り出す最適な生産要素の投入は、等産出量曲線が等費用線と接する点（図4-5のE点）で見いだせ

る。そこでは、等産出量曲線の傾き($\Delta K/\Delta L$)と等費用線の傾き($-W/R$)は一致する。これより、$-\Delta K/\Delta L = W/R$の関係、すなわち

$$\text{技術的限界代替率}(MRTS) = \text{労働と資本の価格比率}\left(\frac{W}{R}\right)$$

という**最適投入の条件**が導ける。これは、技術的限界代替率が賃金率と資本のレンタル価格の比率に等しくなるところで、最適な生産要素の投入は実現することを意味する。

さらに、技術的限界代替率は労働と資本の限界生産物の比率(MP_L/MP_K)に等しいから、「最適投入の条件」は、

$$\frac{MP_L}{MP_K} = \frac{W}{R} \quad \text{あるいは} \quad \frac{MP_L}{W} = \frac{MP_K}{R}$$

と表すこともできる。したがって、費用最小化を実現するには、労働と資本の限界生産物の比率が賃金率と資本のレンタル価格の比率に一致するように、あるいは各生産要素について、貨幣1単位（1円）当たりの限界生産物が等しくなるように、それぞれの生産要素の投入量を決めればよいことがわかる。

③ 企業の拡張経路

つぎに、企業が目標とする生産量が変化すると、最適な生産要素の投入はどのように変わるのかを検討する。

図4-6において、まず、企業の生産量は等産出量曲線Q_0の表す水準とすれば、費用最小化は等費用線C_0との接点E_0で実現する。企業は、労働と資本をそれぞれL_0、K_0だけ投入する。つぎに、企業の目標生産量がQ_0からQ_1へ増加したとする。労働と資本の価格は変化しないとすれば、等産出量曲線Q_1が等費用線C_1（これは等費用線C_0と平行）と接するE_1点で、費用は最小になり、労働と資本の投入量はL_1、K_1に決められる。さらに、生産量がQ_2に拡大すると、等産出量曲線Q_2と等費用線C_2の接点E_2で費用最小化が達成され、最適な投入量はL_2、K_2になる。

このような費用最小化を実現する点($E_0, E_1, E_2, \cdots$)を次々と結んで得られる関係は、企業の**拡張経路**(expansion path)といわれる。それは、生産要素の価格を不変とした場合、企業の生産量が変化するにつれて、最適な生産要素

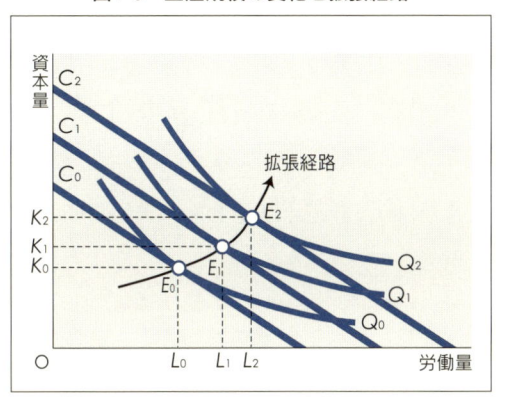

図4-6 生産規模の変化と拡張経路

の投入はどのように変わるかを示すものである。図4-6では、拡張経路は横軸に対して凸型に描いてある。したがって、生産の拡大に伴い、資本-労働比率(K/L)は次第に高まり、資本集約的な生産方法がとられていくことを意味する。

反対に、拡張経路が横軸に対して凹型ならば、生産が拡大するにつれて、資本-労働比率は徐々に低下し、労働集約的な生産方法がとられる。また、拡張経路が原点から出発する直線として描ける場合には、生産規模に変化があっても、資本-労働比率は一定で変わらない。

●コラム：経済学上の費用と利潤

　経済学でいう「費用」は、日常的に使われている費用という言葉とは、意味合いが異なる。費用とは普通、企業が生産活動に投入する労働、資本、土地、原材料などの生産要素に対して、明示的に支払う金額のことをいう。一方、経済学上の費用は、明示的な費用を含めた**機会費用**(opportunity cost：ある行動を選択するとき、そのために犠牲になったものの価値)によって測られる。

　たとえば、機械設備を3千万円で購入するため、銀行から5％の金利

で2千万円を借り、残りの1千万円は自己資金で賄ったとする。この場合、毎年、銀行借り入れに対しては、実際に100万円の利子を支払う必要がある。それゆえ、会計上は、明示的な利子支払額100万円が、利子費用として計上される。

ところが、自己資金1千万円については、仮に、同じく5％の金利がつく定期預金があれば、これに預けておくと、毎年、50万円の利子収入を得ることができたはずである。すなわち、機械設備の購入に1千万円を当てたため、得られたはずの50万円の利子収入を、犠牲にしたことになる。経済学では、この犠牲にした暗黙的な預金利子50万円も、利子費用の一部と考える。したがって、機械設備の購入資金3千万円の機会費用は、銀行借り入れへの利子支払額(明示的な費用)100万円に、犠牲にした預金利子(暗黙的な費用)50万円を加えた額150万円であり、これが経済学でいう利子費用になる。

このように、経済学では、費用は機会費用によって測られるので、自己資金だけでなく、企業家自身が提供する労働、建物、土地などの生産要素が受け取るべき報酬も、暗黙的な費用として計上される。その結果、経済学でいう「利潤」も、一般的にいわれる利潤とは意味合いが違ってくる。つまり、利潤は通常、企業の収入から明示的な費用を差し引いた額のことであるが、経済学上の利潤とは、企業の収入から機会費用（明示的な費用と暗黙的な費用の合計）を差し引いた値を意味する。そのため、経済学上の利潤は、暗黙的な費用の分だけ一般にいわれる利潤よりも小さくなる。

5　短期費用

前節において、最適な(費用を最小にする)生産要素の投入は、企業の拡張経路上で実現することを見た。したがって、拡張経路上の各点について、その際の生産量と生産要素に対する支出を次々と求めていけば、各生産水準は最低限どれだけの費用を必要とするのかが判明する。このような生産量と最

小費用の関係は、**費用関数** (cost function) とよばれる。

本節では、企業の費用関数について、短期の視点から説明する。ここで、**短期**とは、企業が生産活動に投入する生産要素のうち、少なくとも1つは、その投入量を変化し得ない期間をいう。すなわち、可変的生産要素だけではなく、固定的生産要素も存在する期間のことである。また、各種の生産要素の価格は一定で、変化しないものとする。

① 総費用

短期においては、企業の生産活動に投入される生産要素は、可変的生産要素と固定的生産要素の2つに分けられる。したがって、生産に要する費用の総額つまり**総費用** (total cost：TC) は、固定的生産要素に対する支出と可変的生産要素に対する支出の合計からなる。

まず、固定的生産要素にかかる費用を**固定費用** (fixed cost：FC) という。これは、工場や機械設備の維持管理費、契約にもとづく家賃や利子の支払い、固定資産税、常勤役員や正社員の報酬・給与など、企業としては生産水準に関係なく、必ず支払わなければならない支出部分である。固定的生産要素の投入量は一定であるから、固定費用もある一定値になる。**表4-2**の仮設例で

表4-2　生産量と費用の関係　　　　　　単位：万円

生産量 Q	固定費用 FC	可変費用 VC	総費用 TC	平均固定費用 AFC	平均可変費用 AVC	平均費用 AC	限界費用 MC
0単位	50	0	50	—	—	—	
1	50	11	61	50.0	11	61.0	11 (9)
2	50	18	68	25.0	9	34.0	7 (8)
3	50	27	77	16.7	9	25.7	9 (13)
4	50	44	94	12.5	11	23.5	17 (24)
5	50	75	125	10.0	15	25.0	31 (41)
6	50	126	176	8.3	21	29.3	51 (64)
7	50	203	253	7.1	29	36.1	77 (93)
8	50	312	362	6.3	39	45.3	109 (128)
9	50	459	509	5.6	51	56.6	147

注）平均費用については、千円未満四捨五入。

は、固定費用は50万円で一定としてある。また、生産量と固定費用の関係を表す**固定費用曲線**は、**図4-7(a)**では、固定費用の高さ OF で水平な直線 FC のように描かれる。

つぎに、可変的生産要素にかかる費用を、**可変費用**(variable cost：VC)とよぶ。可変費用には、原材料費、部品代、短期の非正社員の賃金、機械・器具のレンタル料などが挙げられる。一般に、生産を拡大するには、より多くの可変的生産要素の投入が必要になるから、可変費用は生産量の拡大につれて増加する。しかし、生産量がゼロのときは、可変的生産要素の投入はないから、可変費用もゼロになる。表4-2では、可変費用は第3欄に示してある。また、図4-7(a)において、生産量と可変費用の関係を表す**可変費用曲線**は、原点から始まる右上がりの曲線 VC のように描ける。

可変費用の動きは、2節で述べた「収穫の法則」によって決まる。固定的生産要素が存在する短期の状況では、可変的生産要素の投入量が少なく、生産量が小さい初期段階(生産量が Q_A までの範囲。つまり、図4-1(a)の総生産物曲線、図4-7(a)の可変費用曲線の原点 O から A 点の間)では、可変的生産要素の生産性上昇が見られ、収穫逓増が作用する。この場合、生産量の増加に比べて、費用の増加の程度は緩やかになる。しかし、生産の拡大につれて、固定的生産要素が相対的に少なくなり、やがて可変的生産要素の生産性は低下す

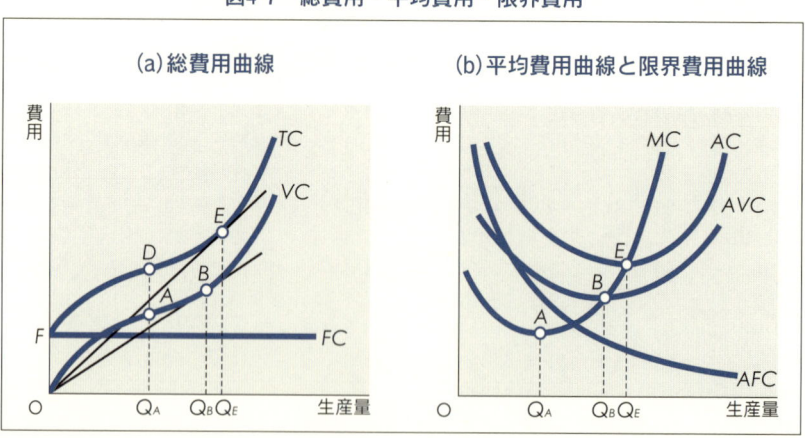

図4-7 総費用・平均費用・限界費用

る。すなわち、収穫逓減が働き、費用の増加の程度は次第に大きくなる。このように、可変費用の増加の度合いは、当初は逓減し、その後は逓増するという動きを示し、可変費用曲線は逆S字型の形になる。

さらに、固定費用 FC と可変費用 VC の合計が生産の総費用 TC であるから、

$$TC = FC + VC$$

という関係を得る。したがって、表4-2 の総費用(第4欄)は、第2欄の固定費用と第3欄の可変費用を合計した値である。また、図4-7(a)の**総費用曲線** TC は、可変費用曲線 VC を固定費用 FC の大きさだけ、上に平行移動したものである。つまり、総費用曲線の形状は可変費用曲線と同じであり、総費用の増加の度合いは、当初(F 点と D 点の間)は逓減し、その後は(D 点を過ぎると)逓増することになる。

② 平均費用

今度は、生産物1単位当たりの費用、すなわち「平均費用」の観点から、生産量と費用の関係を調べてみる。これは、**表4-2** の第5～7欄に示した費用に関することである。

まず、生産物1単位当たりの固定費用を**平均固定費用**(average fixed cost：AFC)という。すなわち、平均固定費用 AFC とは、一定額の固定費用 FC を生産量 Q で割った値であり、

$$AFC = \frac{FC}{Q}$$

と定義される。平均固定費用は、**図4-7(a)**の固定費用曲線 FC 上の各点と原点を結んだ直線の傾きに等しく、生産の拡大とともに低下していく。ただし、初期の段階では大幅に下がるが、次第に低下の度合いは小幅になる。したがって、生産量と平均固定費用の関係を表す**平均固定費用曲線**は、**図4-7(b)**において、右下がりの曲線 AFC のように描くことができる。

つぎに、生産物1単位当たりの可変費用を**平均可変費用**(average variable cost：AVC)とよぶ。つまり、平均可変費用 AVC とは、可変費用 VC を生産量 Q で割った値のことであるから、

$$AVC = \frac{VC}{Q}$$

である。平均可変費用は、図4-7(a)の可変費用曲線 VC 上の各点と原点を結んだ直線の傾きに等しく、生産水準が Q_B 量より低い段階では減少していき、B 点で最小になり、その後は増加していく。それゆえ、生産量と平均可変費用の関係を表す**平均可変費用曲線**は、図4-7(b)の曲線 AVC のように U 字型で表せる。

そして、平均固定費用と平均可変費用の合計が**平均総費用**(average total cost：ATC)、簡潔に言うと**平均費用**(average cost：AC)である。すなわち、平均費用 AC とは、生産物1単位当たりの総費用のことで、総費用 TC を生産量 Q で割った値であるから、

$$AC = \frac{TC}{Q} = \frac{FC}{Q} + \frac{VC}{Q} = AFC + AVC$$

という関係が成り立つ。図4-7(a)では、総費用曲線 TC 上の各点と原点を結んだ直線の傾きが、平均費用の大きさを表す。したがって、平均費用は生産量が Q_E より小さい段階では減少し、E 点で最小値をとり、それから次第に増加していく。それゆえ、生産量と平均費用の関係を示す**平均費用曲線**は、図4-7(b)の曲線 AC のように描ける。

あるいは、平均費用曲線 AC は、平均固定費用曲線 AFC と平均可変費用曲線 AVC を、垂直方向に加えたものとも言える。生産が少ない段階(Q_B より小さい生産量)では、平均固定費用と平均可変費用はともに低下するので、平均費用曲線は右下がりになる。そのうち、平均可変費用は増加に転じるが、平均固定費用の減少の程度がこれを上回る限り、結果的に、平均費用は依然として低下する(Q_B と Q_E の間の生産量)。

しかし、平均可変費用の増加分が平均固定費用の減少分を上回る生産段階(Q_E より大きな生産量)にくると、平均費用は上昇し始め、平均費用曲線は右上がりに変わるのである。このように、平均費用曲線 AC も U 字型に描くことができるが、平均可変費用曲線 AVC よりも大きな生産量で最小になることが理解できる。

③ 限界費用

さらに、**限界費用**（marginal cost：MC）の観点から、生産量と費用の関係を見ておく。ここで、限界費用とは、生産物を1単位余分に増加させるのにかかる総費用の増加分のことである。したがって、生産量の変化分をΔQ、総費用の変化分をΔTCで示せば、限界費用は、

$$MC = \frac{\Delta TC}{\Delta Q}$$

と表される。なお、固定費用は生産量が変化しても一定で変わらないから、総費用の変化分とは可変費用の変化分ΔVCを意味する。ゆえに、限界費用は$MC = \Delta VC / \Delta Q$とも定義できる。以上から、限界費用とは、**図4-7(a)**の総費用曲線TC（あるいは、可変費用曲線VC）の各点における傾きに等しいことがわかる。

表4-2の仮設例では、限界費用は最終欄に示されている。たとえば、生産量が5単位から6単位へと1単位増加すると、総費用(可変費用)は51万円だけ上昇する。だから、このときの限界費用は51万円であり、それは第6、7列の中間に記してある。なお、各生産水準に対応する限界費用を推定するため、前後2つのMCを単純に平均すると、括弧内の数値のようになる。

このような生産量と限界費用の関係を図に描いたものが、**図4-7(b)**の**限界費用曲線**MCである。生産量がQ_Aより小さい段階では、収穫逓増が作用するため限界費用は低下傾向を示し、やがてA点で最小になる。その後は、生産の拡大につれて収穫逓減が働き、限界費用は逓増するのである。

ところで、図4-7(b)に描かれた限界費用と平均（および平均可変）費用の間には、以下のような関係が見いだせる。

第1に、限界費用の最小値（A点）は、平均可変費用の最小値（B点）や平均費用の最小値（E点）よりも、低い生産水準において実現する。

第2に、限界費用が平均費用を下回る領域（平均可変費用に関してはB点より左、平均費用に関してはE点より左の範囲）では平均費用は減少し、反対に、限界費用が平均費用を上回る領域（それぞれB点、E点より右の範囲）では増加する。また、平均可変費用の最小点B、および平均費用の最小点E

において、限界費用はそれぞれ平均可変費用、平均費用に一致する。したがって、限界費用曲線 MC は、平均可変費用曲線 AVC および平均費用曲線 AC の最小点を、下から上に横切ることになる。

6 企業の収入：完全競争のケース

前節では、企業の生産活動に伴って生じる費用について検討したので、つぎに、企業の収入に目を転じることにする。

ここでは、生産物市場は完全競争の状態にあり、市場には小規模な企業が数多く存在し、それぞれが同種の財を生産しているものと考える。個々の企業の生産量は、市場全体から見ればほんのわずかにすぎず、各企業の行動が市場の価格に目立った影響を及ぼすことはない。むしろ各企業は、生産物の価格を市場の需要と供給によって決められる与件とみなして、プライス・テイカーの立場で自らの行動を決める。このような状況を念頭に置き、企業の生産量と収入の関係について考察する。

① 総収入と平均収入

いま、企業の生産物はすべて販売され、生産量＝販売量の関係が常に成り立つとする。このとき、企業の得る収入の総額、つまり**総収入**(total revenue : TR)は、生産物1単位当たりの価格に販売量を掛けた値に等しい。したがって、生産物の市場価格を P、企業の生産量(販売量)を Q で示すと、総収入は、

$$TR = P \cdot Q$$

と表せる。生産物の各単位は同一の市場価格で売れるから、総収入は生産量の拡大につれて市場価格の大きさだけ増えていく。したがって、生産量と総収入の関係を示す**総収入曲線**は、**図4-8(a)** の直線 TR (その傾きは、市場価格 P に等しい)によって描かれる。

つぎに、**平均収入**(average revenue : AR)、すなわち生産物1単位当たりの総収入を考えてみる。それは、総収入を生産量で割ることにより求められるから、平均収入は、

$$AR = \frac{TR}{Q} = \frac{P \cdot Q}{Q} = P$$

と示される。これより、平均収入は市場価格 P に等しく、総収入曲線 TR の傾きに一致することがわかる。完全競争のもとでは、企業の生産物はみな一定の市場価格で販売されるから、平均収入は生産水準にかかわらず同じ値 (市場価格) になる。そのため、生産量と平均収入の関係を表す**平均収入曲線**は、**図4-8(b)** では、市場価格 P の高さで水平な直線 AR として描かれる。なお、この平均収入曲線は、企業が産出する生産物はどれも価格 P で売れる (需要される) ことを意味するので、完全競争企業の生産物に対する需要曲線と解釈できる。

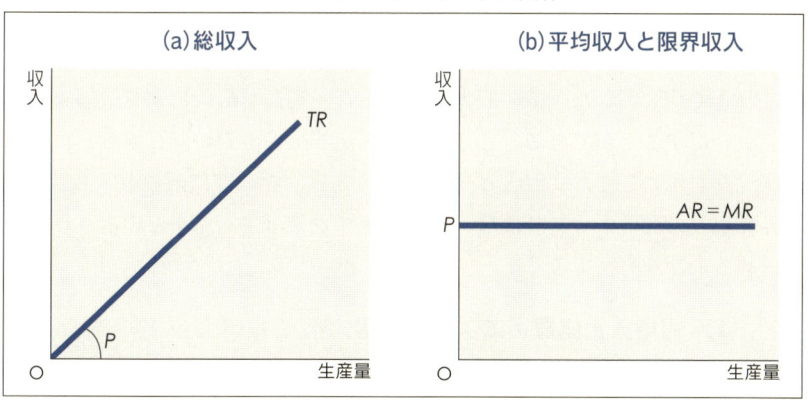

図4-8 完全競争企業の収入曲線

(a) 総収入

(b) 平均収入と限界収入

② 限界収入

もう1つ、企業の収入を表す重要な概念に**限界収入** (marginal revenue：MR) がある。これは、生産量を1単位だけ増加させたときに生じる総収入の変化分のことである。いま、生産量の変化分を ΔQ、総収入の変化分を ΔT で示すと、完全競争下では市場価格 P は与えられた条件であるから、限界収入は、

$$MR = \frac{\Delta TR}{\Delta Q} = \frac{\Delta(P \cdot Q)}{\Delta Q} = \frac{P \cdot \Delta Q}{\Delta Q} = P$$

となる。すなわち、企業は生産物の各単位を一定の市場価格で販売できるから、限界収入は市場価格 P に等しく、平均収入と同じ値になる。また、限界収入は、総収入曲線 TR の各点における傾きで示され、その大きさは市場価格で一定になることもわかる。したがって、生産量と限界収入の関係を示す**限界収入曲線** MR は、**図4-8(b)** において、平均収入曲線と同じく市場価格 P の高さで水平な直線によって描かれる。

以上のとおり、完全競争下の企業の収入に関しては、

$$市場価格(P) = 平均収入(AR) = 限界収入(MR)$$

という関係が成り立つ。言い換えると、完全競争のもとでは、企業の平均収入と限界収入はともに所与の市場価格に等しい。

7　最適生産量の決定

これまでに説明した企業の収入と費用から、利潤を最大にする最適な生産量を見いだすことができる。ここでは、固定的生産要素が存在する「短期」の状況を対象にして、総収入と総費用との関係、ならびに限界収入(価格)と限界費用との関係から、利潤最大化を目指す企業は生産量をどのような水準に決めるのかを考えてみる。

① 総収入と総費用による利潤最大化

総収入 TR から総費用 TC を差し引いた値が**利潤**(profit)であり、

$$利潤(\Pi) = 総収入(TR) - 総費用(TC)$$

と定義される。合理的な企業は、この利潤 Π (パイ)を最大にすることを目的にして、生産活動の規模を決める。

表4-3 の仮設例では、生産物の各単位は一定の市場価格40万円(第2欄)で販売される。そのため、企業の総収入(第3欄)は生産量の拡大につれて、40万円の大きさだけ増加していく。つまり、総収入の動きは $TR = 40Q$ という関数で表される。一方、総費用(第4欄)は先の表4-2の場合と同じであり、生産量と総費用の関係は具体的に、$TC = Q^3 - 5Q^2 + 15Q + 50$ という総費用関数で示される。そして、各生産量について、第3欄の総収入と第4欄の総

表4-3　完全競争企業の収入と費用　　　　　単位：万円

生産量 Q	価格（限界収入） $P(MR)$	総収入 TR	総費用 TC	平均費用 AC	限界費用 MC	利潤 Π
0単位	40	0	50	—	15	−50
1	40	40	61	61.0	8	−21
2	40	80	68	34.0	7	12
3	40	120	77	25.7	12	43
4	40	160	94	23.5	23	66
5	40	200	125	25.0	40	75
6	40	240	176	29.3	63	64
7	40	280	253	36.1	92	27
8	40	320	362	45.3	127	−42
9	40	360	509	56.6	168	−149

注）総収入は $TR=40Q$、総費用は $TC=Q^3-5Q^2+15Q+50$ の関係を表す。また、限界費用は $dTC/dQ=3Q^2-10Q+15$ により計算してある。

費用の差を計算すると、最終欄の利潤 Π が求められる。これより、利潤は生産量が5単位のとき、最大の75万円になることが見てとれる。利潤最大化の実現を目的とする企業は、生産量を5単位に決定する。

以上の内容を図示すると、**図4-9(a)** のようになる。ここで、総収入曲線 TR は生産量と総収入の関係を、また総費用曲線 TC は生産量と総費用の関係を描いたものである。利潤は、総収入と総費用の差であるから、総収入曲線と

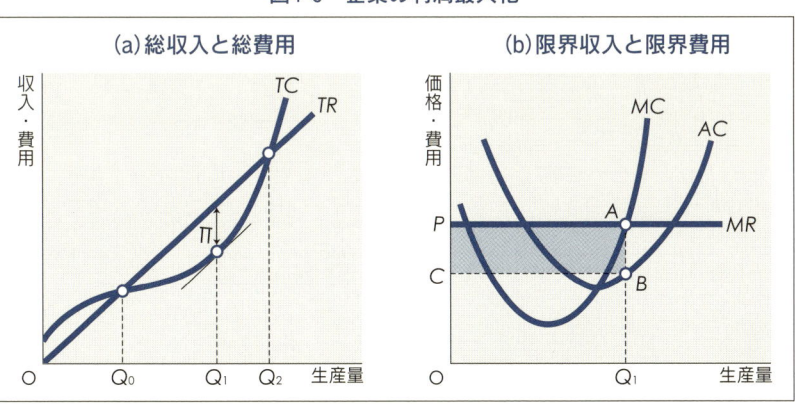

図4-9　企業の利潤最大化

総費用曲線の垂直距離として計測される。総収入が総費用を上回る生産水準（生産量が Q_0 から Q_2 の間）では、利潤は正になるが、反対に、総費用が総収入を上回るとき（生産量がゼロから Q_0 の間、また Q_2 以上の場合）には、利潤は負となる（すなわち、損失が発生する）。

図を見ると、総収入曲線 TR と総費用曲線 TC の垂直距離は、生産量が Q_1 のときにもっとも大きくなっており、そこで利潤最大化が達成される。したがって、企業は生産量を Q_1 の水準に決める。なお、このとき、総収入曲線の傾きと総費用曲線の傾きは等しくなっており、限界収入と限界費用は一致している。この点については、次項で改めて述べる。

② 限界収入と限界費用による利潤最大化

今度は、限界収入（価格）と限界費用の観点から、最大利潤をもたらす最適生産量の決定を説明する。

表4-3の仮設例に戻ると、第2欄の数値が価格 P および限界収入 MR を表す。生産物市場が完全競争の状態にある場合、企業は生産物をどれも市場価格で販売できるため、企業の限界収入は所与の市場価格（40万円）に等しくなる。また、生産水準の増加に伴う限界費用の変化は、第6欄のとおりである。ここでは、限界費用を上の総費用関数から、生産量の微小な変化を考えて、$MC = dTC/dQ = 3Q^2 - 10Q + 15$（ただし、$d$ は微分の記号）と求め、この関係にもとづき計算してある。

これらの限界収入と限界費用の水準を比べ、生産量が5単位以下のときには、限界収入は限界費用よりも大きい。すなわち、生産量の追加1単位から生じる総収入の増加分は、総費用の増加分を上回る。したがって、限界収入＞限界費用の状況では、生産をさらに拡大すれば、いっそうの利潤の増加（ないしは、損失の減少）が可能となるので、企業は生産量を増加させる。

反対に、生産量が5単位を超えるときには、限界収入は限界費用よりも小さい。この場合、生産量の追加1単位は、総収入を増加させる以上に総費用を増加させるため、利潤は減少する。したがって、限界収入＜限界費用の状況では、企業は生産量を減らすことにより、利潤の増加（あるいは、損失の削減）がはかれる。

結局、生産量が5単位のとき、利潤は最大の75万円になる。このように、利潤最大化を目指す企業は、限界収入＝限界費用となるように生産量の水準を調整する。また、完全競争のもとでは、価格＝限界収入であるから、完全競争下の企業は、

$$価格(P) = 限界収入(MR) = 限界費用(MC)$$

という**利潤最大化条件**が成り立つ水準に、生産量を決めるのである*。

図4-9(b) は、以上の内容を図で示したものである。限界収入曲線 MR は、一定の市場価格 P の高さで水平な直線で表される。また、限界費用曲線 MC と平均費用曲線 AC が描いてある。企業の利潤は、限界収入(価格)と限界費用が一致するとき、つまり限界収入曲線と限界費用曲線が交差する A 点において最大になるから、最適生産量は Q_1 である。

このとき、総収入(価格×生産量)は面積 $OPAQ_1$、総費用(平均費用×生産量)は面積 $OCBQ_1$ に等しいから、利潤は両者の差、面積 $PABC$ の大きさ(●色部分)になる。あるいは、最適生産量が Q_1 の場合、生産物1単位当たりの利潤は、平均収入(価格) P と平均費用 AC の差、すなわち線分 AB に等しい。したがって、利潤の総額はこれに生産量 Q_1 を掛けた値、四辺形 $PABC$ の面積に等しいとも言える。

最後に、表4-3の仮設例の最適生産量と利潤を、計算によって求めておく。生産物の市場価格は40万円、総費用関数は $TC = Q^3 - 5Q^2 + 15Q + 50$ であるから、企業の利潤関数は $\Pi = 40Q - (Q^3 - 5Q^2 + 15Q + 50) = -Q^3 + 5Q^2 + 25Q - 50$ となる。これより、$d\Pi/dQ = -3Q^2 + 10Q + 25 = -(3Q+5)(Q-5)$

---

*短期における完全競争企業の利潤は、総収入から総費用(可変費用と固定費用の合計)を差し引いた値であり、

$$\Pi = TR - TC = P \cdot Q - VC - FC \qquad P,\ FC：一定$$

のように定義できる。これより、利潤最大化の1階条件は、

$$\frac{d\Pi}{dQ} = \frac{dTR}{dQ} - \frac{dTC}{dQ} = P - \frac{dVC}{dQ} = 0$$

と示せ、価格＝限界収入＝限界費用を意味する。さらに、利潤最大化の2階条件は、

$$\frac{d^2\Pi}{dQ^2} = -\frac{d^2VC}{dQ^2} < 0 \quad つまり \quad \frac{d^2VC}{dQ^2} > 0$$

である。したがって、利潤最大点では、限界費用は逓増状態(限界費用曲線は右上がりの形)でなければならない。

＝0が得られるから、利潤は$Q=-5/3$で極小、$Q=5$で極大になる。それゆえ、利潤最大化を実現する最適生産量は5単位である。この値を上記の利潤関数に代入すれば、利潤の総額は75万円になる。あるいは、限界収入(価格)＝限界費用という利潤最大化条件を利用して、$40=3Q^2-10Q+15$と置き、この関係からQの値を求めても、同じ結果を得る。

8　企業の短期供給曲線

　完全競争下の企業は、価格＝限界収入＝限界費用という「利潤最大化条件」が成り立つように生産量を決める、ということが前節の説明でわかった。つぎに、短期の状況において、生産物の市場価格が変化するとき、企業の最適な生産量はどのように変わるのか、したがって、企業の短期供給曲線はどのようになるのかを調べてみる。

① 市場価格と最適生産量

　図4-10(a)には、限界費用曲線MC、平均費用曲線AC、平均可変費用曲線AVCが描いてある。ここで、生産物の市場価格がP_3の水準だとすれば、限界収入(価格)と限界費用は、限界費用曲線MC上のE_3点で等しくなるから、企業の最適生産量はQ_3である。そのとき、価格(平均収入)Pは平均費用ACを上回るから、正の利潤が生じる。

　いま、市場の価格が平均費用の最小値の水準P_2まで下がったとする。最大利潤は、価格と限界費用が一致するE_2点で実現するから、生産量はQ_2に決められる。ただし、この場合、価格と平均費用は同じ大きさであり、企業の利潤はゼロになる。それゆえ、平均費用の最小点E_2は、企業の**損益分岐点**(break-even point)に当たる。

　生産物の価格がさらに低下し、P_1の水準になったとする。これまでと同様、利潤最大化条件はE_1点で成り立つ。ところが、E_1点では、価格は平均費用を下回るため、企業の利潤は負となり損失が発生する。しかし、価格の水準は平均可変費用AVCよりも高い。このことは、生産活動を行えば、可変費用はすべて支払えるうえに、固定費用の一部も払えることを意味する

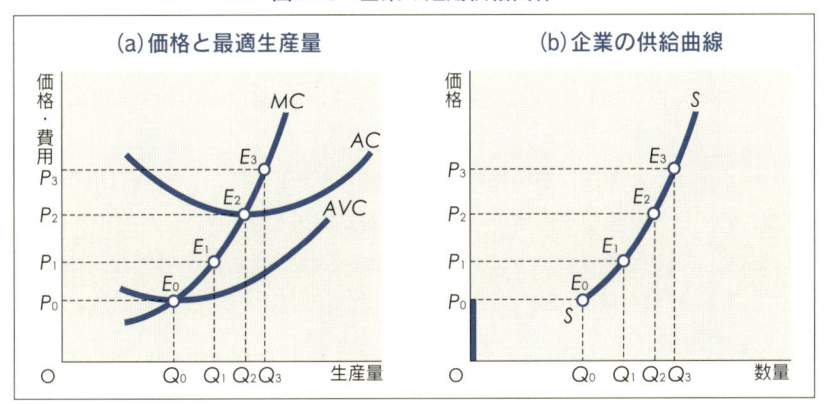

図4-10 企業の短期供給曲線

(a) 価格と最適生産量

(b) 企業の供給曲線

　(5節②で説明したとおり、平均費用＝平均可変費用＋平均固定費用 の関係より、平均費用曲線 AC と平均可変費用曲線 AVC の垂直距離は、平均固定費用の大きさを表すことを思い起こして欲しい)。仮に、生産活動を停止しても、短期では、固定費用はすべて負担しなければならず、損失はもっと大きくなってしまう。その結果、企業は損失を被りながらも生産を続行し、生産量をQ_1の水準に決める。

　価格がなおいっそう下がり、平均可変費用の最小値の水準 P_0 よりも低下したときには、固定費用すべてに加えて、可変費用の一部についても支払えなくなる。この状況では、企業は生産を一時ストップして、固定費用の分だけ負担したほうが損失は少なくて済む。したがって、価格が平均可変費用の最小点 E_0（そのときの生産量は Q_0）より下がると、企業の最適生産量はゼロになる。これより、E_0点を企業の**操業停止点**(shut-down point)という。

② 企業の供給曲線

　前項では、生産物の市場価格が変化するにつれて、企業の供給する生産量はどのように調整されるのかを見た。その内容をまとめると、最大利潤の実現を目指す企業は、短期的には、生産物の市場価格が平均可変費用を超える限り、価格と限界費用が一致する水準に生産量を決める。しかし、価格が平

均可変費用を下回るときには、生産を一時停止する。

　見方を変えると、企業は短期の意思決定に際しては、固定費用を無視して差し支えない。企業は生産活動を続けようが、一時的に操業を停止しようが、いずれにしても市場にとどまる以上、工場・設備などの固定費用は同じように負担せざるを得ない。したがって、短期の最適生産量の決定には、実は、固定費用の大きさは無関係なのである。企業としては、可変費用だけを考慮に入れて、最適な生産水準を決定すればよい。

　なお、上の固定費用のように、すでに投下されて回収が不可能な支出を**サンクコスト**(**埋没費用**：sunk cost)という。企業の固定費用は、短期的にはサンク(埋没)し回収不可能で、どうしようもないわけであるから、企業はこのサンクコストのことは無視して、自らの行動を決めるのが合理的なことなのである。

　以上より、生産物の市場価格と、その価格のもとで企業が供給する生産量との短期的関係は、図4-10(a)においては、限界費用曲線 MC の E_0 点より右上の部分と、縦軸上の OP_0 の部分によって示される。これらの該当個所を抜き出すと、**図4-10(b)** の太線のように描くことができる。それは、価格の各水準について、企業はどれだけの生産物を市場に供給するのかを表すもので、**企業の短期供給曲線**を意味する。

　企業の短期供給曲線の SS 部分は、限界費用の逓増部分に対応するから、必ず右上がりの形になる。このことは、生産物の市場価格が高まると、個々の企業は利潤の増加を求め生産を拡大し、供給量を増加させることを示唆する。

　なお、生産要素の価格や生産技術の変化が、企業の供給曲線に及ぼす影響については、章末の練習問題6で扱う。

9　長期費用[※]

　これまでは、企業の生産活動には固定的生産要素が存在する「短期」の状況を対象にしてきた。しかし、より長い期間で考えれば、短期には一定である工場や設備の規模も、変更は可能である。企業の生産活動はあらゆる生産

要素の投入量を変化させることによって調整され、生産要素はすべて可変的生産要素とみなせる。また、新規企業の参入や既存企業の退出が起こり、市場全体の企業数も変化する。

以下では、このような**長期**の観点に立って、企業の費用関数や供給行動について考察する。ただし、各種の生産要素の価格は、長期でも変化せずに一定とする。

① 長期総費用

まず、長期的に見て、企業の生産に伴う総費用はどのようになるのかを考えてみる。**図4-11(a)** には、3つの曲線 TC_0、TC_1、TC_2 が描いてある。それぞれ固定費用が F_0、F_1、F_2（ただし、$F_0 < F_1 < F_2$）の場合の、生産量と総費用の関係を示したもので、短期の総費用曲線である。つまり、各 TC 曲線は、ある一定規模の工場・設備のもとでの、生産に伴う総費用を表す。

ところが、長期的には、生産水準の変化に伴い、工場や設備の規模も調整することが可能である。費用最小化を実現するため、企業は固定的生産要素の投入量を変更することができる。たとえば、企業の生産量が Q_0 であれば、固定費用 F_0 に対応する工場・設備を用いて、短期総費用曲線 TC_0 上の E_0 点で生産を行うときに、費用は最小になる。また、生産量が $Q_1(Q_2)$ の場合には、固定費用 $F_1(F_2)$ に見合う工場・設備のもとで、$TC_1(TC_2)$ 曲線上の

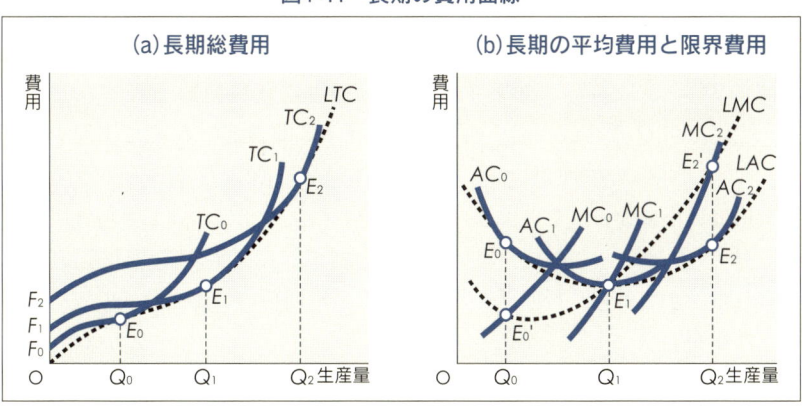

図4-11　長期の費用曲線

E_1 (E_2) 点において生産を行えば、最小費用が実現する。

このように、各生産水準について、費用が最小になる短期総費用曲線上の点(E_0, E_1, E_2, …)を次々と見いだし、それらを結んでいくと、**長期総費用曲線** LTC が得られる。これは、企業がすべての生産要素の投入量を変更できる状況において、各生産量を産出するのにかかる最小の総費用額を示す。

なお、長期総費用曲線 LTC は、費用最小化を達成する生産水準(Q_0, Q_1, Q_2, …)では、各短期総費用曲線(TC_0, TC_1, TC_2, …)と接する(一致する)が、ほかの生産水準においては、それぞれの短期総費用曲線よりも下に位置する。つまり、長期総費用曲線は、短期総費用曲線群の包絡線として求められる。

② 長期平均費用

つぎに、長期的な生産量と費用の関係を、平均費用の観点から見てみる。短期費用の場合と同じく、生産物1単位当たりの長期総費用は**長期平均費用**といわれる。それは、長期総費用を生産量で割った値であり、図4-11(a)の長期総費用曲線 LTC の各点と原点を結ぶ直線の傾きに等しい。長期平均費用は、企業が生産活動に投入する生産要素はすべて可変的とみなせる状況において、各生産水準を実現するのに必要な最小の平均費用を意味する。このような生産量と長期平均費用の関係を図に描いたものが、**図4-11(b)** の**長期平均費用曲線** LAC である。

長期平均費用曲線はまた、短期の平均費用曲線にもとづいて導くことができる。図4-11(b)の曲線 AC_0、AC_1、AC_2は、それぞれ図4-11(a)の短期総費用曲線 TC_0、TC_1、TC_2に対応する短期の平均総費用曲線を表す。この場合、生産量が Q_0 ならば、最小の平均費用は AC_0 曲線上の E_0 点で実現する。さらに、Q_1(Q_2)の生産量については、AC_1(AC_2)曲線上の E_1(E_2)点で、平均費用は最小になる。このように、それぞれの生産量について平均費用の最小点(E_0, E_1, E_2, …)を見つけ、それらを結ぶと長期平均費用曲線 LAC が得られる。すなわち、長期平均費用曲線は、短期平均費用曲線群の包絡線という性質をもつ。

ところで、長期の平均費用曲線は、短期の場合と同じく、一般にU字型

で描かれるが、それは3節で説明した「規模に関する収穫」の現象による。生産の初期段階では、企業の生産水準が拡大するにつれて、労働の分業や専門化、効率性の高い大規模な固定設備の利用などが進み、規模に関する収穫逓増が働く。この場合、生産物1単位当たりの費用は次第に低下し、長期平均費用曲線は右下がりになる。しかし、生産規模が大きくなると、やがて経営管理機能や従業員の士気が下がるなどして経営効率が悪くなり、規模に関する収穫逓減の現象が起きる。このときには、平均費用は生産の拡大につれて次第に上昇し、長期平均費用曲線は右上がりの形になる。

③ 長期限界費用

さらに、生産物を1単位余分に増加させることから生じる長期総費用の増加分を、**長期限界費用**という。それは、長期総費用曲線の各点における傾きに等しい。したがって、図4-11(a)の LTC 曲線の各点における傾きの大きさを求め、これを次々と**図4-11(b)**に移しかえると、**長期限界費用曲線** LMC が得られる。長期限界費用は当初、規模に関する収穫逓増を反映して減少するが、その後は、収穫逓減が作用するため増加する。

長期限界費用曲線は、各生産水準について、最小費用を実現する工場・設備のもとでの短期限界費用の大きさを示す、と言うこともできる。図4-11(b)の曲線 MC_0、MC_1、MC_2 は、それぞれ短期平均費用曲線 AC_0、AC_1、AC_2 に対応する短期の限界費用曲線を表す。生産量が Q_0 ならば、短期平均費用曲線 AC_0 に見合う工場・設備を使用するときに、費用の最小化が実現する。その際の限界費用は、MC_0 曲線上の E_0' 点によって与えられる。同様に、生産量が $Q_1(Q_2)$ の場合には、費用を最小にする限界費用は、MC_1 (MC_2) 曲線上の E_1 (E_2') 点で示される。このような点 (E_0'、E_1'、E_2'、…) を結んで得られる関係が、長期限界費用曲線 LMC なのである。

なお、図4-11(a)を見ると、個々の短期総費用曲線は長期総費用曲線と1点で接しており、そのとき短期限界費用と長期限界費用は等しくなる。また、接点より小さな生産量では、短期限界費用が長期限界費用を下回るが、接点より大きな生産量では反対のことが起こる。これより、図4-11(b)の長期限界費用曲線は、短期の各限界費用曲線を左から右に横切り、より緩やか

な形になる。

それから、長期における平均費用と限界費用の関係は、短期の場合と同じで、長期限界費用曲線 LMC は長期平均費用曲線 LAC の最小点を、下から上へ通過する。それゆえ、図4-11(b)において、LAC の最小点E_1では $LMC=LAC$、E_1点より低い生産量では $LMC<LAC$、反対に、E_1点より高い生産量では $LMC>LAC$ となる。

10 企業の長期供給行動※

7節で説明した企業の利潤最大化行動は、長期の状況についても当てはまる。完全競争下の企業は最大利潤の実現を目指し、生産物の長期的な市場価格(長期限界収入)と長期限界費用が一致する点に生産量を決める。

① 長期の利潤最大化：企業の長期供給曲線

図4-12 には、短期と長期の平均費用曲線および限界費用曲線が描いてある。いま、企業は短期の平均費用曲線 AC_0 と限界費用曲線 MC_0 に対応する工場・設備のもとで、生産を行っているとする。生産物の市場価格が P_2 の水準であれば、短期の利潤最大化は $P_2=MC_0$ が成り立つ A 点で達成され、

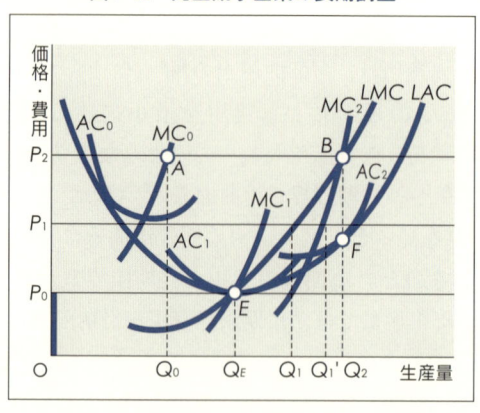

図4-12 完全競争企業の長期調整

最適生産量は Q_0 になる。その結果、企業は正の利潤を得る。

しかし、長期的には、さまざまな規模の工場・設備の中から利潤を最大にするものを選択して、その工場・設備のもとで生産活動を行うことが可能である。図の状況では、企業は工場・設備を AC_2、MC_2 に見合う規模まで拡張し、価格 P_2 と長期限界費用 LMC が等しくなる B 点で、生産量を Q_2 に決める。この場合、生産物1単位当たりの長期利潤は BF であり、これに生産量 Q_2 を掛けた値が長期利潤の総額になる。

つぎに、生産物の市場価格が P_1 に下落したとする。現行の工場・設備のもとでは、$P_1 = MC_2$ の成立する点で最大の利潤が得られるので、短期的な最適生産量は Q_1' になる。けれども、工場・設備の投入規模を調整した後には、利潤最大化は価格と長期限界費用が一致するところで実現し、長期の最適生産量は Q_1 に減少する。この場合も、正の利潤が発生する。

さらに、価格が長期平均費用の最小値の水準 P_0 まで下がったとする。最大利潤は、価格と長期限界費用が一致する E 点で実現するから、生産量は Q_E に決められる。ただし、このとき、価格 P_0 は長期平均費用 LAC と等しく、企業の利潤はゼロになる。そして、市場の価格が P_0 以下になると、長期平均費用が価格を上回り、生産を行えば必ず損失が発生する。したがって、生産は停止され、生産量はゼロとなる。これより、長期平均費用の最小点 E は、長期の損益分岐点であると同時に、操業停止点でもある。

このように、企業は生産物の各価格水準に対し、価格と長期限界費用が等しくなるように生産量を決め、それを市場に供給する。しかし、長期的な価格が長期平均費用よりも低くなると、供給をやめる。ゆえに、**企業の長期供給曲線**は、図4-12では、長期限界費用曲線 LMC の E 点より右上の部分と、縦軸の OP_0 の部分から構成される。

② 企業の長期均衡

長期では、工場・設備など固定的生産要素の投入規模が調整可能であるとともに、市場全体の企業数にも変化が生じる。つまり、新規企業の参入や既存企業の退出が起きる。このような要素を考慮に入れて、完全競争下の企業は、長期には、いかなる状態に落ち着くのかを検討する。

図4-12 に戻り、再び市場価格が P_2 の水準であるとすれば、市場の典型的な企業には、生産物1単位当たり BF の長期利潤が発生する。完全競争のもとでは、この正の利潤に誘発されて新規企業が市場に参入してくる。その結果、生産物の市場供給曲線は右にシフトし、市場価格は低下する。したがって、各企業の直面する価格は、P_2 よりも低い水準に変わる。

もし、新しい価格が P_1 のような水準であれば、個々の企業は依然として正の利潤をあげることができる。このため、新規企業の参入が続き、市場価格はいっそう押し下げられる。しかし、価格が長期平均費用の最小値 P_0 以下にまで下落するときには、長期的に損失を被るので、市場からの撤退を余儀なくされる企業も出てくる。このときには、市場供給曲線は左にシフトして、価格は上昇に転じることになる。

このような調整を経て、最終的に、生産物の市場価格は P_0 の水準に収まる。したがって、典型的な企業は、長期平均費用の最小点 E で、生産物を Q_E の水準だけ生産することになる。この E 点で、完全競争企業は**長期均衡**の状態となる。その場合、企業には長期的に利潤も損失も発生せず、もはや参入や退出の誘因はなくなり、市場の企業数は一定となる。

なお、企業の長期均衡点 E においては、

　　　　価格＝短期限界費用＝長期限界費用
　　　　　　＝短期平均費用＝長期平均費用

という関係が見いだせる。すなわち、企業は最大利潤を実現していることから、価格は短期と長期の限界費用に等しい。しかし、競争の結果、企業の利潤はゼロになることから、価格は短期と長期の平均費用にも等しいのである。

練習問題

1. 可変的生産要素は労働だけの状況について、平均可変費用は平均生産物と反対の方向に動くこと、また、同じく限界費用は限界生産物と反対の方向に動くことを明らかにしなさい。
2. 企業の生産関数は $Q=L\cdot K$、等費用線は $C=2L+8K$ で表されるものとして、以下の問いに答えなさい。
   (1) 目標生産量が100単位ならば、最適な労働と資本の投入量はいくらか。また、そ

のときの費用(単位は万円)はいくらになるか。
(2)* 企業の拡張経路を表す式を求めよ(ヒント：費用最小点では、いつも「最適投入の条件」が成立することに留意せよ)。
3．通常、短期平均費用曲線と長期平均費用曲線はともに U 字型で描かれるが、それぞれの曲線の形状を規定する要因について説明しなさい。
4．企業の可変費用は $VC = Q^3 - 4Q^2 + 10Q$、固定費用は $FC = 120$ で表され、また生産物の市場価格は $P = 70$ として、以下の問いに答えなさい。
(1) 総費用 TC、平均可変費用 AVC、平均固定費用 AFC、平均費用 AC、限界費用 MC を表す式は、それぞれどうなるか。
(2) 総収入 TR、平均収入 AR、限界収入 MR を表す式は、それぞれどうなるか。
(3) 利潤最大化を実現する最適な生産量はいくらか。また、そのとき、TC、AVC、AFC、AC、MC、TR、AR、MR および利潤は、おのおのいくらになるか。
5．固定費用(より一般的に言うと、サンクコスト)の大きさは、短期の意思決定にどのような影響を及ぼすかを考えなさい。
6．図4-10 の状況において、可変的生産要素の価格が低下するとか、生産技術の進歩がある場合、企業の費用曲線と供給曲線はどのように変化するかを説明しなさい。
7．完全競争企業の短期供給曲線と長期供給曲線について、比較検討しなさい。
8．ある完全競争市場において、すべての企業の費用構造は同一で、各企業の長期総費用は $LTC = Q^3 - 40Q^2 + 450Q$ で表されるものとして、以下の問いに答えなさい。
(1) 長期均衡における市場価格はいくらになるか。
(2) 長期均衡における市場の需要量が10000であれば、この市場には長期的にいくつの企業が存在し得るか。

第5章
完全競争市場と効率性

【本章の内容】　第3章と第4章では、家計や企業は、生産物（財・サービス）の市場価格を与えられた条件として、最適な行動を選択すると考えた。しかし、市場価格は個々の経済主体にとっては与件であっても、それは、市場全体の需要と供給の関係によって決定されることは、第2章で学んだとおりである。

　本章では、この「市場」の問題を再び取り上げる。とりわけ、完全競争的な生産物市場を対象として、市場の均衡と効率性の問題について考察する。

　まず、市場の需要と供給はどのように形成されるのかを見る。つぎに、市場の均衡に至る調整過程と市場均衡の安定性について考える。

　その後、消費者余剰と生産者余剰について説明し、完全競争市場の均衡点では経済余剰が最大になり、資源配分の効率性が実現することを示す。しかし、政府が市場に介入するときには、資源配分は非効率になることを明らかにする。

　さらに、効率性の基準としてパレート最適の概念を取り上げ、その意味合いを考察する。そして、一般均衡分析の枠組みのもとで、パレート最適な資源配分の条件を導く。最後に、完全競争経済の均衡では、パレート最適条件がすべて満たされ、効率的な資源配が実現することを示す。

●本章のキーワード

完全競争市場　　市場需要曲線　　市場供給曲線　　ワルラス的調整過程　　マーシャル的調整過程　　クモの巣モデル　　消費者余剰　　生産者余剰　　競争均衡の効率性　　パレート最適　　効用可能性フロンティア　　社会厚生関数　　エッジワース・ボックス　　契約曲線　　生産可能性曲線　　限界変形率　　厚生経済学の基本定理

1　完全競争市場の均衡

　市場の需要と供給については、すでに第2章で詳しく述べたが、ここでは、まず、完全競争市場を厳密に定義し、つぎに、家計や企業の行動を基礎に、完全競争市場の需要と供給、および市場均衡について説明する。

① 完全競争市場とは

　市場は、厳密に言うと、以下の4つの条件をすべて満たすとき、**完全競争**(perfect competition)の状態にあるといわれる。

(1) 市場における売り手と買い手はともに多数かつ小規模で、それぞれの生産(販売)量ないしは購入量は、市場全体から見るとほんのわずかな割合にすぎない。

(2) 製品差別化は存在しない。つまり、各企業が生産する財は同一あるいは同質であるため、買い手にとっては、特定の企業の製品を好んで選択する誘因はない。

(3) すべての売り手と買い手は、財の価格や品質、市場の状況などについて完全な情報をもっている。

(4) 市場への参入や市場からの退出は自由に行える。

　このような条件を満たす完全競争市場では、各経済主体は価格支配力をもたず、**プライス・テイカー**(**価格受容者**)の立場にある。つまり、個々の家計や企業の行動は、市場全体の需要や供給に格別の変化を引き起こすことはなく、したがって市場の価格にも目立った影響を及ぼすことはない。むしろ個々の家計や企業は、市場で決定される価格を与えられた条件として、そのもとで自らの最適な行動を決める。

　また、完全競争市場では製品差別化はなく、それに市場参加者はみな完全な情報を持ち合わせているので、**一物一価の法則**(同一の財には、ただ1つの価格が成立すること)が成り立つ。加えて、長期的には、新しい企業が市場に参入したり、既存の企業が市場から撤退することは、特別の障害もなく円滑に行われる。

② 市場の需要・供給曲線と均衡

　第3章と第4章で検討した家計と企業の行動を念頭に置き、完全競争的な市場の需要と供給について考えてみる。

　まず、第3章で見たとおり、効用最大化を目指す家計は、支出可能な所得、消費選好の状態、および他財の価格を与件として、一般に、財の需要量をその価格が低下するにつれて増加させる。つまり、普通、家計の需要曲線は右下がりになる。そして、市場が完全競争の状態にあれば、各家計はプライス・テイカーとして行動し、それぞれの市場価格 P に対して最適な購入量を決める。したがって、これらをすべての家計について合計すると、市場全体の需要量 $Q_D(P)$ が得られる。

　これより、価格の各水準と市場全体の需要量との間の関係を示す**市場需要曲線**は、市場に参加している全家計の需要曲線を、水平に加えていけば求められる。**図5-1**には、家計の数が2つの場合を例示してある。各家計の需要曲線は右下がりであるから、市場需要曲線 DD も一般に右下がりの形で描かれる。

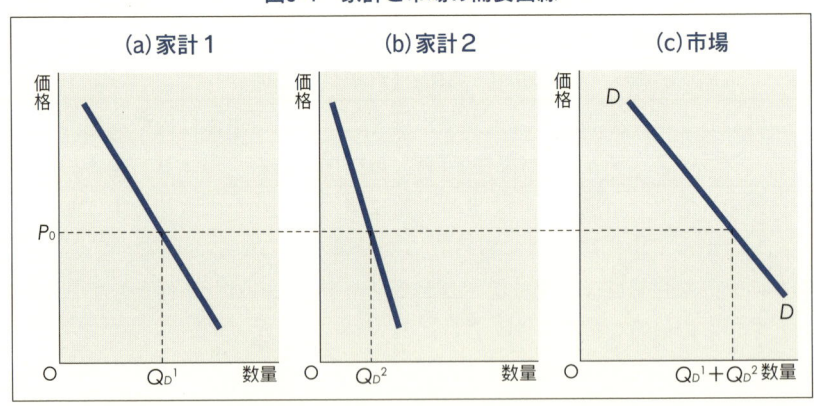

図5-1　家計と市場の需要曲線

　つぎに、第4章で説明したとおり、利潤最大化を目指す企業は、一定の生産技術や生産要素価格のもとで、生産物の供給量をその価格が上昇するにつれて増加させる。すなわち、企業の生産物の供給曲線は右上がりになる。生

産物市場が完全競争的であれば、各企業はプライス・テイカーとして行動し、それぞれの市場価格 P に対して最適な生産量を決定する。したがって、これらをすべての企業について合計すれば、市場全体の供給量 $Q_S(P)$ が求められる。

ゆえに、価格のさまざまな水準と市場全体の供給量との間の関係を示す**市場供給曲線**は、市場に参加している各企業の供給曲線を、水平に加えていけば得られる。**図5-2**には、企業の数が2つの場合を例示してある。各企業の

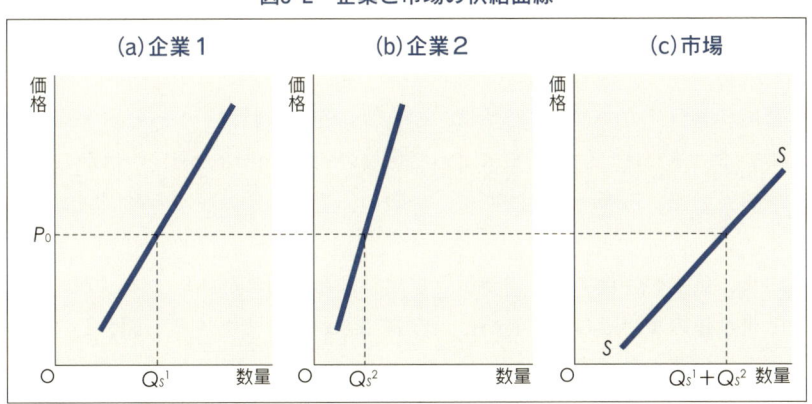

図5-2 企業と市場の供給曲線

供給曲線は右上がりであるから、市場供給曲線 SS も右上がりの形になる。

さらに、第2章で説明したとおり、市場均衡は市場の需要曲線 DD と供給曲線 SS が交差する点で実現し、その点で、市場の均衡価格と均衡取引量が決定される(18ページの図2-2を参照)。市場の**均衡価格**とは、市場の需要量と供給量が一致する水準に対応する価格、言い換えると、市場の需要と供給の均衡条件

$$Q_D(P_E) = Q_S(P_E)$$

を成立させる価格 P_E のことである。この均衡価格のもとでは、売り手が販売しようと欲する数量は、買い手が購入しようと欲する数量とちょうど等しく、売り手と買い手の両者が満足するので、ここに取引量も決まる。

完全競争市場では、個々の家計や企業にとって、価格は一定で与えられた

条件であるが、それはまさに、この市場均衡価格を意味するのである。

2　市場の調整過程と均衡の安定性

　市場の均衡がどのように達成されるのかは、すでに第2章で見たが、ここではより詳しく、市場均衡に至る調整過程について検討する。つまり、市場の調整過程としてどのようなメカニズムが考えられるのか、さらに、いかなる条件が満たされるとき、市場均衡の実現が保証されるのか(つまり、市場均衡は安定なのか)について考察する。

① ワルラス的調整過程

　市場の調整メカニズムとしては、**ワルラス的調整過程**がもっともよく知られている。それは、価格調整によって市場の需要と供給の調整がはかられるとするもので、市場均衡の説明は、一般に、この調整過程にもとづいて行われる。

　いま、価格が変化すると需要量と供給量は速やかに反応し、ついで、需要量と供給量の差に応じて、価格は再び調整されるものとする。**図5-3**において、市場価格が均衡価格P_Eよりも低いP_1であれば、需要量Q_2は供給量Q_1を上回り、「超過需要」の状態になる。この状況では、買い手はもっと高い値を払っても財を手に入れたいと思うし、売り手は値上げをしても販売が可能であると判断する。したがって、市場に価格上昇圧力が働いて、価格は上がる。それに応じて需要量は減少、供給量は増加していくが、以上の調整過程は超過需要が存在する限り続き、最終的に、需要と供給の一致するE点に至り完了する。

　反対に、市場価格が均衡価格よりも高いP_2であれば、供給量Q_2が需要量Q_1を上回り、「超過供給」の状態になる。この場合、買い手は値下げを求めるし、売り手は売れ残りを避けるため価格を引き下げてもよいと思う。その結果、市場には価格を押し下げる力が作用して、価格は下がる。これに対応して、需要量は増加、供給量は減少していき、ついに両者が等しくなるE点に達すると、以上の調整過程は完了する。

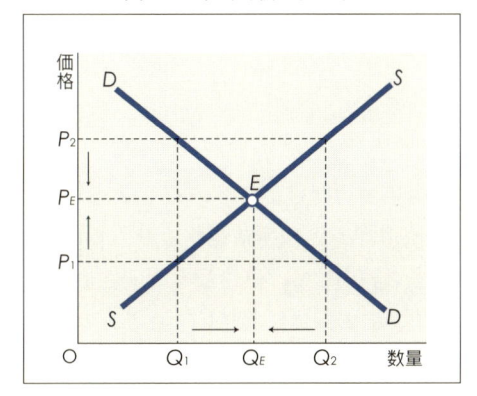

図5-3 市場均衡の安定性

このように、市場の需要曲線 DD が右下がり、供給曲線 SS が右上がりの標準的な状況では、市場価格は均衡値P_Eから離れても、再び均衡値に戻る力が市場に働くことがわかる。したがって、市場均衡は「安定」である。

以上の説明から、ワルラス的調整過程のもとで市場均衡が安定であるためには、価格の上昇(下落)につれて超過需要が減少(増加)する必要がある。ここで、超過需要は需要量と供給量の差$(Q_D - Q_S)$であるから、結局、

$$\frac{\Delta Q_D}{\Delta P} - \frac{\Delta Q_S}{\Delta P} < 0 \quad \text{つまり} \quad \frac{\Delta Q_D}{\Delta P} < \frac{\Delta Q_S}{\Delta P}$$

という関係が成立している必要がある。すなわち、供給曲線の傾きの逆数$(\Delta Q_S/\Delta P)$が需要曲線の傾きの逆数$(\Delta Q_D/\Delta P)$より大きければ、市場均衡は安定である。これを**ワルラスの安定条件**とよぶ。

② マーシャル的調整過程

つぎに、需要の価格に対する反応は速やかであるが、生産の調整には時間がかかるので、供給の反応速度は遅いと考える。この場合には、供給量がある水準に与えられると、これと需要量が一致するように価格が即座に決まり、ついで、この価格に対して供給が調整されることになる。

いま、同じく**図5-3**において、市場の供給量が均衡量Q_Eより少ないQ_1であれば、市場の価格は、需要曲線 DD 上の価格(**需要価格**)P_2に決まる。この

水準は　供給曲線上の価格(**供給価格**)P_1を上回る。つまり、買い手が支払う価格P_2は、売り手が希望する価格P_1よりも高いから、売り手は生産を拡大して、供給量を増加させる。それに応じて、需要価格は低下、供給価格は上昇していく。以上の調整過程は、需要価格が供給価格を上回る限り続き、最終的に、両者が一致するE点に至り完了する。

反対に、市場の供給量が均衡量より多いQ_2のときには、供給価格P_2が需要価格P_1を上回る。売り手が希望する価格よりも買い手が支払う価格は低いので、売り手は生産を縮小して、供給量を減少させる。これに対応して、徐々に供給価格は低下、需要価格は上昇していき、ついに両者が等しくなるE点に至り、以上の調整過程は終了する。

このような数量調整による市場の需給調整過程は、**マーシャル的調整過程**といわれる。図5-3のような標準的な状況では、市場の取引量は時間の経過とともに均衡量Q_Eに収束するから、マーシャル的調整過程のもとでも、市場均衡は安定である。

以上の説明から、マーシャル的調整過程のもとで市場均衡が安定的であるためには、財の数量が増加(減少)するにつれ、需要価格と供給価格の差が小さく(大きく)なることが必要である。ここで、需要価格をP_D、供給価格P_Sと示せば、結局、

$$\frac{\Delta P_D}{\Delta Q} - \frac{\Delta P_S}{\Delta Q} < 0 \quad \text{つまり} \quad \frac{\Delta P_D}{\Delta Q} < \frac{\Delta P_S}{\Delta Q}$$

という関係が成立する必要がある。すなわち、供給曲線の傾き($\Delta P_S/\Delta Q$)が需要曲線の傾き($\Delta P_D/\Delta Q$)よりも大きければ、市場均衡は安定と言える。これを**マーシャルの安定条件**とよぶ。

ところで、**図5-4**のような例外的なケースでは、市場均衡の安定性はどうなるのか。まず、**図5-4(a)**では、需要曲線が右上がりの形になっているが、その傾きは供給曲線よりも急である。この場合、市場価格が均衡価格P_Eより低いときには超過需要が、逆に、均衡価格より高いときには超過供給が生じるので、市場価格は次第に均衡価格に近づいていく。ワルラスの意味では、市場均衡は安定である。しかし、供給量が均衡量Q_Eより少ないときには供給価格が需要価格を上回り、供給量が均衡量より多いときには需要価格

2 市場の調整過程と均衡の安定性

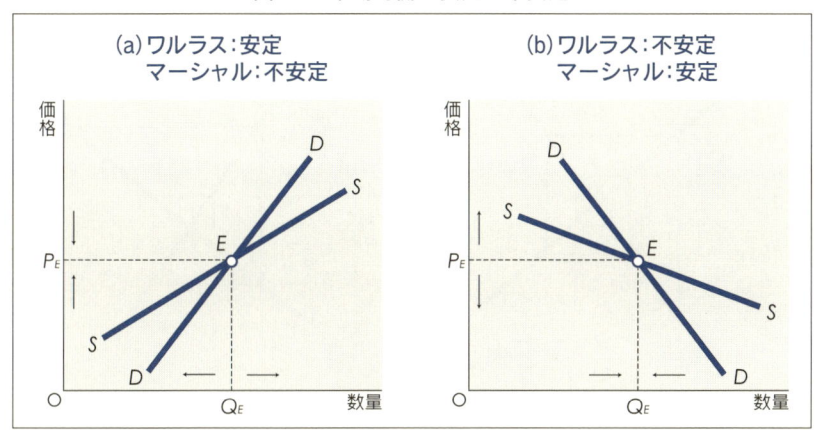

図5-4 市場均衡の安定と不安定

(a) ワルラス：安定
　　マーシャル：不安定

(b) ワルラス：不安定
　　マーシャル：安定

が供給価格を上回る。したがって、市場の供給量はひとたび均衡量から離れると、ますます遠ざかる結果となり、マーシャルの意味では、市場均衡は不安定である。

つぎに、**図5-4(b)**では、供給曲線が右下がりの形になっているが、その傾きは需要曲線よりも緩やかである。この場合、市場均衡はワルラスの意味では不安定、マーシャルの意味では安定であり、図(a)と正反対の結論になる。

③ クモの巣型の調整過程

さらに、市場の調整過程として、**クモの巣モデル**(cobweb model)とよばれるものがある。基本的な考えはマーシャル的調整過程と似ているが、具体的に、各期の供給量は前期の市場価格に依存して決定されるとする。

図5-5において、市場の需要曲線と供給曲線はそれぞれ直線 DD、SS で示され、ともに長期的に変化しないものとする。当初（第0期）の価格が P_0 であれば、第1期の供給量は供給曲線から Q_1 になる。そして、第1期の価格は、Q_1 に見合う需要曲線上の点より、P_1 まで上がる。つぎの第2期には、供給量は P_1 に対応して Q_2 に増加する。すると、価格は需要量が Q_2 に等しくなる P_2 まで下がる。さらに、第3期の供給量は Q_3 に減少し、価格は P_3 まで上がる。以下同様に、市場の価格と供給量の調整過程が繰り返されていく。

図5-5 クモの巣モデル

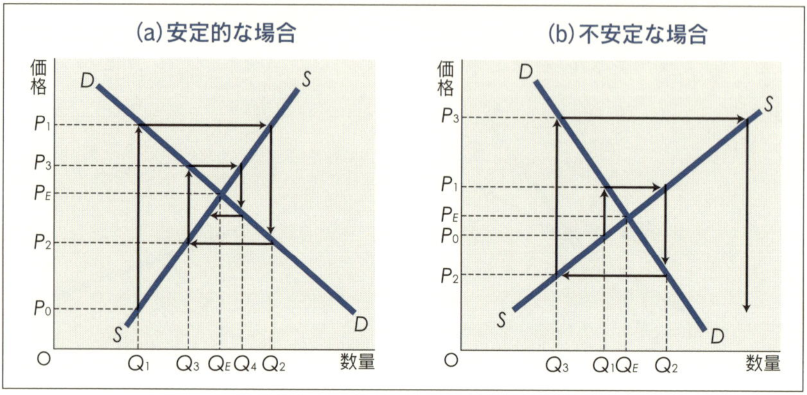

(a) 安定的な場合 / **(b) 不安定な場合**

このような各期の価格と供給量を示す点を次々と結ぶと、クモの巣に似た図形ができることから、以上の市場調整過程は**クモの巣型の調整過程**と名づけられる。クモの巣モデルにより、市場の価格が周期的に上下に変動する現象が説明可能となる。

ところで、**図5-5(a)**では、供給曲線の傾きは需要曲線の傾き(の絶対値)よりも大きい。この場合、市場の価格と供給量の時間経路は、次第に振動の幅を小さくしながら長期の市場均衡値 (P_E, Q_E) に収束する。したがって、市場均衡は安定である。一方、**図5-5(b)**では、供給曲線の傾きは需要曲線の傾き (の絶対値)よりも小さい。価格と供給量の振動の幅は時間の経過につれて大きくなり、市場均衡値から次第に乖離していく。この場合、市場均衡は不安定である。

なお、供給曲線と需要曲線の傾き(の絶対値)が等しい場合には、市場の価格と供給量は、均衡値のまわりを一定の振幅で循環し続けることになる。

3 消費者余剰と生産者余剰

市場では本来、自発的に、売り手と買い手の間で交換・売買などの取引が行われるが、それは取引の当事者にとって利益があるからである。この市場取引から発生する利益は、広く**経済余剰**といわれる。本節では、経済余剰に

ついて説明し、市場の効率性を検討するための準備を整える。

① 消費者余剰とは

はじめに、市場取引により買い手に生じる利益(経済余剰)を、**消費者余剰**(consumer's surplus)とよぶ。この消費者余剰とは、「買い手ないしは消費者が、ある財に対して支払ってもよいとする最大額から、実際に支払った金額を差し引いたもの」である。

まず、**図5-6(a)**を使い、消費者余剰を具体的に求めてみる。ここでは、リンゴの消費者が4人いて、それぞれ1個ずつ購入したいと考えている。ただし、消費者Aはリンゴ1個当たり最高200円まで、Bは150円、Cは120円、Dは80円まで支払ってもよいと思っている。このとき、リンゴの価格が100円ならば、A、B、Cの3人がリンゴを1個ずつ購入する。Dは支払ってもよいと思う最高額より、リンゴの価格が高いので買わない。

その結果、Aは200円支払う意志があったのに、実際は100円の支払いで済んだから、100円の便益を得たと言える。同様に、Bの便益は50円、Cの便益は20円である。買い手全体では、合計170円の消費者余剰が発生したことになる。

図5-6(b)には、普通の(滑らかな直線の)市場需要曲線 DD が描いてある。

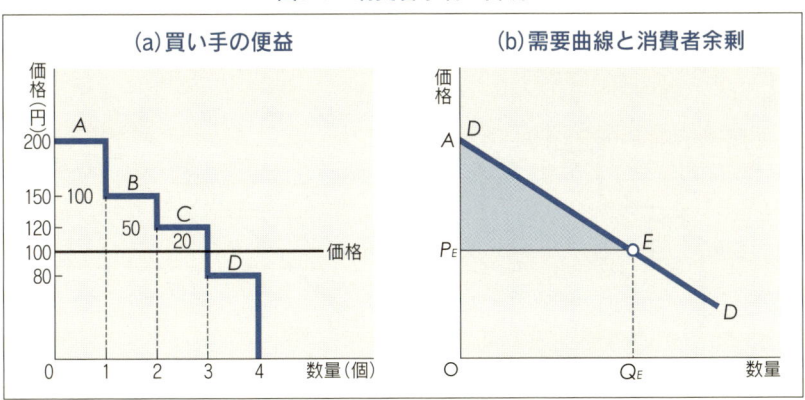

図5-6 消費者余剰の計測

市場の価格が P_E のとき、買い手はこの財を Q_E 量だけ購入する。需要曲線は通常、ある価格のもとで需要量はどれだけであるかを示すが、逆に、買い手が購入する財の各単位に対して、どれだけの価格を支払うつもりがあるか（買い手の限界価値）を示すもの、と解釈することもできる。その場合、需要曲線の下の面積 $OAEQ_E$ は、買い手が Q_E 量を得るために支払ってもよいとする最大額を表す。また、買い手が Q_E 量を手にするため実際に支払う金額は、市場の価格 P_E に購入量 Q_E を掛けた値であるから、四辺形 OP_EEQ_E の面積で表される。

したがって、消費者余剰は両者の差、三角形 AEP_E の面積に等しい。需要曲線 DD と価格 P_E の高さで水平な線とによって形成される三角形 AEP_E の面積（●色部分）が、消費者余剰の大きさを示すのである。

② 生産者余剰とは

つぎに、市場の取引から売り手に発生する利益（経済余剰）を、**生産者余剰**（producer's surplus）とよぶ。この生産者余剰とは、「売り手ないし生産者が、ある財を供給して実際に受け取る金額から、それを供給するために最小限受け取る必要のある金額を差し引いたもの」である。

まず、図5-7(a)により、生産者余剰を具体的に求めてみる。ここでは、コメ（米）の生産農家は4人おり、おのおの1kgずつ販売したいと思ってい

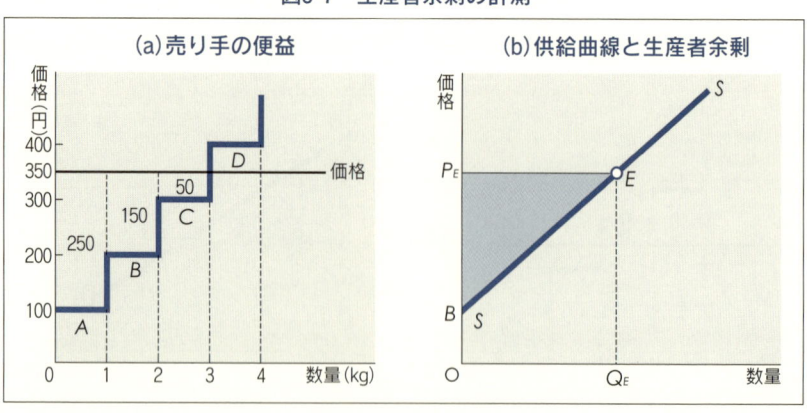

図5-7　生産者余剰の計測

る。ただし、農家A、B、C、Dがコメ1 kgの生産に要する可変費用(供給する際の最低価格)は、それぞれ100円、200円、300円、400円とする。このとき、コメの価格が350円ならば、価格が可変費用を上回るA、B、Cの3人が、コメを1 kgずつ供給することになる。

その結果、農家Aは100円以上ならば売るつもりであったのが、実際には350円で売れたので、250円の便益を得たと言える。同様に、Bの便益は150円、Cの便益は50円である。売り手全体では、合計450円の生産者余剰が発生したことになる。

図5-7(b) には、普通の(滑らかな直線の)市場供給曲線 SS が描いてある。市場の価格が P_E のとき、売り手はこの財を Q_E 量だけ供給する。供給曲線は、価格の各水準について供給量がどれだけであるかを示すが、逆に、売り手が供給する各単位について、最低どれだけ受け取る必要があるか(売り手の限界費用)を表すもの、と解釈することもできる。

すなわち、供給曲線の下の面積 $OBEQ_E$ は、売り手が Q_E 量を生産・供給する際に生じる可変費用を表す。これは前章で見たとおり、売り手が操業を停止することなく生産活動を続けるには、ぜひとも回収しなくてはならない費用部分である。

また、売り手の総収入は、市場の価格 P_E と供給量 Q_E を掛けた値であるから、四辺形 OP_EEQ_E の面積に等しい。したがって、生産者余剰は面積 OP_EEQ_E と面積 $OBEQ_E$ との差、三角形 BEP_E の面積で示される。つまり、価格 P_E の高さで水平な線と供給曲線 SS によって囲まれた三角形 BEP_E の面積(●色部分)が、生産者余剰の大きさを表す。このように、生産者余剰は総収入から可変費用を差し引いたものであるから、売り手の粗利潤(固定費用を控除する前の利潤)のことである。

4　競争均衡の効率性

それでは、経済余剰の観点から、完全競争下の市場均衡(簡単に、**競争均衡**という)において、資源配分は効率的になることを示す。また、数値例を使い、経済余剰の大きさを具体的に計算してみる。

① 完全競争市場と経済余剰

図5-8 は、第2章の図2-7と同じく、ガソリンの市場需要曲線 DD と市場供給曲線 SS を表すものとする。市場が完全競争の状態にあれば、市場均衡は両曲線の交点 E で実現し、均衡価格は P_E、均衡取引量は Q_E になる。

したがって、消費者余剰は、買い手が Q_E 量を得るために支払ってもよいとする最大額(面積 $OAEQ_E$)と、実際に支払う金額(面積 OP_EEQ_E)との差、すなわち三角形 AEP_E の面積で表される。他方、生産者余剰は、売り手が Q_E 量の財を供給することにより得る総収入(面積 OP_EEQ_E)と、回収が不可欠な可変費用(面積 $OBEQ_E$)との差、すなわち三角形 BEP_E の面積によって示される。

ゆえに、市場全体の**総余剰**(消費者余剰と生産者余剰の合計)は、三角形 ABE の大きさになる。完全競争のもとでは、市場均衡点 E に対応する取引により、三角形 ABE に見合う経済余剰が社会にもたらされるのである。言い換えると、競争均衡点 E における総余剰は、均衡取引量 Q_E までの需要曲線 DD と供給曲線 SS の間の面積(三角形 ABE)によって示され、そこでは、**需要価格**(買い手が支払ってもよいとする価格で、買い手の限界価値を表す)と**供給価格**(売り手がどうしても受け取る必要のある価格で、売り手の限界費用を表す)は等

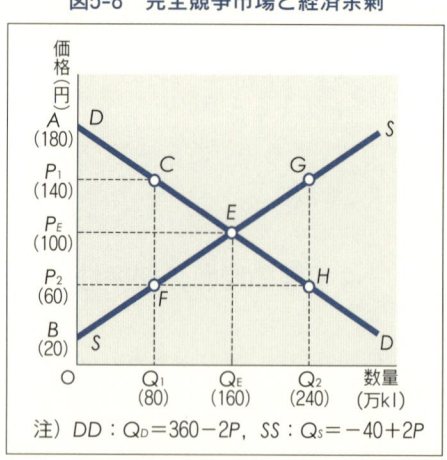

図5-8 完全競争市場と経済余剰

注) $DD: Q_D = 360 - 2P$, $SS: Q_S = -40 + 2P$

しくなっていることがわかる。

ところで、図5-8において、ガソリン市場の取引量が完全競争下の均衡量 Q_E より少なくても多くても、経済余剰は三角形 ABE の大きさよりも必ず小さくなる。たとえば、取引量が均衡量よりも少ない Q_1 の水準では、需要価格は C 点の高さ、供給価格は F 点の高さであり、需要価格は供給価格を上回る。こうした場合、さらに取引を増加させれば、両者の差額だけ経済余剰は増加する。取引量を Q_1 から均衡量 Q_E まで増加させることにより、経済余剰は三角形 CEF の大きさだけ増加し得る。

反対に、取引量が均衡量よりも多い Q_2 の水準のときには、供給価格(G 点の高さ)が需要価格(H 点の高さ)を上回る。この場合は、取引を減らせば両者の差額だけ経済余剰は増加する。取引量を Q_2 から均衡量 Q_E まで減少させることにより、経済余剰は三角形 EGH の大きさだけ増加し得る。

このように、市場の取引量が均衡取引量 Q_E ではない場合には、競争均衡の場合と比べて、市場全体の経済余剰は小さくなる。したがって、「経済余剰は完全競争下の市場均衡において最大となり、その意味で、完全競争市場のもとでは、効率的な資源配分が実現する」と言えるのである。

② 経済余剰の計測：数値例

前項で説明した内容の確認をかねて、**図5-8**の数値例にもとづき、経済余剰の大きさを具体的に計算してみる。

まず、ガソリン市場が競争均衡点 E にある場合は、均衡価格は100円、均衡取引量は160万 kl になる。このとき、消費者余剰の大きさは三角形 AEP_E の面積によって示されるから、これを計算すると、1万 kl は1千万リットルであるから、$(180-100) \times 160 \div 2 = 640$ 億円である。また、生産者余剰は三角形 BEP_E の面積で表されるので、同じく、$(100-20) \times 160 \div 2 = 640$ 億円になる。したがって、総余剰は、消費者余剰と生産者余剰を加えた三角形 ABE の大きさで示され、1280億円となる。

つぎに、ガソリンの供給量が均衡量よりも少ない80万 kl の場合には、価格は140円になる。このとき、買い手が80万 kl のガソリンを得るのに支払ってもよいとする最大額は四辺形 $OACQ_1$ の面積で、また実際に支払う金額は

四辺形 OP_1CQ_1 の面積で表されるから、消費者余剰は両者の差、すなわち三角形 ACP_1 の大きさに縮小する。これを計算すると、$(180-140) \times 80 \div 2 = 160$ 億円である。一方、売り手が80万 kl を供給することにより受け取る収入は四辺形 OP_1CQ_1 の面積で、また回収すべき最低額は四辺形 $OBFQ_1$ の面積で示されるから、生産者余剰は両者の差、四辺形 $BFCP_1$ の大きさに拡大する。この台形の面積を計算すると、$(80+120) \times 80 \div 2 = 800$ 億円である。その結果、総余剰は消費者余剰と生産者余剰の和、台形 $ABFC$ の面積に等しく、960億円になる。競争均衡の場合と比べて、消費者余剰は減少、生産者余剰は増加、総余剰は減少していることがわかる。

さらに、市場の供給量が均衡量よりも多い240万 kl の場合には、価格は60円になる。このとき、消費者余剰は三角形 AHP_2 の面積に拡大し、1440億円となる。生産者余剰は、総収入(面積 OP_2HQ_2)から可変費用(面積 $OBGQ_2$)を差し引いた値である。これは三角形 BFP_2 の面積(160億円)から、三角形 FGH の面積(640億円)を引いた大きさに等しいので、結局、生産者余剰は -480 億円になる。最後に、消費者余剰と生産者余剰の合計である総余剰は、三角形 ABE の面積から三角形 EGH の面積を引いた値で示され、960億円になる。競争均衡の場合と比較して、今度は、消費者余剰は増加、生産者余剰は減少、総余剰は減少していることが理解できる。

5　政策措置と経済余剰

前節で、「完全競争市場のもとでは、効率的な資源配分が実現する」ことを示した。ただし、この命題が成り立つには、市場の価格調整メカニズムが適切に機能して、需要価格と供給価格が一致することが前提になる。たとえば、政府が市場の経済活動に介入して、価格規制や課税を行うときには、需要価格と供給価格の間に乖離が生じ、効率的な資源配分の実現は妨げられる。

① 価格規制の非効率性

図5-9(a)は、第2章の図2-7(a)と同じく、政府がガソリン価格の高騰を抑

図5-9 政府の市場介入と経済余剰

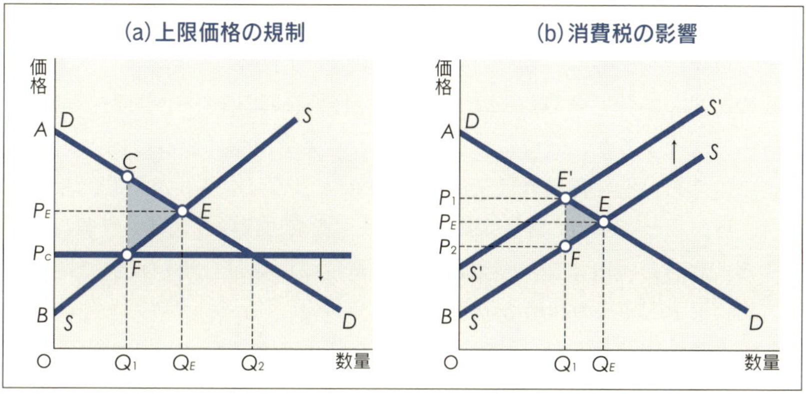

(a) 上限価格の規制 / **(b) 消費税の影響**

えるため、市場の取引価格の上限 P_C を、均衡価格 P_E より低い水準に規制した状況を表す。このとき、市場の価格は下がるので、一見すると、社会にとって好ましい措置のように思える。しかし、規制価格 P_C のもとでは、ガソリンの需要量は Q_2 に増加するが、実際、売り手が市場に供給する量は Q_1 にすぎない。したがって、市場の取引量は均衡取引量 Q_E より低い Q_1 の水準に抑えられ、過少生産の状態になってしまう。取引量 Q_1 では、需要価格（C点の高さ）は供給価格（F点の高さ）を上回ったままである。

この状況では、売り手の生産者余剰は三角形 BFP_C の面積に縮小する。また、買い手が Q_1 量のガソリンを得るのに支払ってもよいとする最大額は面積 $OACQ_1$ で、実際に支払う金額は面積 OP_CFQ_1 であるから、消費者余剰は四辺形 $ACFP_C$ の大きさになる。その結果、総余剰は台形 $ABFC$ の面積となる。これより、政府の価格規制がない競争均衡の状況（E点）と比べて、経済余剰は三角形 CEF の面積分だけ小さいことがわかる。価格規制のため、資源配分は非効率な状態になってしまったのである。

② 課税の非効率性

つぎに、**図5-9(b)** は、第2章の図2-8と同様に、政府が製品Aに消費税を課して、税金を売り手から徴収するときの状況を示している。市場の供給曲線は、1箱当たりの税額分だけ上にシフトして、SS から $S'S'$ の位置に移

る。これに伴い、市場均衡は E 点から E' 点に変わり、製品 A の価格は P_E から P_1 に上昇し、取引量は Q_E から Q_1 に減少する。取引量 Q_1 では、やはり需要価格（E' 点の高さ）が供給価格（F 点の高さ）を上回っている。

その結果、消費者余剰は三角形 $AE'P_1$ の面積に縮小する。また、売り手は P_1 円で販売するが、政府に税を収めるので実際に受け取るのは P_2 円である。このため、生産者余剰は三角形 BFP_2 の大きさになる。ただし、今度の場合、買い手と売り手の経済余剰のほかに、政府に租税収入という利益が発生する。政府の税収は、1箱当たりの消費税に販売量を掛けた額であるから、四辺形 $P_1E'FP_2$ の面積で示される。

市場全体の経済余剰は、消費者余剰と生産者余剰と租税収入の合計である。その大きさは、台形 $ABFE'$ の面積で表される。しかし、消費税のない競争均衡の状況（E 点）と比べて、総余剰は三角形 $EE'F$ の面積分だけ小さくなっている。政府の課税により、市場の取引量は減少し、資源配分の効率性は阻害されるのである。

6　効率性の基準：パレート最適

これまでは、ある特定の市場だけに注目して、市場均衡の意味合いを考察した。このような**部分均衡分析**は、分析手法が容易で、市場の個別的な問題に対して明快な答えが得られるという利点をもつが、他の市場との相互関連を無視しているという短所がある。

そこで、本章の残りの部分では、**一般均衡分析**（複数の市場が相互に関連しながら、同時に均衡すると見る分析方法）の考え方にもとづき、完全競争市場と資源配分の効率性の問題を、より一般的に検討することにしたい。まず本節では、「パレート最適」という資源配分の効率性を判断する基準について説明する。

① パレート最適とは

資源配分の効率性を判断する基準としては、経済学では広く、**パレート最適性**(Pareto optimality)ないし**パレート効率性**(Pareto efficiency)といわれる

概念が用いられている。

いま、社会における経済資源の総量と生産技術の水準は一定とする。この状況のもとで、財や生産要素の配分を変更すると、社会構成員の誰の状態も悪化することなく、少なくとも1人の個人の状態は改善し得るとする。この場合、同一の資源を使って、社会の経済厚生をさらに増加できる余地が残されているので、そのような状態は、資源配分面からして最適な状態ではない。

けれども、財や生産要素の配分をどのように変えても、もはや社会構成員の誰かの状態を悪化させることなくしては、どの個人も改善し得ない状態にあるとすれば、それは効率的な資源配分が達成されていると見ることができる。このような配分状態をパレート最適とよぶ。

たとえば、先の図5-8における完全競争市場の均衡点 E では、買い手と売り手の経済余剰の合計が最大になっている。だから、買い手と売り手の両方が、同時に、それ以上よい状態になったり、一方の状態は変わらずに、他方の状態がよりよくなることはあり得ない。競争市場の均衡は、もはや他の人を犠牲にすることなしには、誰の状態もよくなり得ない状況であるから、パレート最適である。

しかし、市場の取引量が均衡量 Q_E とは異なる Q_1 や Q_2 では、買い手や売り手の経済余剰が増加する余地がまだ残されている。こうした状態は非パレート最適であり、効率的な資源配分は実現していない。

② 効率性と公正

パレート最適の意味合いは、図5-10を使うといっそう明らかになる。いま、社会は個人A、Bの2人から構成されるものとする。社会の資源と生産技術が一定の場合、生産可能な財の総量、したがって、それを消費して得られる社会の効用水準にも限りがある。その場合、社会の2人が達成可能な効用水準の組み合わせは、**効用可能性フロンティア**（utility possibility frontier）とよばれる右下がりの曲線 FF によって表される（章末の注を参照）。

さて、効用可能性フロンティア FF の内部の点、たとえば a 点で示される配分を考えてみる。この場合、a 点より右上の点（ab 線と ac 線に囲まれた領

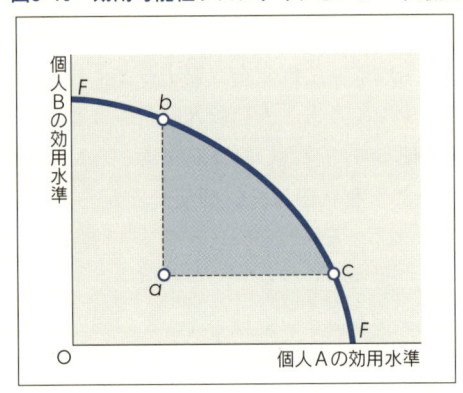

図5-10 効用可能性フロンティアとパレート最適

域)に移動すれば、個人A、Bの効用はどちらも低下せず、少なくとも一方の効用は高まる。だから、a点はパレート最適な配分ではない。

これに対して、FF曲線上の点(b, c, …)では、一方の効用を高めるように移動すると、必ず他方の効用は低下してしまう。つまり、誰かを不利にすることなくして、どの個人も有利になり得ない状態にあるから、効用可能性フロンティアFF上の点はすべてパレート最適な配分である。

このように、パレート最適な配分はただ1つの点に決まるわけではなく、多数存在し得る。また極端な場合、特定の個人が社会の財をすべて所有している状態(FF曲線が横軸あるいは縦軸と交差する点)も、パレート最適である。したがって、パレート最適とは、所得分配の公正(公平、衡平)さに配慮したものではなく、あくまで資源配分の効率性から見て、社会的に望ましい状態を判断する基準である。言い換えると、パレート最適の基準は、効用の個人間比較ないしは分配の公正に関する価値判断を回避して、効率性の観念のみから、資源配分の適否を判断するものである。

ところで、分配の公正さを判断するには、別の基準が必要となる。けれども、公正な分配とは何かという点については、さまざまな考え方が存在する。たとえば、平等な所得の分配、各人の生産に対する貢献に見合った所得の分配、各人の必要度に応じた所得の分配など、価値観の違いによって意見が分かれ、分配の公正に関する統一的な判断基準は見いだしにくい。

●コラム：社会的な最適点—効率的な配分と公正な分配—

社会的に見て、真に望ましい状態とは、資源配分の効率性を満たすと同時に、所得分配の公正さに見合うものでなければならない。それはどのような点であるのかを考えてみる。

以下の図において、効用可能性フロンティア FF 上の点は、本文で説明したとおり、すべてパレート最適な配分である。したがって、その中から、分配の公正さからしてもっとも望ましい点を選べば、それは資源配分と所得分配の両面から見て、社会的に最適な点になる。

パレート最適な配分の中から、所得分配の側面を考慮して社会的な最適点を見いだすために、**社会厚生関数**（social welfare function）を想定する方法がある。社会厚生関数とは、社会を構成する個人 A、B の効用水準 U_A、U_B が、社会全体の経済厚生 W とどのような関係にあるのかを表し、所得分配の公正ないしは各個人の効用の社会的重要性に関する価値判断を表現したものである。

社会厚生関数は、一般的には、

$$W = W(U_A, U_B)$$

と示される。ここで、W は U_A および U_B の増加関数である。すなわち、社会厚生関数はパレート基準にしたがい、他の個人の効用を一定と

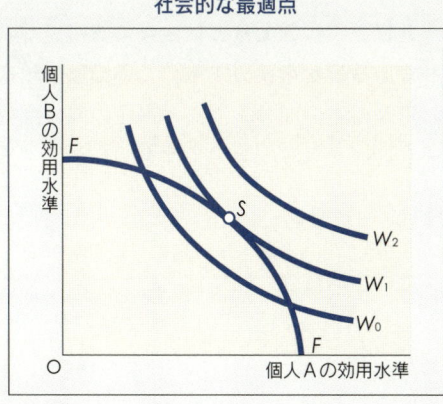

社会的な最適点

して、ある個人の効用が高まる場合には、社会全体の厚生は増加する。この社会厚生関数をU_A–U_B平面上に描くと、社会厚生の無差別曲線は、図のW_0、W_1、W_2のような右下がりの曲線によって表せる。

社会厚生の最大化は、効用可能性フロンティア FF と社会厚生の無差別曲線 W_1 の接点 S で実現する。この S 点において、社会が達成可能な効用の組み合わせの中で、最高位の社会厚生が実現するので、そこが社会的な最適点である。さらに、効用可能性フロンティア上であるから資源配分の効率性を満たすし、また、社会厚生の無差別曲線上であるから、所得分配の公正さに関する社会的な価値判断にも合致する。

付言すると、社会厚生関数の特別な形として、$W = U_A + U_B$ が考えられる。これは、社会厚生は個人の効用の総和に等しいとする功利主義的な(ベンサム的な)価値判断を表す。その場合、社会厚生の無差別曲線は、傾きが -1 の右下がりの直線になる。また、社会厚生はもっとも効用水準の低い個人の効用に依存して決まる、という価値判断を表すロールズ的な社会厚生関数は、$W = \min[U_A, U_B]$ と示せる。このとき、無差別曲線はL字型になる。

7　パレート最適な資源配分の条件※

それでは、パレート最適な資源配分とは、具体的に、どのような条件が満たされる状態のことであるのかを検討する。ここでは、順次、消費者間の財の配分、生産者間の生産要素の配分、消費と生産の間の配分を取り上げ、一般的な形で、パレート最適な資源配分の条件を明らかにする。

① 消費のパレート最適

第1に、生産された財を消費者の間に効率的に配分して、消費面のパレート最適な資源配分が達成されるのはどのような場合か、という問題を考える。そのため、任意の2財(X財、Y財)と2消費者(A、B)からなる交換経済の**エッジワース・ボックス**を用いる。エッジワース・ボックスとは、配分す

7 パレート最適な資源配分の条件* 123

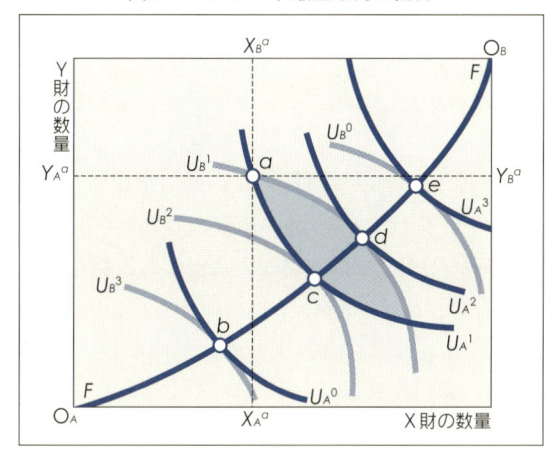

図5-11 パレート最適な財の配分

べき財あるいは生産要素の総量が固定している場合、2つの経済主体がいかに相互に関連し合うかを図によって示すものである。

図5-11において、横軸と縦軸の長さは、それぞれX財とY財の全体量を表す。消費者Aについては左下のコーナーO_Aを原点にして、右へX財の数量を、上へY財の数量を測る。他方、消費者Bについては右上のコーナーO_Bを原点にして、左へX財の数量を、下へY財の数量を測る。この場合、2消費者への2財の配分はすべて、ボックス内のどこかの点によって示される。たとえば、配分がa点で表されるときには、消費者AはX財とY財をX_A^a、Y_A^aだけ、また消費者BはX_B^a、Y_B^aだけ保有する。そして、両者が保有する各財の合計は、経済の全体量に一致する。

さらに、消費者Aの無差別曲線は原点O_Aに対して凸型の曲線U_A^0、U_A^1、U_A^2、U_A^3によって描かれ、右上にいくほど高い効用水準を表す。消費者Bの無差別曲線は原点O_Bに対して凸型の曲線U_B^0、U_B^1、U_B^2、U_B^3によって示され、左下にいくほどBの効用水準は高くなる。

いま、財の初期配分がa点で表されるものとする。このとき、a点を通る無差別曲線U_A^1、U_B^1によって囲まれたレンズ型の領域（●色部分）の点はどこも、a点と比較して、少なくとも一方の消費者に高い効用水準を与える。す

なわち、a点からレンズ型の領域内に移動するような交換によって、どの消費者の効用も低下せず、一方あるいは双方の効用が増加し得るから、配分aはパレート最適ではない。

つぎに、無差別曲線が互いに接するc点の配分を考えてみる。この場合、無差別曲線U_A^1よりも高い効用を消費者Aにもたらす交換はどれも、消費者Bの効用をU_B^2より低下させる。反対に、Bの効用を高めるような交換は、必ずAの効用を低下させる。つまり、他の消費者の効用を低下させることなくして、一方の消費者の効用は増加し得ない状態にあるから、配分cはパレート最適である。同様に、b点、d点、e点の配分もパレート最適である。

このような、消費者AとBの無差別曲線が互いに接する点(b, c, d, e, …)を結んだ軌跡は、**契約曲線**(contract curve)とよばれる。交換経済のパレート最適な状態は、この契約曲線FFによって示され、契約曲線上ではどこでも、資源配分は効率的である。

ところで、契約曲線上では、消費者AとBの無差別曲線が互いに接しているから、両者の無差別曲線の傾き、ゆえに限界代替率(MRS_A, MRS_B)は等しい。すなわち、

$$MRS_A = MRS_B$$

が成立している。これが、パレート最適の概念による**消費の効率性**の条件である。消費者間の財の配分がパレート最適な状態では、任意の2財間の限界代替率が消費者間で等しいことを表す。

② 生産のパレート最適

第2に、一定量の生産要素を生産者の間に効率的に配分して、生産面におけるパレート最適な資源配分が実現するのは、どのような場合なのかを検討する。ここでは、任意の2つの企業(Ⅰ、Ⅱ)が2つの生産要素(労働、資本)を投入して、それぞれ異なる財(X財、Y財)を生産する場合を考える。

図5-12は、生産に関するエッジワース・ボックスで、図の横軸と縦軸の長さは、それぞれ労働投入量Lと資本投入量Kの総量を表す。企業Ⅰについては、左下のコーナーO_Iを原点にして右へ労働投入を、上へ資本投入を測る。そして、等産出量曲線は曲線X_0, X_1, X_2, X_3で表す。他方、企業Ⅱ

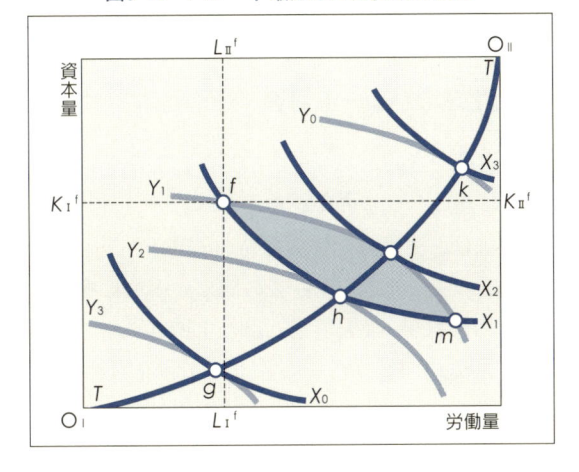

図5-12　パレート最適な生産要素の配分

については、右上のコーナーO_{II}を原点にして左へ労働投入を、下へ資本投入を測り、等産出量曲線は曲線Y_0、Y_1、Y_2、Y_3によって示す。

　生産要素の初期配分はf点であるとする。企業Ｉは労働と資本をL_I^f、K_I^fだけ、企業IIはL_{II}^f、K_{II}^fだけ保有する。このとき、f点を通る等産出量曲線X_1、Y_1によって囲まれたレンズ型の領域(●色部分)に移動すれば、少なくとも一方の生産水準は増加する。つまり、f点のように、2企業の等産出量曲線が互いに交差するところでは、生産要素を適当に再配分することにより、誰も不利になることなく生産の増加が可能であるから、パレート最適な状態にはない。

　結局、企業Ｉ、IIの等産出量曲線が互いに接する点(g, h, j, k, …)においては、もはや一方の生産水準を低下させることなく、他方の生産を増加させることはできなくなるから、そこでパレート最適が達成される。言い換えると、等産出量曲線が互いに接する点の軌跡である契約曲線TT上で、企業間の生産要素の配分はパレート最適な状態になる。契約曲線上では、企業Ｉ、IIの等産出量曲線の傾き、それゆえ両者の技術的限界代替率($MRTS_I$、$MRTS_{II}$)は等しいので、

$$MRTS_I = MRTS_{II}$$

が成立している。これが、パレート最適の概念にもとづく**生産の効率性**の条

件である。生産者間の生産要素の配分がパレート最適な状態では、任意の2生産要素間の技術的限界代替率が生産者間で等しいことを示す。

③ 消費と生産のパレート最適

第3に、消費と生産を含めたパレート最適な資源配分は、どのような条件が満たされるときに達成されるのかを考えてみる。

図5-13のTT曲線は、**生産可能性曲線**(production possibility curve)とよばれるもので、一定量の生産要素を生産者の間に効率的に配分した場合、経済全体でX財とY財の2財が、最大限どれだけ生産され得るのかを表す。つまり、図5-12の生産の契約曲線TT上の各点が示す2財の生産水準を、X-Y平面に移し替えたものである。したがって、生産可能性曲線上の点ではどこでも、技術的限界代替率の均等が成立しており、生産のパレート最適な状態にある。

また、生産可能性曲線の傾きにマイナスをつけた値($-\Delta Y/\Delta X$)を、**限界変形率**(marginal rate of transformation：MRT)という。それは、X財を1単位余分に生産するためには、Y財を何単位減少させなければならないかを表す。仮に、X財の限界費用が200円、Y財の限界費用が100円ならば、X財を1単位余分に生産するには、Y財を2単位犠牲にしなければならない。この

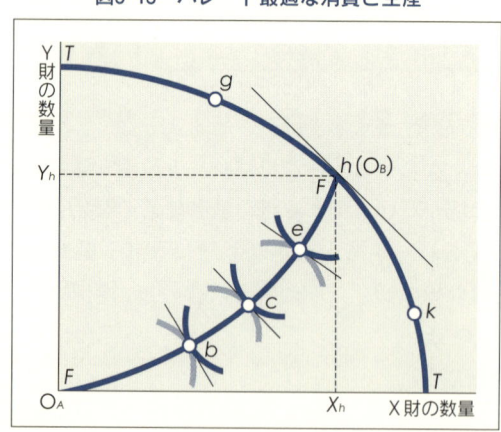

図5-13　パレート最適な消費と生産

ことは、一般に、X財の限界費用MC_XをY財の限界費用MC_Yで割った値は、X財を1単位余分に生産するために、減少させなければならないY財の単位数、すなわち限界変形率を意味する。つまり、$MRT = MC_X/MC_Y$という関係が見られる。

さて、生産可能性曲線 TT 上の h 点で生産が行われるとき、生産された財 X_h、Y_h は、原点 O_A と h 点（$=O_B$ 点）をコーナーとするエッジワース・ボックス内で、2人の消費者A、Bに配分される。交換経済では、図5-11で見たとおり、契約曲線 FF 上ではどこでも2消費者の限界代替率は等しく、財の配分はパレート最適であった。しかし、生産を考慮する場合には、契約曲線上の点がすべてパレート最適というわけではない。

たとえば、図5-13の契約曲線 FF 上の b 点では、消費者AとBの限界代替率は h 点の限界変形率よりも大きい（$MRS_A = MRS_B > MRT$）。このとき、X財の生産を1単位増加させると、Y財の生産は MRT だけ減少する。そして、新たに生産したX財1単位を消費者Aに与えて、代わりにY財を MRS_A だけ減らしても、消費者Aの効用水準は変わらない。その結果、Y財が $MRS_A - MRT$ だけ余るから、これを再びAあるいはBに配分すれば、消費者の効用を高めることが可能である。したがって、h 点の生産と b 点の消費の組み合わせは、パレート最適ではない。

反対に、e 点のように、消費者AとBの限界代替率が限界変形率よりも小さいときには、生産可能性曲線 TT に沿ってX財の生産を減少、Y財の生産を増加させることにより、消費者の効用をさらに高めることができる。ゆえに、やはりパレート最適な状態にはない。

結局、契約曲線 FF 上の c 点のように、消費者AとBの限界代替率が h 点の限界変形率と等しくなるとき、消費と生産の組み合わせはパレート最適な状態になる。したがって、パレート最適の概念による**消費と生産の効率性**の条件は、

$$MRS_A = MRS_B = MRT$$

と表せる。消費と生産のパレート最適な配分が実現する状態では、消費者間の限界代替率が等しいだけではなく、それは生産の限界変形率とも等しいのである。

8 完全競争とパレート最適

以上で、パレート最適について詳しく見てきたが、ここでは、競争的な市場経済はパレート最適であることを明らかにする。つまり、経済が完全競争の状態にあるときには、前節で挙げた3つのパレート最適条件がすべて満たされ、効率的な資源配分が実現することを示す。

① 3つのパレート最適条件の実現

第1に、効用の最大化を目指す消費者は、所得制約のもとで、任意の2財（X財、Y財）の限界代替率（MRS）がその価格比率（P_X/P_Y）に等しくなる点で、財を選択する（第3章を参照）。この場合、財の価格は完全競争の状況では、すべての消費者にとって同一であり、それゆえ価格比率についても同様である。したがって、完全競争下の消費の最適点においては、各消費者の限界代替率はすべて共通の価格比率に等しく、各消費者の限界代替率は一致している。すなわち、任意の2人の消費者をA、Bで、競争均衡の価格比率をP_X^E/P_Y^Eで表せば、

$$MRS_A = MRS_B = \frac{P_X^E}{P_Y^E}$$

という「消費の効率性」に関するパレート最適条件が成り立つ。

第2に、利潤最大化を追求する企業は、任意の2生産要素（労働、資本）の技術的限界代替率（$MRTS$）がその価格比率（W/R）に等しくなる点で、生産要素を投入する（第4章を参照）。ところが、完全競争のもとでは、生産要素の価格したがって要素価格比率はすべての企業にとって同一である。ゆえに、各企業の技術的限界代替率はすべて共通の要素価格比率に等しく、このため完全競争下の生産の最適点においては、各企業の技術的限界代替率は相等しくなる。任意の2企業をⅠ、Ⅱとすれば、

$$MRTS_I = MRTS_{II} = \frac{W}{R}$$

という「生産の効率性」に関するパレート最適条件も満たされる。

第3に、完全競争のもとでは、各企業は財の価格と限界費用が等しくなる点で、利潤最大化を実現する(第4章を参照)。したがって、任意の2財の価格比率(P_X/P_Y)と限界費用の比率(MC_X/MC_Y)は等しい。ところで、上述のとおり、完全競争下の消費の最適点では、2財の価格比率は各消費者の限界代替率(MRS)に一致する。また、限界費用の比率は、X財を1単位余分に生産するために減少させなければならないY財の単位数を意味するから、限界変形率(MRT)を表す。したがって、完全競争下の消費と生産の最適点においては、

$$MRS_A = MRS_B = MRT = \frac{P_X^E}{P_Y^E}$$

が成り立つ。競争均衡のもとでは、各消費者の限界代替率と生産の限界変形率は等しく、「消費と生産の効率性」の条件も満たされる。

② 厚生経済学の基本定理

　このように、完全競争経済の均衡では、パレート最適の概念にもとづく消費の効率性、生産の効率性、消費と生産の効率性の3つの条件がすべて満たされる。したがって、「完全競争均衡における資源配分は、パレート最適な状態にある」ことが、一般的に言える。この命題は、**厚生経済学の基本定理**とよばれる。

　厚生経済学の基本定理とは、完全競争のもとでは、家計や企業の最適化行動の結果、資源配分は効率的になることを主張するものである。経済学の祖アダム・スミスは、200年以上も前に、各人がたとえ私利を求めて行動しても、あたかも神の**見えざる手**によって導かれるごとく、社会全体の利益が増進される、と説いた。この見えざる手の理念を現代に受け継いだものが、厚生経済学の基本定理である。実際、競争を望ましいとする考え方が広く行きわたり、競争的な市場制度の優越性が唱えられ、また多くの政策提言で、競争の必要性が説かれる理論的根拠は、この定理に求められる。

　ただし、厚生経済学の基本定理が成り立ち、完全競争下の市場均衡においてパレート最適な資源配分が実現するには、広い意味での「市場の失敗」がないことが前提条件となる。たとえば、政府が市場に介入する場合には、資

源配分はパレート最適にはならない(本章の5節を参照)。また、市場が独占や寡占あるいは独占的競争の場合には、企業は自ら価格を決めることができ、市場の価格調整メカニズムは適切に機能しなくなる。このため、資源配分はパレート最適にはならない。さらに、たとえ完全競争であっても、市場の力だけではパレート最適な資源配分が達成できない場合(公共財や外部性のケース)もある。これらの問題については、次章以降で考察する。

注：効用可能性フロンティア

図5-10の「効用可能性フロンティア」は、厳密に言うと、以下のような手順で求められる。

① 社会における生産要素量と生産技術が一定の場合、図5-12のような生産の契約曲線 TT が求められ、この契約曲線上の各点が示す2財の生産水準を、X-Y 平面に移し替えると、図5-13のような生産可能性曲線 TT が得られる。

② 生産可能性曲線 TT 上の任意の点、たとえば h 点について、消費の契約曲線 FF を求める。これは図5-11で説明した交換経済の契約曲線と同じものである。さらに、h 点以外のさまざまな点についても、同じく消費の契約曲線を求める。

③ このようにして求めた各契約曲線上の効用水準を、それぞれ U_A-U_B 平面に移し替えると、生産可能性曲線上の各点に対応する右下がりの「効用可能性曲線」がいくつも得られる。それらの曲線群の中でもっとも外側にある点を結んでいくと、図5-10の効用可能性フロンティア FF が得られる。

練習問題

1. 家計の需要と市場の需要との関係、および企業の供給と市場の供給との関係について説明しなさい。
2. 市場需要曲線は $Q_D = a + bP$、市場供給曲線は $Q_S = c + dP$ で表されるものとして、以下の問いに答えなさい。
   (1) 正の均衡価格と均衡取引量が存在するための条件を求めなさい。
   (2) ワルラスおよびマーシャルの安定条件を示しなさい。

3. 市場の需要曲線と供給曲線はそれぞれ、$Q_D(t) = 60 - 4P(t)$、$Q_S(t) = 10 + P(t-1)$ で表されるものとして、以下の問いに答えなさい。ここで、t は時間を表す。
   (1) 長期の均衡価格と均衡取引量はいくらか。
   (2) 第0期の価格が2のとき、第1、2、3期の価格と供給量は、おのおのいくらになるか。
   (3) 以上の状況を図に描き、均衡の安定性を判断せよ。
4. 市場の需要曲線と供給曲線は、第2章の図2-7および本章の図5-8と同じく、$Q_D = 360 - 2P$、$Q_S = -40 + 2P$ で表されるものとして、以下の問いに答えなさい。
   (1) 政府が取引の上限価格を80円に規制した場合、消費者余剰、生産者余剰、総余剰は、おのおのいくらになるか。競争均衡の状況(本章の4節を参照)と比較せよ。
   (2) 反対に、政府が取引の下限価格を120円に規制した場合、消費者余剰、生産者余剰、総余剰はどのようになるか。
5. 市場の需要曲線と供給曲線は、第2章の練習問題4と同じく、$Q_D = 240 - 6P$、$Q_S = -60 + 4P$ で表されるものとして、以下の問いに答えなさい。
   (1) 競争均衡における消費者余剰、生産者余剰、総余剰はおのおのいくらになるか。
   (2) 政府が製品1箱当たり5円の消費税を売り手から徴収する場合、消費者余剰、生産者余剰、政府の税収、総余剰は、(1)と比べて、それぞれどのように変化するか。
6.※ ある商品の国内需要は $Q_D = 20 - 2P$、国内供給は $Q_S = -4 + 2P$ で表されるものとして、以下の問いに答えなさい。ただし、価格の単位は万円である。
   (1) 貿易がない場合、国内市場の均衡価格と均衡取引量はいくらになるか。また、そのときの消費者余剰、生産者余剰、総余剰はそれぞれいくらになるか。
   (2) この商品の国際価格が4万円であれば、自由貿易のもとでは、国内需要量、国内生産量、輸入量はいくらになるか。このとき、消費者余剰、生産者余剰、総余剰はどうなるか。
   (3) 政府が輸入品1単位当たり1万円の関税をかけた場合、国内需要量、国内生産量、輸入量、ならびに消費者余剰、生産者余剰、関税収入、総余剰は、おのおのいくらになるか。
7. 以下の各ケースについて、再配分により、両者の状態はまだ改善し得ることを明らかにしなさい。
   ①消費者Aの限界代替率は4で、消費者Bの限界代替率が2の場合
   ②企業Iの技術的限界代替率は1で、企業IIの技術的限界代替率が3の場合
   ③消費者AとBの限界代替率は2で、限界変形率が1の場合
8. 完全競争的な市場経済では、各経済主体の最適化行動の結果として、市場の均衡が達成され、パレート最適の状態が実現することを説明しなさい。

第6章 不完全競争

【本章の内容】　これまでは、市場は「完全競争」の状態、つまり個々の企業は小規模で、プライス・テイカーとして行動する状況を扱ってきた。しかし、実際には、多くの企業は市場の価格に何らかの影響力をもち、自分で価格を決めることのできるプライス・メーカーとして行動している。現実の市場は、一般に、完全競争の条件を満たさない**不完全競争**の状態にある。

そのため、本章では、生産物(財・サービス)市場が不完全競争(独占、独占的競争、寡占)の状況にあるとき、企業はどのように行動するのか、不完全競争市場はどのような結果を引き起こすのかを考察する。

はじめに、「独占」に注目して、独占企業の収入や利潤最大化行動について説明する。また、独占の非効率性や価格差別の問題を検討する。つぎに、「独占的競争」について、その特色と短期・長期均衡の意味合いを調べる。

その後、「寡占」に目を転じ、寡占市場における競争的行動と協調的行動について、ゲーム理論や複占モデルを使って考える。さらに、寡占価格の特徴を、価格設定方法、非価格競争、屈折需要曲線の視点から解明する。最後に、参入障壁について説明する。

●本章のキーワード

プライス・メーカー　　独占　　独占利潤　　独占の非効率性　　価格差別
独占的競争　　製品差別化　　寡占　　囚人のジレンマ　　カルテル
プライス・リーダーシップ　　マークアップ価格形成　　非価格競争
独占禁止法　　参入障壁　　参入阻止価格

1　独占

「不完全競争」は、独占、独占的競争、寡占に大別される(第2章の表2-1を参照)。そのうち、最初に「独占」の問題を取り上げ、まず本節では、独占が発生する理由と独占企業の収入状況について考えてみる。

① 独占とは

ある市場ないしは産業において、売り手がただ1人(1社)しか存在しない場合、これを**独占**(monopoly)あるいは**供給独占**、**売り手独占**という。独占やそれに近い状態が生じる理由として、いくつかの要因が挙げられる。

第1に、工業製品・医薬品・食品などの製造に関する特許権や、出版物・音楽・コンピュータソフトなどの著作権が認められると、特定の企業や個人だけが、独占的に製造、販売する権利を与えられる。あるいは、輸入総代理店によるブランド商品や外車の販売では、市場における販売権を、1つの企業だけがもつことになる。また、重要な資源を特定の企業が専有するときにも、独占が生じる。世界のダイヤモンド生産の大半を支配するデビアス社、戦前にボーキサイトをほぼ一手に押さえたアルコア社などは、その例である。

第2に、規模の経済が著しい産業では、生産量あるいは顧客の数が大きいほど、平均費用(生産物1単位当たりの費用)は小さくなる。したがって、市場に数社が存在するとしても、生産規模の拡大にいち早く成功した企業が費用面で優位に立ち、結局、このもっとも生産効率のよい企業のみが生き残ることになる。また、生産効率のよい1つの企業が市場全体に供給するほうが、費用は小さくて済む。これを**自然独占**(natural monopoly)とよぶ。こうした分野には、電力、ガス、水道などがあり、公益事業として独占が認められている。なお、自然独占の問題は第8章で詳しく扱う。

第3に、新聞、パソコン、化粧品、高級レストランなど、製品の差別化が進んでいる業種では、本質的には同じ財であっても、買い手からすると、それぞれの売り手の製品には差異がある。この場合、売り手は自社製品の顧客

に対して一種の独占的地位に立つ。また、地域に一軒だけのコンビニや理髪店は、地理上、独占者になる。

② 独占企業の需要曲線と総収入

独占企業は、市場における唯一の生産者であり売り手であるから、その生産物に対する需要とは、市場全体の需要にほかならない。したがって、**独占企業の需要曲線**とは、市場需要曲線のことである。表6-1の第1・2欄に例示したように、普通、市場の需要量は価格が低く(高く)なるにつれて増加(減少)するので、独占企業の需要曲線は、**図6-1(a)**の直線 DD のように右下がりの形で表される。

表6-1 独占企業の需要と収入

価格 P	需要量 Q	総収入 TR	平均収入 AR	限界収入 MR
5万円	350個	1750万円	5万円	−25万円
10	300	3000	10	−15
15	250	3750	15	−5
20	200	4000	20	5
25	150	3750	25	15
30	100	3000	30	25
35	50	1750	35	

注) 限界収入は、総収入の変化分を需要量の変化分で割って、計算してある。

完全競争の場合には、各企業はプライス・テイカーであり、自社の生産物はすべて所与の市場価格で売れる。そのため、完全競争企業の需要曲線は市場価格の高さで水平な直線で描くことができた(第4章の図4-8を参照)。

一方、独占企業は市場価格に対して支配力をもち、自分で価格を決めることのできる**プライス・メーカー**(価格設定者)として行動する。その際、価格を低くすれば販売量(需要量)は多くなるし、逆に、価格を高くすれば販売量(需要量)は少なくなることを、右下がりの需要曲線は意味する。

このように、独占の場合には、価格 P は生産量(販売量) Q の水準と関係があるため、独占企業の**総収入**(価格×販売量) TR は、

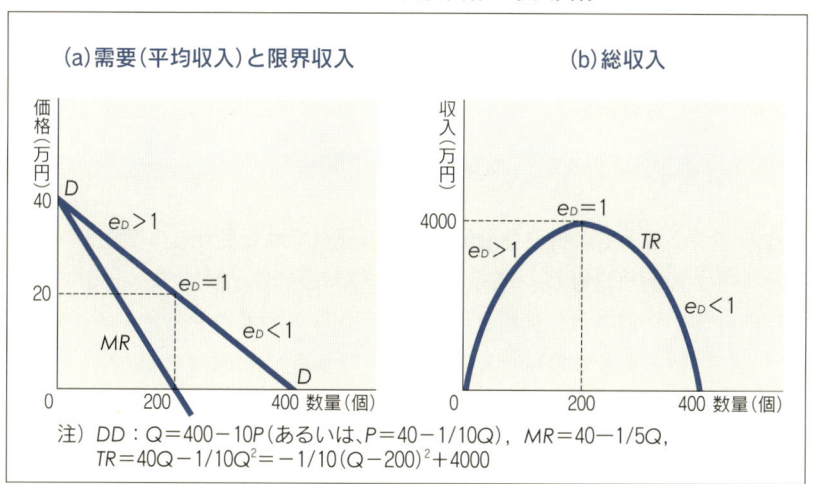

図6-1 独占企業の需要曲線と収入曲線

(a)需要(平均収入)と限界収入　(b)総収入

注) $DD: Q=400-10P$(あるいは、$P=40-1/10Q$)、$MR=40-1/5Q$、
$TR=40Q-1/10Q^2=-1/10(Q-200)^2+4000$

$$TR = P(Q) \cdot Q \qquad \frac{\Delta P(Q)}{\Delta Q} < 0$$

と示せる。ここで、価格と販売量は反対方向に動くので、総収入は完全競争の場合のように、生産量の拡大につれて市場価格の大きさだけ一様に増加する、ということにはならない。

　表6-1の仮設例において、たとえば、独占企業が価格を30万円に設定すると、販売量は100個で、総収入は3,000万円になる。価格を20万円に下げると、販売量は200個に増え、総収入は4,000万円に増加する。ところが、価格をさらに10万円に引き下げた場合、販売量は300個に増加するが、総収入は再び3,000万円に減ってしまう。以上の関係を図に描くと、総収入曲線は**図6-1(b)**の曲線 TR のようになる。

　なお、総収入 TR の動きは、第2章の5節で説明したとおり、**需要の価格弾力性** e_D の大きさに依存する。需要が価格の変化に対して弾力的な場合 ($e_D > 1$)、価格を下げると(言い換えれば、販売量を増加させると)、総収入は増加する。反対に、需要が非弾力的な場合 ($e_D < 1$) には、価格の低下(販売量の増加)に伴い、総収入は減少する。また、需要の価格弾力性が1のとき ($e_D = 1$) には、総収入は一定にとどまる(つまり、最大になる)。

③ 平均収入と限界収入

つぎに、独占企業の**平均収入**(生産物1単位当たりの収入)AR は、総収入を生産量で割った値であり、

$$AR = \frac{TR}{Q} = \frac{P(Q) \cdot Q}{Q} = P(Q)$$

となる。つまり、生産物の各単位は同一の価格で販売されるので、平均収入はそのときの価格に等しい(表6-1の第4欄を参照)。したがって、図6-1(a)の需要曲線 DD の高さは、価格と同時に、平均収入の大きさを表す。

さらに、独占企業の**限界収入**(生産量を1単位増加させることから生じる総収入の変化分)MR は、完全競争の場合と異なり、価格(=平均収入)よりも小さくなる(表6-1の第5欄を参照)。図6-1(a)では、限界収入曲線は右下がりの直線 MR のように描け、需要曲線 DD よりも下に位置する。

以上より、独占企業の限界収入に関しては、

限界収入(MR) ＜ 価格(P) ＝ 平均収入(AR)

という関係がある。その理由は、需要曲線は右下がりであるため、独占企業は生産物を1単位余計に販売するには、それまで販売していた数量についても、価格を引き下げなければならないからである。

この点を厳密に示すため、「関数の積の微分」を表す公式*を適用すると、限界収入は、

$$MR = \frac{\Delta TR}{\Delta Q} = \frac{\Delta(P(Q) \cdot Q)}{\Delta Q}$$

$$= P(Q) + \frac{\Delta P(Q)}{\Delta Q} \cdot Q$$

のように表せる。ここで、$\Delta P(Q)/\Delta Q$ は需要曲線の傾き(マイナスの値)であるから、右辺の第2項は、販売の増加に伴う価格の低下幅($\Delta P(Q)/\Delta Q$)に、

---

*変数 x の2つの関数を $f(x)$、$g(x)$ とし、その積を $y = f(x) \cdot g(x)$ で示す。この場合、x の変化に伴う y の変化は、微分の記号 d を使うと、

$$\frac{dy}{dx} = f(x)\frac{dg(x)}{dx} + g(x)\frac{df(x)}{dx}$$

のように示せる。これが「関数の積の微分」を表す公式である。

それまでの販売量 Q を掛けた値、つまり価格引き下げによる減収分に当たる。したがって、独占企業の限界収入は、新たな価格すなわち追加販売による増収分 $P(Q)$ から、追加販売による減収分 $(\Delta P(Q)/\Delta Q)\cdot Q$ を差し引いた値に等しい。

なお、完全競争下の企業の場合、価格は一定であるから $\Delta P(Q)/\Delta Q = 0$ となり、上式の右辺第2項はゼロになる。そのため、第4章の6節で説明したように、限界収入は価格と一致する。

また、以上の限界収入を表す式から、

$$MR = P\left(1 + \frac{\Delta P}{\Delta Q}\cdot\frac{Q}{P}\right) = P\left(1 - \frac{1}{e_D}\right)$$

が得られ、限界収入は価格 P と需要の価格弾力性 $e_D = -(\Delta Q/\Delta P)\cdot(P/Q)$ を用いて表現できる。これより、一般には ($e_D = \infty$ の場合を除いて)、限界収入は価格より小さいことが理解できる ($MR < P$)。また、需要が価格の変化に対して弾力的な場合 ($e_D > 1$) には、限界収入はプラス ($MR > 0$) になる。そして、需要の価格弾力性が1のとき ($e_D < 1$) には、限界収入はゼロ ($MR = 0$) で、需要が非弾力的な場合 ($e_D < 1$) には、マイナス ($MR < 0$) になることもわかる。

それから、需要曲線が直線で、$P = a - bQ$ (ただし、a と b は正の定数) という1次式で表されるとき、傾きは $-b$ である。この場合、限界収入は前ページの式より、$MR = (a - bQ) - bQ = a - 2bQ$ のように示せる。つまり、限界収入曲線の縦軸の切片は、需要曲線と同じ a であるが、傾き ($-2b$) の度合いは2倍になる。ゆえに、限界収入曲線が横軸と交差する点 ($a/2b$) は、需要曲線の横軸との交点 (a/b) のちょうど中間になる。

2　独占企業の最適行動

独占企業の目的は、特に政府の規制や管理がない限り、完全競争下の企業と同じく、最大の利潤を実現することにある。独占企業の利潤最大化は、どのようにして達成されるのかを説明する。

① 利潤最大化

図6-2には、前節で説明した独占企業の総収入曲線 TR、需要曲線 DD、限界収入曲線 MR に加え、総費用(固定費用と可変費用の合計で、生産に要する費用の総額)TC、平均費用(生産物1単位当たりの費用)AC、限界費用(生産量を1単位増加させることから生じる総費用の増加分)MC を表す曲線が書き込んである。

ただし、ここでは、独占企業は生産要素の需要者としては市場支配力をもたず、生産に必要な投入物は完全競争的な生産要素市場で購入すると考える。そのため、独占企業の費用曲線は、第4章の完全競争企業のケースと同じように描いてある(なお、生産要素市場に独占的要素が存在する状況は、次章で取り上げる)。

まず、**図6-2(a)**は、利潤最大化を総収入と総費用の関係から見たものである。利潤 Π は総収入から総費用を差し引いた値であるから、総収入曲線 TR と総費用曲線 TC の垂直距離で測られる。この場合、生産量が Q_M のとき両者の間隔はもっとも大きくなっており、そこで利潤の最大化が実現する。したがって、独占企業は Q_M の水準に生産量を決める。

つぎに、**図6-2(b)**は、利潤最大化を限界収入と限界費用の関係から見たものである。生産量が Q_M より小さいときには、限界収入が限界費用を上回

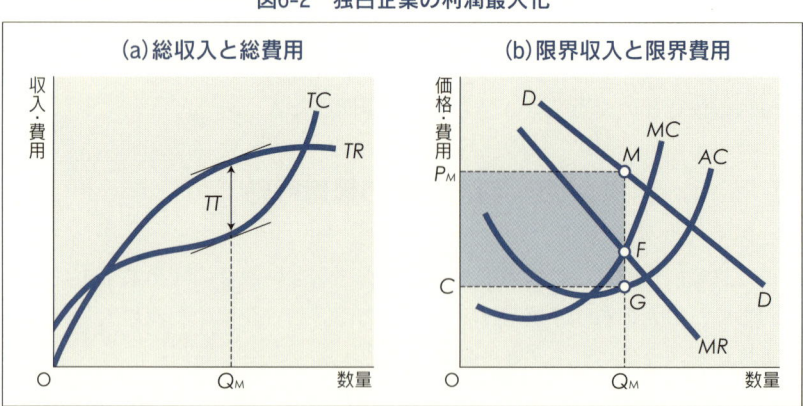

図6-2 独占企業の利潤最大化

る。生産を増やせば、収入の増加は費用の増加より大きく、利潤は増える。逆に、生産量がQ_Mより大きいときには、限界費用が限界収入を上回る。生産を減らせば、費用の減少は収入の減少より大きく、やはり利潤は増える。結局、利潤は限界収入と限界費用が等しくなるF点で最大になる。このように、独占企業は、

限界収入(MR)＝限界費用(MC)

という**利潤最大化条件**が成り立つQ_Mの水準に生産量を決める*。そして、これに対応する需要曲線上のM点より、P_Mの水準に**独占価格**を設定する。

② 独占企業の利潤

さて、**図6-2(b)**において、独占企業が生産量を利潤が最大になる水準Q_Mに決めるとき、価格(平均収入)は独占均衡点Mの高さに決められる。一方、平均費用はG点の高さで示されるから、その差MGは生産物1単位当たりの利潤を表す。これより、**独占利潤**は、生産物1単位当たりの利潤(線分MG)に生産量(Q_M)を掛けた値、四辺形$P_M MGC$の面積に等しい。

あるいは、独占企業の総収入(価格×生産量)は四辺形$OP_M MQ_M$の面積、また総費用(平均費用×生産量)は四辺形$OCGQ_M$の面積で与えられる。したがって、利潤は両者の差、つまり面積$P_M MGC$の大きさになるとも言える。いずれにしても、図の●色部分が独占利潤の大きさを表す。

実際、独占利潤がどんな水準になるのかは、独占企業の収入と費用の状況に依存する。図6-2のように、収入が費用を上回る場合には、独占企業は正の利潤を得る。しかし、収入に比べて費用のかさむ効率の悪い独占企業であ

---

*独占企業の利潤は、総収入から総費用を差し引いた値であるから、

$$\Pi = TR(Q) - TC(Q) = P(Q) \cdot Q - TC(Q)$$

と定義できる。これより、利潤最大化の1階条件は、

$$\frac{d\Pi}{dQ} = \frac{dTR}{dQ} - \frac{dTC}{dQ} = MR - MC = 0$$

となり、限界収入＝限界費用を意味する。利潤最大化の2階条件は、

$$\frac{d^2\Pi}{dQ^2} = \frac{d^2TR}{dQ^2} - \frac{d^2TC}{dQ^2} = \frac{dMR}{dQ} - \frac{dMC}{dQ} < 0$$

であり、利潤最大点では、限界費用の変化分は限界収入の変化分よりも大きくなければならないことを示す。

れば、利潤はゼロ、場合によっては損失(負の利潤)を出すこともあり得る。

最後に、数値例を使い、独占企業の生産量、価格、利潤を求めてみる。いま、需要関数は具体的に、$Q = 18 - P/5$ (あるいは、$P = 90 - 5Q$)、総費用関数は $TC = Q^3 - 5Q^2 + 15Q + 80$ とする。ただし、P は価格で単位は万円、Q は数量の単位数を表す。このとき、総収入は $TR = P \cdot Q = 90Q - 5Q^2$、限界収入は $MR = dTR/dQ = 90 - 10Q$、また限界費用は $MC = dTC/dQ = 3Q^2 - 10Q + 15$ と示せる。そして、独占企業の利潤関数は $\Pi = (90Q - 5Q^2) - (Q^3 - 5Q^2 + 15Q + 80) = -Q^3 + 75Q - 80$ となる。

これより、$d\Pi/dQ = -3Q^2 + 75 = 0$ が得られるから、利潤は $Q = -5$ で極小、$Q = 5$ で極大になる。ゆえに、最適生産量は5単位である。この値を需要関数に代入すると、独占価格は65万円になる。さらに、総収入は325万円、総費用は155万円、ゆえに独占利潤は170万円になる。あるいは、利潤最大化条件 $MR = MC$ を利用して、この関係式から、直接、最適生産量 Q の値を求めても上と同じ結果になる。

3 独占と競争

前節では、生産物市場の売り手側に独占が存在する場合、生産量や価格はどのように決定されるのかを考察した。ここでは、独占を完全競争の場合と比較して、独占と競争の間にはいかなる違いがあるのかを明らかにする。

① 独占均衡と競争均衡

はじめに、市場は完全競争の状態にあるとする。図6-3 において、右上がりの直線 SS は、各企業の供給(限界費用)曲線を集計した「市場供給曲線」を表す。また、個々の家計の需要曲線を集計した「市場需要曲線」は、右下がりの直線 DD で描いてある。完全競争下の市場均衡(競争均衡)は、需要と供給の一致する E 点で成立し、市場の価格は P_E、生産量は Q_E の水準に決まる。

つぎに、各企業が協調して、1つの共同体(独占企業)を形成する場合を考える。ただし、費用や需要の状況は完全競争のときと変わらないものとす

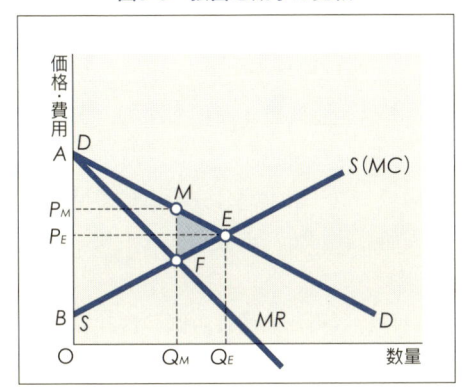

図6-3 独占と競争の比較

る。この場合、完全競争下の市場供給曲線 SS は、独占企業の限界費用曲線 MC と解釈できる。また、限界収入曲線は右下がりの直線 MR のように描ける。独占企業は前節で述べたように、限界収入が限界費用に等しくなる水準 Q_M に生産量を決め、需要曲線上の M 点に応じて、独占価格を P_M の水準に設定する。

図6-3 の競争均衡点 E と独占均衡点 M を比較すると、市場が独占的な場合には、競争的な場合よりも生産量は少なく、価格は高くなる ($Q_M < Q_E$、$P_M > P_E$)。独占のもとでは、供給側に競争がなくなり、独占企業は生産を抑え価格を吊り上げることで、利潤の増加をはかれるからである。

② 独占の非効率性

今度は、経済余剰にもとづき、独占と競争を比較してみる。**図6-3** において、市場が完全競争の場合には、前章で説明したとおり、消費者余剰は三角形 AEP_E の面積、生産者余剰は三角形 BEP_E の面積で示される。そして、市場全体の経済余剰(総余剰)は三角形 ABE の大きさになり、パレート最適な資源配分が実現する。

これに対し、市場が独占のときには、買い手が Q_M 量を得るために支払ってもよいと考える最大額は面積 $OAMQ_M$、実際に支払う金額は面積 $OP_M M Q_M$ で示されるから、消費者余剰は両者の差、三角形 AMP_M の面積に等しい。

独占のもとでは、完全競争の場合と比べ、供給量は少なく価格は高くなるため、消費者余剰は減少する。

一方、売り手(独占企業)が Q_M 量を生産・販売することで受け取る金額は面積 OP_MMQ_M、回収すべき最低額は面積 $OBFQ_M$ であるから、生産者余剰は両者の差、四辺形 $BFMP_M$ の大きさになる。売り手は利潤を高めるために独占力を行使できるので、生産者余剰は完全競争の場合よりも増加する。このように、独占では競争と比べて、消費者には不利、生産者には有利な結果になる。

独占の総余剰は、消費者余剰と生産者余剰の合計であるから、台形 $ABFM$ の面積になる。つまり、完全競争の状態と比較して、独占の経済余剰は三角形 EFM の大きさだけ縮小する。独占企業は市場支配力をもち、需要価格(買い手の限界価値、M 点の高さ)が供給価格(売り手の限界費用、F 点の高さ)を上回るところで、過少に生産するためである。その意味で、独占においては、資源配分はパレート最適ではなく、非効率的な状態となる。

●コラム：政府の競争促進政策

独占や寡占、あるいは企業間の協調体制のもとでは、完全競争の場合と比べ、価格は高く生産量は少なくなる。その結果、大きな独占利潤が発生したり、資源の効率的な配分が妨げられることになる。政府は独占を防止し、競争を維持・促進するため、競争制限的な市場の構造や行動を規制する必要がある。

たとえば、**生産集中度**(ある産業の上位数社が、全生産実績に占める割合)がきわめて高い市場では、上位企業は大きな価格支配力をもつ。そのため、不当に高い水準に価格を設定して、独占利潤を得ることが可能になる。また、カルテル、不当な広告や不正表示、強圧的な行動(優位な立場を利用した、侵略的な価格切り下げや制限的な契約)などは、企業間の競争を制限、排除して、社会的に望ましくない結果を引き起こす。これらのことを防ぐには、競争制限的な企業の合併・統合や行動を規制することが必要である。

> わが国の競争促進政策は、**独占禁止法**(私的独占の禁止及び公正取引の確保に関する法律)にもとづく規制が中心で、**公正取引委員会**によって運用されている。その目的は、公正かつ自由な競争を促進することで、私的独占(ある企業が他企業の事業活動を排除・支配すること)・不当な取引制限・不公正な取引方法を禁止し、また合併を制限している。
>
> しかし、実際には、規制の主な対象は企業の市場行動で、その基盤となる市場構造への規制はほとんどなされていない。経済の効率化を進め、公共の利益を高めるためには、独占禁止政策の厳格・適正な運用が望まれる。

4　価格差別

独占的な立場にある企業は、買い手によって、異なる価格をつけて販売することがある。本節では、この「価格差別」について考察する。

① 価格差別とは

同一の製品でも、国内と海外では異なる価格で売ったり、映画館や遊園地では、子供や学生に料金を割り引いたりする。また、電話や電気の利用については、曜日や時間、家庭用か業務用かで別の料金が適用されている。さらに、新聞や雑誌の割引クーポンを持参した人には安く売ったり、通勤・通学者には定期券の販売で、運賃を割り引いたりする。

このように、独占的な立場にある企業が、市場の買い手を需要の相違により区分して、同一の生産物に異なる価格をつけて販売することを、**価格差別**(price discrimination)という。すべての買い手に同じ価格をつけるのではなく、買い手に応じて違った価格をつけることで、販売収入ひいては利潤を増加させることができるからである。

ただし、価格差別が実行可能なためには、買い手が安く買って高く売るという転売ができないこと、および、需要の相違により買い手を容易に区分できること、の2つの条件を必要とする。

② 最適な価格設定

いま、上の価格差別の条件が満たされ、独占力をもつ企業は、自社の生産物に関する市場を、2つの部分市場A、Bに分割できるものとする。利潤最大化を実現するには、どのように各市場の価格を決めればよいかを考えてみる。

価格差別が可能な場合、各市場の限界収入に差異があれば、限界収入の低い市場の供給量を減らす代わりに、限界収入の高い市場の供給量を増やすことによって、企業は収入を増加させることができる。最終的に、市場Aと市場Bの限界収入が等しくなるように、生産物を2市場の間に配分するとき、一定の生産量のもとで最大の収入が実現する（$MR_A = MR_B$）。

また、限界収入は1節③で見たとおり、価格と需要の価格弾力性を用いて表現できる。部分市場A、Bにおける価格をそれぞれP_A、P_Bで、需要の価格弾力性をe_D^A、e_D^Bで示すと、両市場の限界収入が等しいということは、

$$P_A\left(1 - \frac{1}{e_D^A}\right) = P_B\left(1 - \frac{1}{e_D^B}\right)$$

が成り立つことを意味する。したがって、もし市場Aの需要の価格弾力性e_D^Aが、市場Bの価格弾力性e_D^Bよりも大きければ、$(1-1/e_D^A) > (1-1/e_D^B)$となり、$P_A < P_B$の関係が得られる。

これより、需要の価格弾力性が大きい（小さい）市場ほど、低い（高い）価格がつけられることがわかる。需要の価格弾力性が大きい買い手の場合、価格を下げると需要量はその割合以上に増加するため、独占的な企業は、低い価格をつけることで総収入を増やせる。反対に、需要の価格弾力性が小さい買い手は、価格が上がっても需要量をあまり減らさないので、高い価格をつけることで企業の総収入は増加するからである。

さらに、独占的な企業は、最大利潤の実現を目指して、限界費用と限界収入の一致する水準に全体の生産量を決定する。ゆえに、各市場の限界収入が等しいことを考慮すると、価格差別を行う企業の利潤最大化条件は、

限界費用（MC）＝市場Aの限界収入（MR_A）＝市場Bの限界収入（MR_B）

と表せる。要するに、価格差別のもとでは、企業の生産量は生産物全体の限

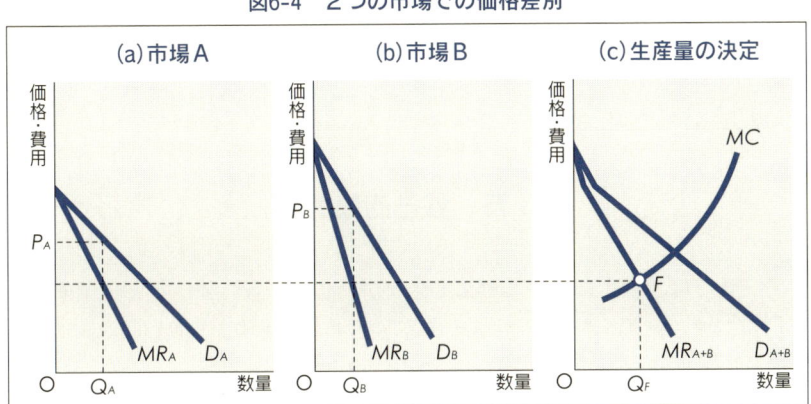

図6-4 2つの市場での価格差別

(a)市場A　(b)市場B　(c)生産量の決定

定費用が各市場の限界収入に等しくなる水準に決められ、この生産量は部分市場の限界収入が均等するように配分される。その際、需要の価格弾力性が大きい市場ほど、低い価格がつけられる*。

以上の内容を図で示すと、**図6-4**のようになる。図(a)には、部分市場Aの需要曲線D_Aと限界収入曲線MR_Aが、同じく図(b)には、部分市場Bの需要曲線D_Bと限界収入曲線MR_Bが描いてある。部分市場A、Bの需要曲線と限界収入曲線を水平に加えると、図(c)のように、価格差別を行う独占的な企業の全体の需要曲線D_{A+B}と限界収入曲線MR_{A+B}が得られる。この場合、企業は、生産に伴う限界費用が限界収入と一致する水準、つまり限界費用曲線MCと限界収入曲線MR_{A+B}が交差するF点で、全体の生産量をQ_Fに決定する。

そして、各市場の限界収入が等しくなるように、Q_F量を2つの市場に配分する。F点の高さで横軸に平行な線を引くと、市場AではQ_A量、市場B

---

*価格差別を行う独占的な企業の利潤は、$\Pi = P_A \cdot Q_A + P_B \cdot Q_B - TC(Q)$と示せる。ここで、$Q$は全体の生産量(販売量)、$Q_A$と$Q_B$は部分市場AとBの販売量、$TC$は総費用である。$Q = Q_A + Q_B$の関係を考慮し、偏微分の記号∂を使うと、利潤最大化の1階条件は、

$$\frac{\partial \Pi}{\partial Q_A} = \frac{\partial (P_A \cdot Q_A)}{\partial Q_A} - \frac{\partial TC}{\partial Q_A} = MR_A - MC = 0$$

および

$$\frac{\partial \Pi}{\partial Q_B} = \frac{\partial (P_B \cdot Q_B)}{\partial Q_B} - \frac{\partial TC}{\partial Q_B} = MR_B - MC = 0$$

となる。これら2つの関係式から、$MC = MR_A = MR_B$を得る。

では Q_B 量だけ販売されることが見てとれる。ただし、$Q_F = Q_A + Q_B$ である。さらに、各市場の価格については、市場 A では、Q_A 量に対応する需要曲線 D_A の高さ P_A に、市場 B では、Q_B 量に対応する需要曲線 D_B の高さ P_B にそれぞれ決められる。

5 独占的競争

ここまでは、独占について考えてきたが、これから、独占と完全競争の中間に位置する市場形態に目を転じることにする。まず、「独占的競争」について検討し、次節以降で「寡占」の問題を取り上げる。

① 多数の売り手と製品差別化

現実の経済を見ると、食品、衣料品、化粧品、薬品、雑誌、CD、それから飲食店、コンビニ、スーパー、ホテル、ガソリンスタンド、学習塾など多くの分野では、売り手(企業)はたくさんいるが、それぞれが他の売り手とはいくぶん異なる財・サービスを供給している。このような状況を**独占的競争**(monopolistic competition)とよぶ。

つまり、独占的競争とは、競争と独占の混在している状態をいう。売り手の数が多く、各売り手の製品は互いに密接な代替関係にあること、および市場への参入が容易であるという点で、完全競争と似ている。他方、各売り手の製品には差別化が見られるため、買い手は、好きな売り手の製品を選んで購入する。したがって、売り手は自分が供給する製品の買い手に対しては、一種の独占的地位にあるという点で、独占に似通っている。

実際、**製品差別化**(product differentiation)は、品質・性能・デザイン・ブランド・包装などの差異、広告・宣伝の効果、支払い条件・取り付け・アフターサービスなど付帯サービス、売り手の地理的位置など、さまざまな要因から生じる。製品やサービスの実質的な差異だけではなく、買い手(消費者)の心理的な面で作り出される場合もある。したがって、製品差別化の現象は生産財よりも消費財に、ごく一般的に見られる。

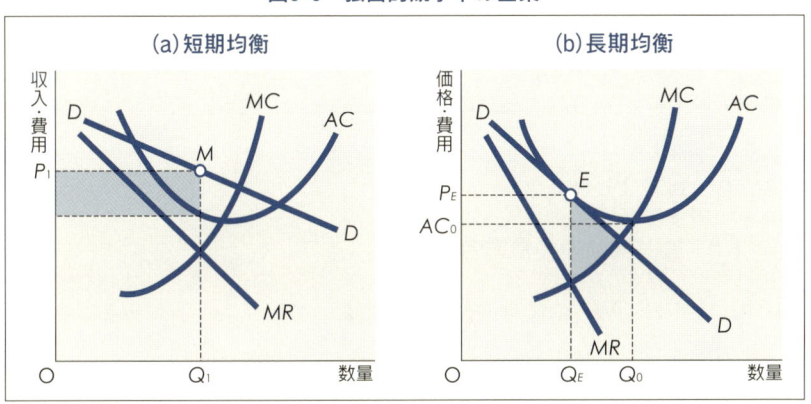

図6-5 独占的競争下の企業

(a) 短期均衡

(b) 長期均衡

② 独占的競争の均衡

それでは、独占的競争のもとでは、企業はどのように行動し、価格や生産量をどのような水準に決めるのかを見てみる。

独占的競争下の企業は、製品差別化があるため、自社の生産物についてはある程度の価格支配力をもつ。それゆえ、**図6-5(a)**において、企業の需要曲線 DD は、独占の場合のように右下がりの形で描ける。しかし、多くの企業が類似した製品を販売しており、競争的要因も存在するため、需要曲線の傾きは緩やかなものであると考えられる。

さて、利潤最大化を目指す企業はプライス・メーカーとして行動し、限界収入 MR と限界費用 MC の一致するところで、生産量を Q_1 の水準に決める。そして価格は、これに対応する需要曲線 DD 上の M 点の高さ、P_1 に設定される。この「短期均衡」では、価格は平均費用 AC を上回り、●色部分の利潤が発生する。

しかし、上の状態は長くは続かない。正の利潤の存在は、市場に新しい企業が参入する誘因となるからである。新規参入が増えるにつれ、1企業当たりの需要は減少する。その結果、各企業の需要曲線は左方にシフトし、利潤も小さくなる。このようにして、ついには、各企業は利潤最大化を実現して

はいるが、利潤はゼロとなってしまう「長期均衡」の状態に至る。

独占的競争の長期均衡は、**図6-5(b)** の E 点で示される。長期的には、価格は P_E、生産量は Q_E の水準に落ち着く。長期均衡点 E では、限界収入＝限界費用の関係が見られ、利潤の最大化が実現している。同時に、需要曲線 DD と平均費用曲線 AC は互いに接しているので、価格＝平均費用の関係が成り立ち、利潤はゼロとなる。

③ 独占的競争の意味合い

以上のように、独占的競争の長期均衡においては、各企業がある程度の価格支配力をもつにもかかわらず、完全競争の長期均衡と同じく、利潤はゼロという結果になる。その理由は、前述のとおり、企業はそれぞれ差別化された製品を販売するが、これらの製品は相互の代替性が高いため実質的には競争の状態にあること、また、市場への自由な参入が可能なためである。

さらに、**図6-5(b)** の長期均衡点 E では、需要曲線 DD は平均費用曲線 AC に接しているが、需要曲線は右下がりであるから、平均費用曲線も右下がりでなければならない。このことは、平均費用曲線がU字型であるならば、長期均衡は平均費用の最小点よりも左側で実現することを意味する。ゆえに、長期の均衡価格 P_E は最小平均費用 AC_0 よりも高く、均衡生産量 Q_E は最小平均費用に見合う水準(効率的規模) Q_0 よりも小さくなる。すなわち、独占的競争のもとでは、市場に多くの企業が参入して過当競争の状態に陥るため、各企業には過剰能力が残るという点で、資源配分は非効率的であるといわれる。

あるいは、独占的競争の長期均衡においては、需要価格(買い手の限界価値)は供給価格(売り手の限界費用)を上回る。したがって、価格＝限界費用が成り立つ完全競争の場合と比べ、経済余剰の損失―図6-5(b)の●色部分―が生じる。その意味で、独占的競争の資源配分は効率的ではない。

しかしながら、独占的競争のもとでは製品差別化が行われ、市場に多様な製品が数多く供給されるというメリットがある。買い手にとっては、商品の選択の幅が広がり、自己の欲求に合った財を手にできる可能性が高まる。独占的競争の非効率は、そのためのコストとも考えられる。

6　寡占とゲーム理論

つぎに、「寡占」の問題を取り上げる。本節では、寡占市場の特徴を指摘した後、寡占企業の競争的行動と協調的行動について、ゲーム理論を使い考えてみる。

① 寡占とは

現実の多くの市場では、企業(売り手)の数は限られている。乗用車、家電製品、写真フィルム、パソコン、ビール、新聞、テレビ放送など、製品差別化が著しい消費財の分野だけではなく、鉄鋼、石油、化学製品、セメント、板ガラス、半導体など、製品差別化がほとんど見られない生産財の分野でも、売り手はごく少数である。このように、少数の売り手からなる市場を、**寡占**(oligopoly)という。

寡占市場では、企業の数が少なく、一般にそれぞれ規模も大きいことから、各企業は相当程度の市場支配力をもっている。このため、各企業の行動は他の企業に影響を及ぼし、相互依存の関係にある。したがって、ある企業が価格や生産量を変更すると、他の企業も対抗措置をとる必要に迫られる。たとえば、A社がビールの値段を下げた場合、相手企業としては、対抗して値下げをするか、それとも値段を据え置くか、逆に値上げをするか、状況に応じていろいろ対応の方法が考えられる。実際、お互いの出方・反応の仕方により、各企業の利潤に大きな違いが生じる。

それゆえ、寡占のもとでは、各企業は相手企業がどのような行動をとるのかを予想しながら、自己にもっとも有利な結果をもたらす行動を選択する。このような**戦略的行動**という要因が、寡占の特徴点に挙げられる。通常、相手の出方・反応を正確に予知するのは困難なので、互いに不確実な状況のもとで、いかなる戦略をとったらよいのかを決めなければならない。

② 競争的寡占：囚人のジレンマ

各企業がどのような戦略的行動をとるかによって、寡占市場の結果は異な

ったものになる。はじめに、各企業が独立して行動する「競争的寡占」の場合、どんな結果になるのかを、ゲーム理論によって検討する。

まず、**ゲーム**とは広く、人びとの利害が互いに対立する状況をさす。こうした状況における合理的な意思決定について研究するものが、**ゲーム理論**（詳しくは、第9章で扱う）である。寡占市場では、企業の戦略的行動が重要な要素であるから、ゲーム理論によって多くのことを解明できる。ただし、ここではごく簡単に、ゲームの参加者は2つの企業A、Bだけで、ともに値下げと値上げの2つの戦略をもっているとする。また、その結果生じる両社の利潤は、**表6-2**の数字で示されるものとする。

この状況下で、企業A、Bがお互いを競争相手とみなし、独立に行動する場合、どのような結果になるのかを調べてみる。企業Aの立場からすると、企業Bが値下げ戦略をとると予想したとき、同じく値下げをすれば利潤は3億円、値上げをすれば1億円であるから、値下げ戦略を選ぶほうが有利になる。また、企業Bが値上げ戦略をとると予想したとき、自らは値下げをすれば利潤は8億円、値上げをすれば6億円であるから、企業Aにとっては、やはり値下げ戦略を選ぶのが有利である。

表6-2 寡占企業の利得

		企業Bの戦略	
		値下げ	値上げ
企業Aの戦略	値下げ	A：3億円 B：3億円	A：8億円 B：1億円
	値上げ	A：1億円 B：8億円	A：6億円 B：6億円

企業Bについても、これとちょうど同じ議論が成り立つ。その結果、企業Bは企業Aが値下げ、値上げのどちらの戦略をとるかにかかわらず、値下げ戦略を選択する。したがって、企業A、Bはともに値下げ戦略を選ぶことになる。この両企業の戦略（企業A：値下げ、企業B：値下げ）は、ゲームの均衡解になる。なぜなら、以上の寡占ゲームでは、企業Bが値下げ戦略を

とるとしたとき、企業Aにとって最適な戦略は値下げであり、反対に、企業Aが値下げ戦略をとるとしたとき、企業Bにとって最適な戦略は値下げである。そのため、ひとたび企業A、Bがともに値下げ戦略を選ぶと、両企業はもはや別の戦略を選ぶ誘因をもたなくなるからである。この状態は**ナッシュ均衡**(Nash equilibrium)といわれる。

しかし、企業Aと企業Bがともに値下げ戦略を選ぶというナッシュ均衡では、各企業の利潤は3億円にすぎない。もし、企業A、Bが協調してともに値上げ戦略をとれば、両企業とも6億円の利潤を得ることができたはずである。けれども、各企業はおのおの独立して競争的に行動するため、それより不利な結果に終わることになる。このように、企業A、Bがともに値下げ戦略をとるという競争的寡占の均衡は、別の戦略を選ぶことにより両企業の状態は改善し得るので、パレート最適ではない。このような現象を**囚人のジレンマ**(prisoner's dilemma)とよぶ。

③ 協調的寡占

寡占企業は、いつも独立的に、自己の利益だけを考えて行動するわけではない。寡占市場では企業の数が少なく、相互依存の関係にあるので、お互いに協調することにより相手企業との競争を避け、相互に利潤の増加・安定的確保がはかられる。

企業の協調的行動として、まず、**カルテル**(cartel)がある。これは、同一産業内の企業間に、競争制限を目的とする明示的な共同行為や協定があることをいう。カルテルは、価格協定、生産制限、販売地域の割り当てなど、実質的に競争を避ける取り決めを行い、相互の利益を高めようとするものである。わが国では、「独占禁止法」によりカルテルは原則的に禁止されているが、実際には、秘密裏に談合が行われ、しばしばヤミ・カルテルが結ばれている。

カルテルの結束が堅い場合には、カルテルはあたかも単一企業のように行動し、独占と同じ状況が作り出される。たとえば、前項の寡占ゲーム(**表6-2**)において、企業A、Bがカルテルを結んでともに値上げをすれば、総利潤は最大の12億円になり、各企業は6億円ずつ利潤を得ることができる。

ただし、カルテルは本来、競争関係にある独立した企業が形成しているので、内部より崩れていく可能性がある。なぜなら、カルテルによる利益を各企業にいかに分配するかについて、合意が得られにくいからである。また、市場でカルテル価格が維持されているとき、抜け駆けをして価格引き下げを行えば、その企業の販売量と利潤は大きく増加し得る。そうすると、他の企業も価格引き下げで追随するであろうから、結局、カルテルは崩壊することになる。

表6-2の右下の状況において、もし、企業Aがカルテル協定を破り値下げを実施すると、企業Aの利潤は8億円に増加する一方、企業Bの利潤は1億円に減少する。この場合、Bも値下げ戦略で対抗する。その結果、Bの利潤は3億円に増加するが、Aの利潤も3億円になり、競争的寡占の状態に戻ってしまう。

現実には、カルテルのような明示的な取り決めがなくても、**暗黙の協調**により、企業間で共同行為の合意が成立する場合もある。たとえば、新聞、ビール、石油、自動車などの市場では、**プライス・リーダーシップ**(price leadership)をもつ企業が、まず価格を変更する。その直後、他の企業もこれに同調して一斉に同じような価格変更に踏み切る、という協調的な価格行動がときに見られる。この場合、カルテルに近い効果が発揮される。

プライス・リーダー(価格先導者)には、通常、産業内の大手有力企業がなるが、その時々でプライス・リーダーが変わるなどして、実態を正確に把握することはむずかしい。しかし、概して、企業数が少なく集中度の高い市場ほど、また製品差別化の程度が小さい市場ほど、そして新規参入への障壁が高い市場ほど、暗黙の協調がなされやすいと思われる。

7　寡占モデル[※]

前節では、寡占企業の戦略的行動とその帰結について、ゲーム理論を援用しながら説明した。本節では、伝統的な寡占モデルにもとづいて、寡占市場はどのような結果になるのかを検討する。ここでも、各企業がいかなる戦略的行動をとるかによって、寡占モデルから得られる結論は異なったものとな

る。なお、簡単化のため、寡占のうちで売り手が2人しか存在しない**複占**(duopoly)のケースを取り上げる。

① クールノー均衡

　独占や寡占の問題に対する理論的解明は、古く19世紀のフランスの経済学者クールノー(A. A. Cournot)により初めてなされ、それ以降の発展の出発点となった。ここで扱う**クールノー・モデル**では、市場は複占の状態にあり、同一の財を生産する2つの企業A、Bだけが存在するものとする。

　市場の需要曲線は直線で、$P=a-bQ$という1次式で示せるものとする。Qは市場の需要量(生産量)、Pは価格を表し、aとbは正の定数である。また、企業A、Bの生産量をそれぞれQ_A、Q_Bで示せば、$Q=Q_A+Q_B$であるから、市場の需要曲線(価格)は$P=a-b(Q_A+Q_B)$と表せる。さらに、簡単にするため、両企業の費用条件は同じで、固定費用はゼロ、平均費用(=限界費用)はcで一定とする。ただし、$c<a$と仮定する。

　寡占企業の行動に関しては、ここでは、各企業は独立して競争的に行動し、相手企業の戦略は現状のままで変わらないと予想したうえで、自己にもっとも有利な戦略を選ぶ、と想定する。言い換えると、各企業は相手の生産量を与えられたものとして、自社の利潤が最大になるように生産水準を決める、という戦略的行動をとると考える。

　この場合、企業Aの利潤Π_Aは、総収入$P\cdot Q_A$から総費用$c\cdot Q_A$を差し引いた値であるから、

$$\Pi_A = P\cdot Q_A - c\cdot Q_A = [a-b(Q_A+Q_B)]Q_A - c\cdot Q_A$$

と示せる。さらに、上式は、

$$\Pi_A = -b\cdot Q_A^2 + (a-c-b\cdot Q_B)Q_A$$
$$= -b\left(Q_A - \frac{a-c-b\cdot Q_B}{2b}\right)^2 + \frac{(a-c-b\cdot Q_B)^2}{4b}$$

と変形できる。これより、企業Aの利潤関数Π_Aは上に凸の放物線で描かれ、$Q_A=(a-c-b\cdot Q_B)/2b$のとき、最大値$(a-c-b\cdot Q_B)^2/4b$をとることがわかる。したがって、企業Bの生産量Q_Bを所与としたとき、企業Aの利

潤が最大になる最適な生産量は、

$$Q_A = \frac{a-c}{2b} - \frac{Q_B}{2}$$

である。この関係式は、相手企業Bの生産量が与えられた場合、それに対応して企業Aは生産水準をどのように決めたらよいのかを表すもので、企業Aの**反応関数**(reaction function)とよばれる。

同様にして、企業Aの生産量を所与としたとき、企業Bの利潤 $\Pi_B = P \cdot Q_B - c \cdot Q_B$ を最大にする最適な生産量、すなわち企業Bの反応関数は、

$$Q_B = \frac{a-c}{2b} - \frac{Q_A}{2}$$

と表せる。

企業AとBの反応関数は、それぞれ**図6-6**の右下がりの直線のように描ける。この状況では、各企業はおのおの、相手企業の生産量を予想しながら、自己の反応曲線に沿って生産量を決めていく。したがって、両企業は次々と矢印の方向に生産量を調整していき、ついには、両企業の反応曲線の交点 C に到達する。そして、C 点においては、企業Aは企業Bの生産量を Q_B^* と予想して、自社の最適な生産量を Q_A^* の水準に決める。反対に、企業B

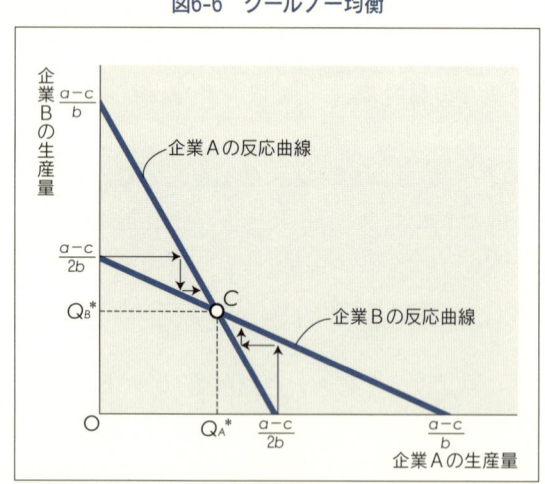

図6-6 クールノー均衡

は企業Aの生産量をQ_A^*と予想して、自社の最適な生産量をQ_B^*の水準に決める。それゆえ、両企業ともに、もはや生産量を変更して利潤を増加させる誘因はなくなり、均衡状態になる。この均衡は、**クールノー均衡**(あるいは、**クールノー＝ナッシュ均衡**)といわれる。

クールノー均衡における企業AとBの生産量は、両企業の反応関数を連立して解けば、$Q_A^* = (a-c)/3b$、$Q_B^* = (a-c)/3b$になる。したがって、市場全体の生産量Qは$2(a-c)/3b$で、これを市場需要曲線に代入すると、価格Pは$(a+2c)/3$になる。さらに、企業A、Bの利潤は$\Pi_A = \Pi_B = (a-c)^2/9b$である。

② 協調

つぎに、企業AとBは協調して、双方の利潤の総和$\Pi(=\Pi_A+\Pi_B)$を最大にするように生産量を決めるものとする。両企業はカルテルの結成や暗黙の協調により、独占企業のごとく行動するケースである。

企業A、Bの総利潤Πは、総収入$P \cdot Q$から総費用$c \cdot Q$を差し引いた値$(\Pi = P \cdot Q - c \cdot Q)$であるから、

$$\Pi = (a - b \cdot Q)Q - c \cdot Q = -b \cdot Q^2 + (a-c)Q$$
$$= -b\left(Q - \frac{a-c}{2b}\right)^2 + \frac{(a-c)^2}{4b}$$

と表せる。ゆえに、総利潤Πの最大値は$(a-c)^2/4b$、最適な総生産量Qは$(a-c)/2b$である。そして、市場需要曲線より、価格Pは$(a+c)/2$になる。この結果は、クールノー・モデルにおいて、企業AかBのどちらか一方だけが生産している場合(**図6-7**のD点ないしはF点)に当たり、独占の均衡解と同じものである。

もし、全体の生産量を企業AとBが均等に分け合うならば、各企業の生産量は$Q_A = Q_B = (a-c)/4b$となる。また、総利潤も2分されて、企業A、Bの利潤は$\Pi_A = \Pi_B = (a-c)^2/8b$になる。この状況は図6-7の$M$点で示される。このように、寡占企業が協調的に行動するときには、クールノー均衡(C点)と比較して、市場の供給量は少なく、価格は高くなる($a > c$の関係に留意せよ)。また、各企業の利潤はより大きくなる可能性があり、協調に

よる利益が存在する。

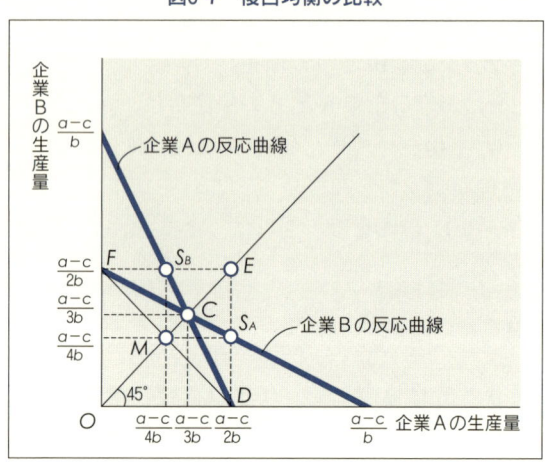

図6-7 複占均衡の比較

③ シュタッケルベルグ均衡

今度は、寡占企業の戦略的行動を、追随と先導の視点から見る**シュタッケルベルグ・モデル**を取り上げる。

先のクールノー・モデルでは、各企業は相手の生産量を与えられたものとして、自社の利潤が最大になるように生産水準を決める、と考えた。これは、まず相手企業が生産量を決めるのを待って、その後、自己の反応関数にもとづき最適な生産量を決定する、という受け身の行動を意味する。このように行動する企業を、**追随者**(follower)という。一方、相手企業を追随者とみなして、自社の利潤が最大になるように行動する企業を、**先導者**(leader)とよぶ。先導者として行動する企業は、自己の生産量を見ながら相手企業はその生産量を決めることを考慮に入れ、つまり相手企業の反応関数を組み込んだうえで、自社の利潤を最大にする生産水準を求めるのである。

いま、企業Aが先導者、企業Bが追随者であるとする。この場合、企業Bは追随者として行動し、その生産量を自らの反応関数 $Q_B=(a-c)/2b-Q_A/2$ にしたがい決定する。先導者である企業Aは、この点を考慮に入れ

て自社の利潤最大化をはかる。すなわち、企業Aの利潤関数 $\Pi_A = [a - b(Q_A + Q_B)]Q_A - c \cdot Q_A$ に、企業Bの反応関数を代入して整理すると、企業Aの利潤は、

$$\Pi_A = -\frac{b}{2}Q_A^2 + \frac{(a-c)}{2}Q_A$$

$$= -\frac{b}{2}\left(Q_A - \frac{a-c}{2b}\right)^2 + \frac{(a-c)^2}{8b}$$

と表せる。これより、企業Aは生産量 Q_A を $(a-c)/2b$ に決める。また、企業Aの利潤 Π_A は $(a-c)^2/8b$ である。さらに、この Q_A を企業Bの反応関数に代入すると、企業Bの生産量 Q_B は $(a-c)/4b$ になる。

　市場全体の生産量 Q は、企業AとBの生産量を合計すると、$3(a-c)/4b$ となる。これを市場需要曲線に代入すれば、価格 P は $(a+3c)/4$ である。ゆえに、企業Bの利潤 Π_B は $(a-c)^2/16b$ になる。

　このように、先導者は、協調の場合の総生産量 $(a-b)/2b$ と同じだけ単独で生産し、協調の場合の各企業と同じ大きさの利潤 $(a-c)^2/8b$ を得る。追随者は、協調の場合の各企業と同じ生産量 $(a-c)/4b$ を生産するが、利潤は協調やクールノー均衡の場合よりも小さくなる。また、市場全体の生産量 $3(a-c)/4b$ は、クールノー均衡の場合の $2(a-c)/3b$ よりも多く、価格 $(a+3c)/4$ はクールノー均衡の $(a+2c)/3$ よりも低くなる。

　企業Aが先導者、企業Bが追随者である場合の均衡状態は、先の**図6-7**の S_A 点で示される。まず企業Aが、企業Bの反応曲線上で、自社の利潤が最大になる S_A 点を選ぶ。そして企業Bは、この S_A 点において、自らの生産量を決めるのである。反対に、企業Aが追随者、企業Bが先導者である場合は、S_B 点が均衡点になる。これらの状況は**シュタッケルベルグ均衡**といわれる。

　ところで、以上の説明から、寡占企業は先導者として行動するとき、より大きな利潤を得る。それゆえ、企業A、Bともに先導者として行動することを望むであろう。すると、両企業はどちらも $(a-c)/2b$ だけ生産することになる。これは、図6-7の E 点で示される。その場合、市場の生産量 Q は $(a-c)/b$ で、価格については $P=c$ になる。これは、価格＝限界費用＝平

均費用を意味し、完全競争下の長期均衡と同じである。また、企業AとBの利潤はゼロである。このように、両方の企業が多くの利潤を得ようとして先導者の立場で行動すると、囚人のジレンマの状況と同様、両企業の利潤は逆に減少してしまう。これを**シュタッケルベルグの不均衡**という。

8　寡占価格

寡占市場では、企業はいったん価格をある水準に設定すると、需要や費用に若干の変化があっても価格を頻繁に変更することはなく、必要ならば生産量の調整で対応する傾向がある。寡占市場の価格は、一般にかなり硬直的である。このような寡占価格の硬直性という現象に着目しながら、寡占企業の行動を見てみる。

① マークアップによる価格決定

寡占企業は、実際、どのように価格を設定するのであろうか。一般には、企業は標準的な操業度における平均費用を推定し、これに一定の比率（マークアップ）を加算して、目標利潤が実現するように価格を決める、と考えられる。いま、標準的な平均費用を AC、マークアップ率を m、価格を P で表せば、寡占企業の多くは、

$$P = (1+m)AC$$

という方式、すなわち、価格＝（１＋マークアップ率）×平均費用 の関係式にしたがって、価格を設定する。このような価格付けは、**マークアップ価格形成**（markup pricing）とよばれる。なお、平均費用のデータとしては、平均可変費用あるいは固定費用も含めた平均総費用が使われる。

マークアップによる価格決定は、企業にとってつぎのような利点がある。(a)需要や費用の条件が変化するたびに、価格を変更する必要はないので、価格の変更や公示のコストを節約できる。(b)価格が安定するため顧客の信頼を得やすく、取引が円滑に行われ、企業の長期的な安定化にプラスとなる。(c)利潤最大化行動のために必要な限界概念（限界収入や限界費用など）にもとづくことなく、会計上のデータにより価格を決定できる。

その反面、マークアップ価格形成は、供給側の費用条件を中心に価格を決めるもので、需要側の条件が考慮されていないとの指摘もある。しかし、マーク・アップ率 m は実際には、市場の需要状況をよく検討したうえで決められる。たとえば、需要の価格弾力性が大きな財については、マーク・アップ率を低くし、反対に、価格弾力性の小さい財に対してはマーク・アップ率を高くして販売収入の拡大をはかる、という形で価格の設定がなされる。その場合、マークアップによる価格決定のもとでも、需要条件に対応して価格の水準を決めていることになる。

② 非価格競争

寡占価格の硬直性の要因として、前項では、寡占企業の価格設定方式を取り上げたが、寡占市場においては「協調的行動」がとられやすい点も、価格硬直性の一因に挙げられる。

これまでに述べたとおり、寡占のもとでは企業の数が少なく、相互の依存性が明白に認識できるので、価格や生産量の決定にあたり合意が得られやすい。実際、相互利益の増加と安定的確保をはかり、しばしばカルテルや暗黙の協調が結ばれる。その結果、価格はある期間は一定に維持され、市場条件に大きな変化が見られるときに、価格の変更が実施される。

寡占市場ではときに、このような協調的行動が観察されるが、それは必ずしも競争がないことを意味するものではない。寡占においては、価格の変更は相手企業の対抗措置を招きやすく、価格引き下げ競争になる可能性が高い。共倒れの危険も大きいため、企業は互いに価格競争を避ける傾向がある。代わりに、製品差別化や広告・宣伝活動などの非価格面で、競争を展開するのが一般的である。

すなわち、寡占では多くの場合、**非価格競争**が中心になる。寡占企業は価格面というより、どのような品質、デザイン、性能、ブランド、包装の製品を発売するのか、いかなる頻度で新製品を市場に送り出すのか、販売促進活動の方法や規模はどうしたらよいのかなど、むしろ価格以外の局面で熾烈な競争を展開する。特に、製品差別化の余地が大きい市場では、新製品の開発・製品の多様化や販売促進活動により、自社製品を買い手に売り込めば、

販売収入の増加が期待できる。

③ 屈折需要曲線

寡占市場における価格硬直性の現象を、理論的に解明しようとする試みの1つに、**屈折需要曲線**(kinked demand curve)仮説がある。この仮説はスウィージー(P. Sweezy)によって提唱されたもので、競争相手は、自社が価格を引き下げると価格引き下げでもって対抗するが、自社が価格を引き上げた場合には、現行の価格水準を維持する、と考える。

図6-8において、寡占企業は、価格をマークアップ方式により P_0 の水準に設定して、Q_0 量の生産を行っているものとする。ここで、競争相手の反応に関しては、自社の価格引き下げには報復してくるが、価格引き上げには追随してこない、という弱気の予想を立てている。その場合、寡占企業の需要曲線は、現在の価格-生産量を表す B 点で屈折した ABC 線のようになる。なぜなら、企業は価格の引き下げに際しては、非弾力的な需要曲線(BC 部分)に直面する一方、価格引き上げの場合には、弾力的な需要曲線(AB 部分)に直面する、と予想するからである。

さて、需要曲線の AB 部分に対応する限界収入曲線は直線 AD で、BC 部分に対応する限界収入曲線は直線 EF で示される。したがって、屈折需要曲線 ABC に対応する限界収入曲線 $ADEF$ は、現在の生産水準 Q_0 において不

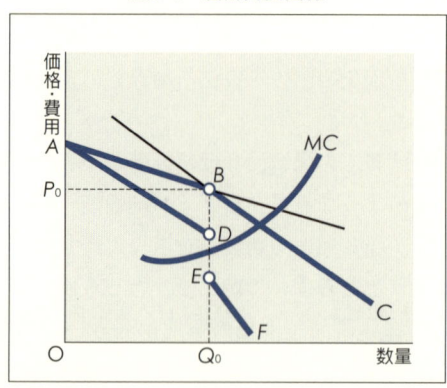

図6-8 屈折需要曲線

連続になる。この状況では、限界費用曲線 MC が限界収入曲線の不連続部分 DE を通過する限り、利潤最大化条件(限界収入＝限界費用)が成り立つ。それゆえ、たとえ費用条件が変化して限界費用に変動があっても、限界費用曲線のシフトが不連続部分 DE の範囲に収まるのであれば、依然、現在の生産水準 Q_0 が最適な生産量であり、価格は現在の水準 P_0 に維持されることになる。

あるいは、需要条件に変化があっても、需要曲線が屈折している限り、限界収入曲線は現在の生産水準において不連続部分をもつ。その結果、利潤最大化条件はやはり現在の生産水準で成り立つ可能性が高く、価格をあえて変更する理由は見いだせない。このように、屈折需要曲線を想定すると、費用や需要に変化があっても寡占価格は硬直的になることを、企業の利潤最大化行動にもとづいて説明することが可能になる。

9　参入障壁

長期にわたって独占や寡占の状態が維持されているとすれば、それは新規企業の市場参入を妨げる何らかの障害が存在するからである。本節では、この「参入障壁」の要因と参入阻止行動について考えてみる。

① 参入障壁とは

まず、新しい企業が市場へ進出する際に直面する障害を、一般に**参入障壁**(barriers to entry)という。この参入障壁は高ければ高いほど、新規企業の市場参入に対する妨げとなり、独占や寡占といった市場体制が守られることになる。

参入障壁は、さまざまな要因によって形成される。第1に、「政府の規制」が挙げられる。たとえば、政府が公益企業だけに営業を認めたり、専売とするときには、ほかの民間企業はすべて市場から締め出される。規制の緩和・撤廃がない限り、新規企業が市場へ参入することは不可能である。

第2に、新規参入企業は普通、「費用」の面で既存企業よりも劣位な状況にあり、これが参入障壁として作用する。まず、既存企業は、生産技術の特

許やノウ・ハウの保有、専門技術者や熟練労働者の確保、低い資金調達コストなど、生産費用の面で新規参入企業より優位な立場にある。逆に、新規参入企業の生産費用は、既存企業と比べて高くなる。

　また、たとえ既存企業と新規参入企業の費用条件が同じとしても、既存企業はすでに多くの顧客をもち、「規模の経済(大規模生産の利益)」を享受している。そのため、低い費用で生産が可能であり、低水準の価格で財・サービスを供給することができる。しかし、新規参入企業の場合、当初は顧客が少なく規模の経済を享受できないので、高い費用で生産せざるを得ない。

　さらに、新規企業が市場に参入するには、自社の製品を流通させるため、広告・宣伝その他の販売促進活動に多額の支出を注ぎ込まなければならない。販売費用を含めた新規企業の費用は、相当な額になると予想される。この面でも、知名度の高い既存企業よりも不利な立場にある。

② 参入阻止行動

　市場の参入障壁がいろいろな要因によって作り出されるのであれば、既存企業はこれを利用して、新規企業の参入を防ぐことが可能になる。その場合、たとえ短期的に見た利潤の最大化は犠牲にしても、新規企業の参入を阻止するように価格の設定を行えば、長期的に見て安定した利潤の実現が期待できる。

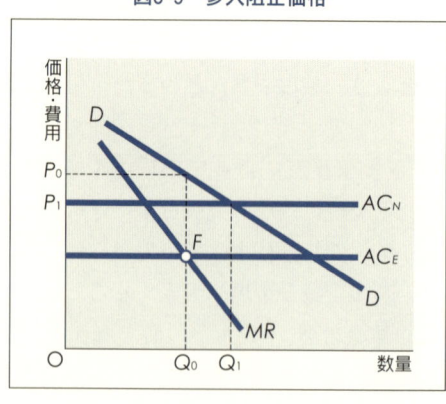

図6-9　参入阻止価格

新規企業の参入を阻止する価格をどのように決めたらよいのかは、市場の参入障壁の高さに依存する。いま、**図6-9**において、既存企業と新規参入企業の費用はともに一定で、それぞれの平均費用（＝限界費用）曲線は、水平な直線AC_EとAC_Nで示されるものとする（ただし、$AC_E < AC_N$）。このとき、既存企業が利潤最大化行動をとるとすれば、限界収入MRと限界費用が一致するF点にしたがい、生産量はQ_0量に決められ、価格は需要曲線DDからP_0の水準に設定される。しかし、価格水準P_0は新規企業の平均費用AC_Nを上回る。これでは新規企業に、市場参入への誘因を与えることになる。

　そこで既存企業は、価格をP_1新規企業の平均費用AC_Nに等しい水準よりも低めに設定し、生産量はほぼQ_1の水準に決める。すると、短期的な利潤は減少するが、新規企業の市場参入を防ぐことができ、その結果、長期的には利潤の安定的確保が可能になる。この場合、P_1が**参入阻止価格**（それ以上高くなれば、新規企業の参入を招く臨界的な価格）で、参入障壁の高さは新規企業と既存企業の平均費用の差（$AC_N - AC_E$）である。

　このように、参入障壁は企業の価格設定行動に重大な影響を及ぼす。参入障壁が高く、新規企業の参入が困難な市場では、既存企業は長期平均費用を大幅に上回る水準に価格を決めることができ、長期間にわたり大きな利潤が得られる。反対に、参入障壁の低い市場においては、新規企業の参入の脅威が大きいため、価格を長期平均費用の近くに設定せざるを得ず、利潤は小さくなる。

練習問題

1. 独占企業の需要曲線は$Q = 30 - P/4$、総費用曲線は$TC = Q^3 - 4Q^2 - 27Q + 150$で表されるものとする。このとき、独占企業の生産量、独占価格、独占利潤は、それぞれいくらになるかを求めなさい。
2. 市場需要曲線は$P = 200 - 4Q$、市場供給曲線（あるいは、独占企業の限界費用曲線）は$P(MC) = 20 + 2Q$で表されるものとして、以下の問いに答えなさい。
   (1) 市場が完全競争の状態にある場合、市場の価格と生産量はいくらになるか。
   (2) 独占の場合には、価格と生産量はいくらになるか。
   (3) 独占化に伴い、消費者余剰、生産者余剰、総余剰は、それぞれどのように変化するか。
3. 価格差別を行う企業は、どのように生産量と各市場の価格、販売量を決めるかを説明

しなさい。
4．独占的競争の特徴を述べ、その理論はいかなる現象を説明するのに有益かを考えなさい。
5．カルテルとプライス・リーダーシップの効果と問題点について、比較検討しなさい。
6．企業A、Bはともに2つの戦略をもち、両企業の利得は以下の(1)、(2)で示される場合、それぞれどんな戦略の組み合わせがナッシュ均衡になるかを説明しなさい。

(1)

	戦略 B_1	戦略 B_2
戦略 A_1	A：1 B：1	A：3 B：0
戦略 A_2	A：0 B：3	A：2 B：2

(2)

	戦略 B_1	戦略 B_2
戦略 A_1	A：4 B：6	A：1 B：2
戦略 A_2	A：3 B：2	A：5 B：3

7※．市場需要曲線が $Q = 30 - P/5$ で表され、企業A、Bの生産費用はともにゼロとして、以下の問いに答えなさい。
　(1)　クールノー均衡における生産量、価格、利潤を求めよ。
　(2)　両企業が協調する場合、生産量、価格、利潤はいくらになるか。
　(3)　シュタッケルベルグ均衡(企業Aが先導者、企業Bが追随者の場合)における生産量、価格、利潤を求めよ。
8．寡占価格はどのように決められるか、また、寡占価格はどうして硬直的なのかを説明しなさい。
9．参入障壁とは何か、また、それは新規企業の参入に対してどんな役割を果たすかを考えなさい。

第7章

生産要素市場と所得分配

【本章の内容】　ここまで、主に家計が買い手で、企業が売り手である生産物（財・サービス）市場を中心に考察してきた。しかし、労働、土地、資本などの生産要素の場合には、企業が買い手で、家計が売り手になる。
　また、家計の所得は基本的には、自らが保有する生産要素の価格と供給量によって決まる。生産要素の価格がどんな水準に決まるのかは、人びとの所得分配を左右する重要な要因である。
　本章では、生産要素の問題を検討する。まず、生産要素市場ならびに生産物市場は完全競争の状態にあるものと仮定して、生産要素の需要および供給はどのように形成されるのかを考える。つぎに、賃金率や地代など、生産要素の市場価格はいかにして決定されるのかを説明する。
　さらに、生産要素市場に独占的な要素が存在する場合、具体的には、生産要素の需要独占、供給独占、双方独占について説明する。
　最後に、市場経済における所得分配の問題点を指摘する。

●本章のキーワード

派生需要　　限界生産物価値　　労働需要曲線　　労働と余暇の選択
労働供給曲線　　均衡賃金率　　賃金格差　　地代（レント）
経済地代（経済レント）　　資産価格　　現在価値　　需要独占　　供給独占
双方独占　　所得再分配

1　企業の労働需要

　労働、土地、原材料、機械、設備などの生産要素が需要されるのは、企業がそれを用いて生産する財・サービスに対する需要があるからである。たとえば、企業は自社の製品に対する需要が増加すれば、普通、生産を拡大するために労働者の雇用も増やす。このように、生産要素に対する需要は財の需要に依存することから、**派生需要**(derived demand)とよばれる。

　派生需要の考えにもとづくと、生産要素に対する需要は、生産要素の限界生産物とその生産物に対する買い手の評価(つまり、生産物の市場価格)によって決まる。まず、本節では、家計の所有する生産要素の中で、もっとも重要な労働に対する需要について考えてみる。

① 利潤最大化と労働需要

　いま、生産物市場と生産要素市場はともに完全競争の状態にあり、各企業は両市場においてプライス・テイカーとして行動するものとする。労働だけが可変的生産要素であるとすれば、労働の投入量を1単位増やすことによって生じる収入の増加が、費用の増加より大きい限り、企業は労働の雇用を増やすことにより、利潤を増加させることができる。反対に、費用の増加が収入の増加より大きいときは、労働の雇用を減らせば利潤は増加する。結局、両者が等しくなる水準で利潤は最大になり、企業はそこに労働の需要量を決定することになる。

　ここで、労働投入を1単位増やすことによる収入の増加は、労働の限界生産物(労働投入を1単位増やすことによる生産量の増加)MP_Lに、生産物の市場価格P(個々の企業にとっては与えられた条件)を掛けた値で表される。これを**労働の限界生産物価値**(value of marginal product:VMP)という。一方、労働投入を1単位増やすことの費用の増加は、労働の市場価格、つまり**市場賃金率W**によって示される。労働市場も完全競争であるから、個々の企業にとって市場賃金率は与えられた条件である。

　以上より、企業は、労働の限界生産物価値$P \cdot MP_L$と市場賃金率Wが等し

くなる水準、つまり

$$労働の限界生産物価値(P \cdot MP_L) = 市場賃金率(W)$$

という「労働需要の決定条件」が成り立つように労働需要量を決める。

② 企業の労働需要曲線

さて、**図**7-1において、収穫逓減の法則が作用して、労働の限界生産物は次第に小さくなる状況では、労働の限界生産物価値は、右下がりの直線 DD のように示せる。また、労働の市場賃金率は一定であるから、たとえば水平な直線 W_1 のように描ける。このとき、E_1 点より左側では、限界生産物価値が賃金率を上回り、労働の雇用を増やせば利潤は増加し得る。反対に、E_1 点より右側では、市場賃金率が限界生産物価値を上回り、労働の雇用を縮小すると、利潤は増加する。結局、企業は利潤最大化を実現するため、労働の限界生産物価値が市場賃金率 W_1 と一致する E_1 点において、L_1 量の労働を需要する。

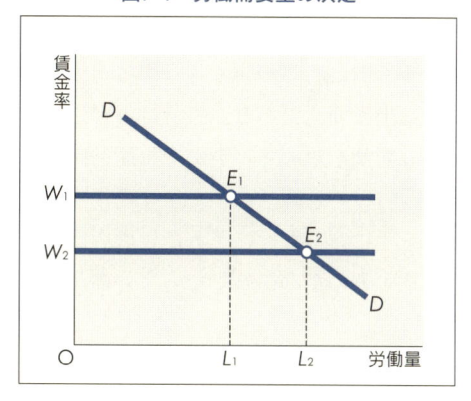

図7-1 労働需要量の決定

同様に、市場賃金率が W_2 の水準に低下すると、企業の労働需要は、労働の限界生産物価値が市場賃金率 W_2 と等しくなる E_2 点に対応して、L_2 量にまで増加する。このように考えていくと、労働の限界生産物価値曲線 DD は、各賃金率のもとで企業が労働をどれだけ需要するのかを表し、**企業の労働需要曲線**を意味することがわかる。そして、労働の価格が下がると労働需

要量は増加するので、労働需要についても、通常の右下がりの需要法則が当てはまる。

ところで、前項の「労働需要の決定条件」は、

$$P = \frac{W}{MP_L}$$

と書き換えられる。ここで、賃金率 W は、労働の投入量を1単位増加させるときの費用の増加を、また労働の限界生産物 MP_L は生産量の増加を表す。したがって、右辺の W/MP_L は、生産物を1単位増加させることに伴う費用の増加、すなわち限界費用 MC を意味する。つまり、企業が労働需要量を、労働の限界生産物価値＝労働の市場賃金率 の条件が成り立つ水準に決めることは、第4章7節で見た利潤最大化条件、生産物の市場価格 (P) ＝限界費用 (MC) が成り立つように行動していることを、労働需要の観点から見たものにほかならない。

2　家計の労働供給

つぎに、家計による労働供給について考察する。労働は一般に、家計の保有するもっとも重要な生産要素である。家計は消費生活を営むために所得を必要とし、賃金という対価を求めて、労働を生産活動に提供する。反面、働かないで済む時間は、自分の余暇活動のために使用することができる。それゆえ、家計は、所得を手にするためにどれだけの労働量を市場に供給し、他方、どれだけの時間を余暇のために残したらよいのか、という選択の問題に直面する。

① 労働と余暇の選択

労働供給の問題は、結局、家計は市場目的(賃金収入)のために労働をどれだけ供給して、非市場目的(自分の余暇活動)のためにどれだけ留保するのか、という選択にかかわる問題である。これは、第3章で学んだ無差別曲線と予算線を用いて、明らかにすることができる。

いま、家計の効用水準 U は、消費のために支出可能な名目(貨幣)所得額

M と、余暇活動に当てることのできる時間数 F に依存するものと考える。この場合、家計の**効用関数**は、

$$U = U(M, F)$$

と表される。ここで、所得と余暇はともに家計にとって望ましい財である。所得が増加すると、それだけ多くの財を購入、消費できるようになるから、家計の効用は高まる。また、余暇は自らの活動に利用し得る時間であり、余暇時間の増加はやはり効用を上昇させる。さらに、余暇と所得の間の限界代替率は逓減することを仮定する。この場合、家計の余暇と所得に関する選好を表す無差別曲線は、**図7-2** の原点に凸型の曲線 U_0、U_1、U_2 のように描ける。

ところで、家計が最大限使える時間数 T には限りがあり、これを労働供給(所得の稼得)と余暇活動に適宜振り分ける。すなわち、総時間 T = 労働供給時間 L + 余暇時間 F という時間の制約条件がある。これより、$L = T - F$ の関係を得るから、労働時間は総時間から余暇時間を引いた値に等しい。図7-2 の横軸には、原点 O から右の方向に余暇時間が、総時間数を示す T 点を始点にして、左の方向に労働時間が測られている。

さて、家計の所得は労働所得と非労働所得からなるものとして、

$$M = W \cdot L + G$$

と示す。右辺の第1項は、労働の供給を通じて稼得される所得で、市場賃金

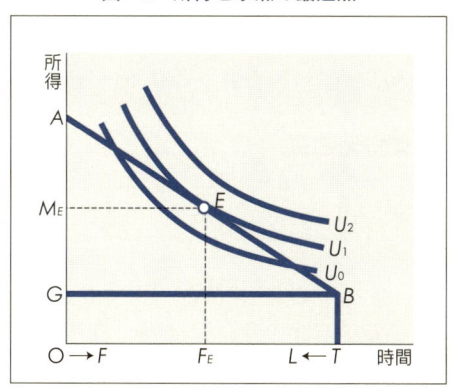

図7-2 所得と余暇の最適点

率(完全競争的な労働市場を仮定しているので、個々の家計にとって市場賃金率は与えられた条件である)W と労働供給時間 L の積に等しい。第2項は非労働所得 G で、贈与、相続遺産、あるいは資本や土地などの生産要素を提供することから生まれる財産所得などである(ここでは、簡単に一定とする)。

以上の家計所得の定義式に、労働時間の関係式 $L=T-F$ を代入すると、家計の**予算制約式**

$$M = W(T-F) + G$$

が求められる。これを図示したものが図7-2 の予算線 AB である。予算線の傾きは、市場賃金率にマイナスをつけた値($-W$)に等しい。それは、余暇に代えて労働時間を1単位増やすと、労働市場でどれだけの所得を手に入れることができるかを示す。

また、A 点は余暇活動がゼロで、使用可能な時間はすべて労働のために供給した状況を表す。このとき家計の所得は、労働所得 $W\cdot T$(AG の長さ)に非労働所得(OG の長さ)を加えた大きさになる。他方、B 点はまったく働かず、全時間を余暇活動に使用した状況に当たる。家計の所得は非労働所得 G だけである。このように、予算線 AB 上の各点の高さは、余暇との選択の結果、ある時間数を労働として市場に供給することから得られる労働所得に、非労働所得を加えた値を示す。

図7-2 では、家計にとって最適な所得と余暇の組み合わせは E 点で与えられる。予算線 AB の範囲内で、家計の効用水準は無差別曲線 U_1 との接点 E において最大になるからである。この場合、家計は F_E 時間を余暇活動に使い、$(T-F_E)$ 時間を労働のために供給する。家計の所得は労働所得($M_E G$ の長さ)と非労働所得(OG の長さ)の合計で、M_E の水準になる。

② 家計の労働供給曲線

つぎに、市場賃金率の変化は、家計の労働と余暇の選択にどのような影響を及ぼすのかを検討する。

図7-3(a)において、競争的な労働市場で決定される賃金率が W_1 から W_2 の水準に上昇したとする。家計の予算線は B 点を中心にして右上に回転し、直線 AB から $A'B$ にシフトする。これに伴い、所得と余暇の最適点は

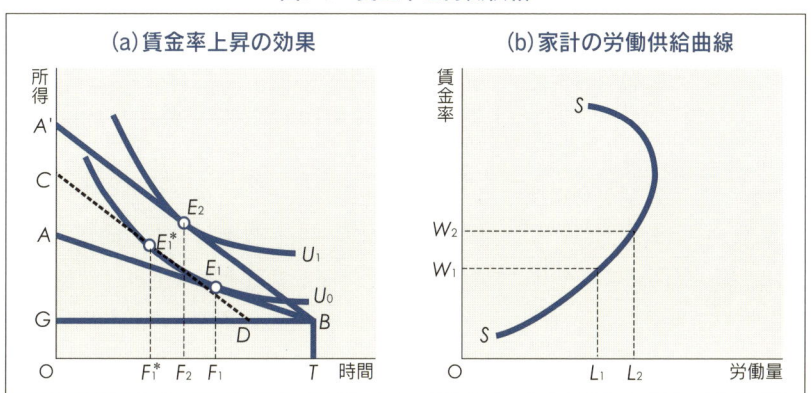

図7-3 賃金率と労働供給

(a) 賃金率上昇の効果

(b) 家計の労働供給曲線

E_1 から E_2 へ移り、労働供給時間は $T-F_1=L_1$ から $T-F_2=L_2$ に増加する。

この動きは、「代替効果」と「所得効果」の概念(第3章を参照)を使えば、より明確に理解できる。そのため、賃金率上昇後の予算線 $A'B$ と同じ傾きをもち、当初の無差別曲線 U_1 と E_1^* 点で接する仮想上の予算線 CD を描く。すると、**代替効果**は、最初の最適点 E_1 から仮想上の最適点 E_1^* への動きとして示せる。労働と余暇の選択では、賃金率は、余暇を1単位余分に得るために犠牲にしなければならない金額であるから、余暇の機会費用である。したがって、賃金率の上昇はそれだけ余暇の価格が高くなることを意味する。その結果、代替効果の働きにより、余暇の需要量は F_1 から F_1^* に減少する。言い換えると、労働の供給量は $T-F_1$ から $T-F_1^*$ に増加する。

同時に、家計は労働の売り手であるから、賃金率の上昇は家計の実質所得が高まることを意味し、予算線は直線 CD から $A'B$ へ平行にシフトしたと解釈できる。ゆえに、**所得効果**は、仮想上の最適点 E_1^* から実際の新しい最適点 E_2 への動きとして示せる。余暇が正常財である限り、所得効果の働きにより余暇の需要量は増加し、F_1^* から F_2 になる。反対に、労働の供給量は $T-F_1^*$ から $T-F_2$ に減少する。

以上のように、労働と余暇の選択においては、代替効果と所得効果は反対方向に作用する。賃金率が上昇すると、労働の供給量は代替効果によれば増加するが、所得効果によると減少する。したがって、代替効果が所得効果よ

りも大きいときには、賃金率の上昇につれて労働の供給量は増加する。

図7-3(b)には、賃金率の各水準について、家計がどれだけの時間を労働のために供給するのかを示す**家計の労働供給曲線** SS が描いてある。図7-3(a)のように、賃金率が W_1 から W_2 に上昇すると、労働の供給量は L_1 から L_2 に増加する場合には、労働供給曲線は通常のとおり右上がりになる。

けれども、賃金が高水準に達すると、所得の面で余裕が生じて余暇の選好が強くなる傾向がある。この場合には、所得効果が代替効果を上回り、図7-3(a)の E_2 点が E_1 点の右上に位置するようになる。賃金率の上昇は、逆に労働供給の減少を引き起こす。そのため、図7-3(b)の曲線 SS の上方部分に見られるように、賃金率がある水準以上になると、家計の労働供給曲線は**後方に屈折した**(右下がり)の形をとることになる。

3　労働市場の均衡

市場経済では、生産要素の価格も生産物の場合と同じように、基本的には市場の需要と供給によって決定される。ここでは、完全競争的な労働市場を考え、労働の市場価格つまり市場賃金率はどのように決定されるのかを見てみる。また、現実には、なぜ賃金格差が存在するかについても検討する。

① 市場賃金率の決定

1節では、企業の労働に対する需要は、労働の限界生産物価値(限界生産物と生産物価格の積)に依存し、労働需要曲線は右下がりの形になることを見た。これより、さまざまな賃金率の水準について、各企業の労働需要量を合計すると、労働市場全体の需要量が求められる。言い換えると、個々の企業の労働需要曲線を水平に加えていけば、図7-4 のような**市場の労働需要曲線** DD が得られる。各企業の労働需要曲線は右下がりであるから、市場の労働需要曲線も右下がりの形になる。

また、前節で、個々の家計の労働供給について検討した。これらの個別的な労働供給量を合計すれば、労働市場全体の供給量が求められる。個々の家計の労働供給曲線は、高い賃金率の部分では後方に屈折する可能性もある

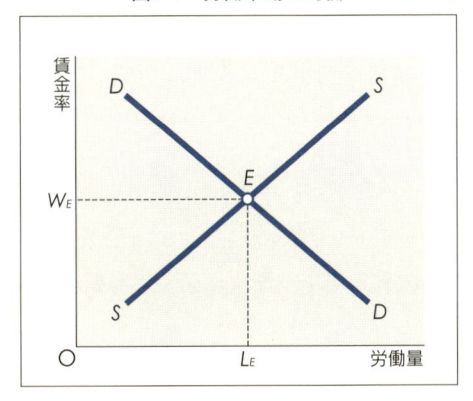

図7-4 労働市場の均衡

が、ここでは単純化して、**市場の労働供給曲線**は直線 SS のように右上がりの形になるものとする。

さて、労働市場が競争的であれば、市場賃金率が W_E より低いときには、市場は超過需要の状態になり、賃金に上昇圧力が加わる。反対に、市場賃金率が W_E より高いときには、市場は超過供給の状態に陥り、賃金は低下傾向を示す。結局、賃金率が W_E のときに労働の需要と供給は等しくなり、労働市場は均衡する。つまり、競争的な労働市場の均衡は、市場需要曲線 DD と市場供給曲線 SS が交差する E 点で成立する。その結果、**均衡賃金率**は W_E の水準に、また、**均衡雇用量**は L_E の大きさに決定される。

これまで随所で、労働を需要する企業、あるいは労働を供給する家計にとって、労働の市場価格である賃金率は与えられた条件であると述べてきたが、それはまさに、労働市場の均衡賃金率を意味したのである。

② 賃金格差

以上では、あたかも労働市場は1つで、ただ1つの賃金率が存在するかのように説明した。だが、実際には、いろいろな種類の労働があり、それぞれの市場で賃金は異なる高さに決まる。大部分の家計にとって、賃金所得はもっとも重要な収入源であるから、自らの職種の賃金がどのような水準にあるかにより、所得分配の状況は大きく左右されることになる。

それでは、なぜ**賃金格差**が生じるのかを、これまでに学んだ理論にもとづき考えてみたい。各種の労働の賃金率がどんな水準に決定されるのかは、それぞれの需要曲線と供給曲線を規定する要素に依存する。

たとえば、自らが提供する労働を使って作られる生産物に対する需要が旺盛で、生産物の価格が高い水準にある場合や、生産技術の進展や改善、豊富な資本投入量のおかげで、労働の生産性が高い(限界生産物が大きい)場合には、労働の限界生産物価値は大きくなる。このような職種では、図7-5(a)の直線D_1D_1のように、労働に対する需要は高く、需要曲線は右上に位置することになる。それゆえ、賃金は高水準W_1に決まる。

一方、その労働を使って生産する財の価格が低水準にあるとか、労働の生産性が低い場合には、労働の限界生産物価値は小さくなる。したがって、この種の労働に対する需要は少なく、需要曲線は直線D_2D_2のように左下に位置し、賃金は低水準W_2になる。

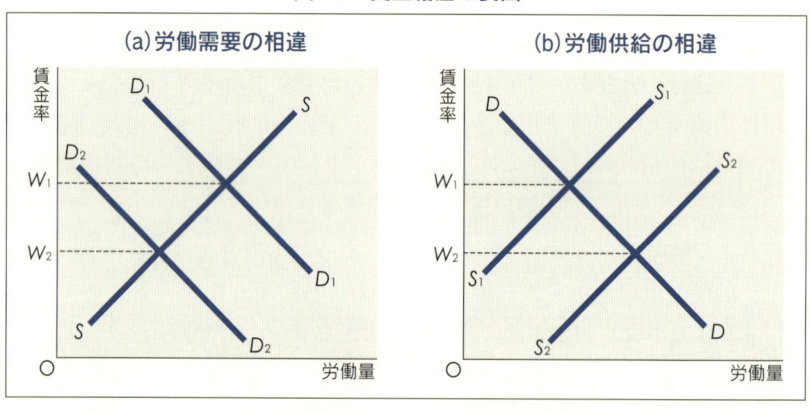

図7-5 賃金格差の要因

(a) 労働需要の相違

(b) 労働供給の相違

これに対して、労働供給量が限られていたり、労働の供給コストが非常に高くつく場合には、労働の供給曲線は、図7-5(b)の直線S_1S_1のように左上に位置することになる。その結果、賃金は高水準W_1に決まる。逆に、労働供給量が豊富であるとか、供給コストが低いときには、その種の労働供給は大きく、供給曲線は直線S_2S_2のように右下に位置する。したがって、賃金

は低水準 W_2 になる。

　長期的に見ると、人口数の変化、転職の可能性、新規求職者の参入、教育・職業訓練の成果などによって、各種の労働の供給量は変化する。その際、労働供給は賃金格差に反応して、高賃金の職種では増加する一方、低賃金の職種では減少する。したがって、長期的な労働供給の調整を通じて、一般に、賃金格差は縮小する傾向を示す。しかし、労働移動を妨げる要因(きわめて高い教育・訓練コストの存在、学歴・出身校・性別などによる雇用慣行、労働組合による新規労働者の受け入れ拒否など)がある限り、職種間の賃金格差は完全には解消しない。

4　固定的生産要素の価格

　一般に、生産要素の供給量は生産要素価格(簡単に、**要素価格**という)の上昇とともに増加して、生産要素の供給曲線は右上がりになる。しかし、生産要素の中には、供給が限られているものもある。たとえば、土地や天然資源は全体の供給量が固定的であるし、資本財、特異な才能をもつ人なども、少なくとも短期的には供給量は一定である。本節では、供給が固定的な生産要素の価格(報酬)について考察する。

①　固定的な土地サービスの価格

　いま、土地の供給量が完全に固定的であるとする。この場合、**図7-6**において、土地サービスの供給曲線 SS は、固定的な供給量 $\overline{N}$ で垂直な線によって示される。つまり、土地の供給は、**地代**あるいは**レント**(rent)—土地を使用することの価格、言い換えると、土地サービスを提供することに対して、その所有者が受け取る報酬—の変化に対して完全に非弾力的である。地代が上昇しても土地の供給量は増加しないし、逆に、地代が低下しても減少せず、$\overline{N}$ の水準で一定であることを意味する。

　土地サービスに対する需要は、労働需要の場合と同じく、**土地の限界生産物価値**(土地の限界生産物に、生産物の価格を掛けた値)によって決まる。土地の限界生産物は逓減するとすれば、土地の限界生産物価値も次第に小さくな

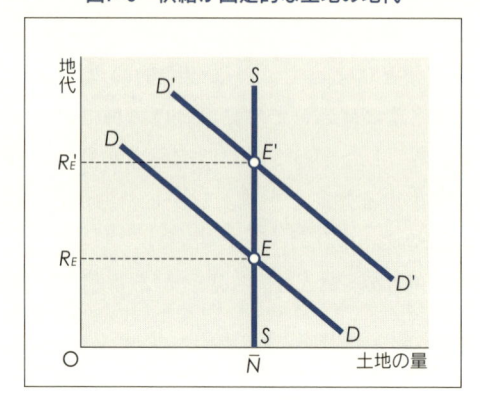

図7-6 供給が固定的な土地の地代

るから、土地の需要曲線は右下がりの直線 DD のように描ける。

そして、土地サービス市場が完全競争的であれば、地代は需要と供給が一致する E 点に対応して、R_E の高さに決定される。このとき、土地保有者の地代収入は、四辺形 $OR_E E\overline{N}$ の大きさになる。

土地の供給が完全に固定している場合、地代の水準がどのような高さに決まるのかは、需要の状況に大きく依存する。たとえば、生産物に対する需要が増加して生産物の価格が上昇したり、労働や資本の投入が増加して土地サービスの限界生産物が高まると、土地の限界生産物価値は大きくなり、土地の需要曲線は $D'D'$ のように右上にシフトする。この場合、地代の水準は需要曲線のシフトに比例して上昇し、R_E' の高さになる。その結果、地代収入は四辺形 $R_E R_E' E' E$ の面積分だけ増加し、土地サービスの需要増加の利益は、すべて土地保有者に帰することになる。

なお、供給が固定的な資本財のレンタル価格（たとえば、コンピュータや建設機器のリース料）についても、以上とほぼ同じように説明できる。

② 経済地代

地代はもともと、供給が固定的な生産要素の価格ないしは報酬を意味するが、**経済地代**（経済レント）という概念に拡張されるようになった。経済地代とは、ある生産要素（土地、労働、資本など）を特定の用途に利用して得られ

る収入から、その用途にとどめるのに必要な最小の金額、つまり、その生産要素の**機会費用**(もし、他の用途に利用したならば、得られたであろう最大の収入)を差し引いた値のことである。このように、経済地代とは、生産者余剰(第5章を参照)の考え方を、生産要素に適用したものである。

前項の**図7-6**では、土地の供給は完全に固定的で、たとえ地代がゼロになっても$\overline{N}$の量だけ供給されるから、土地には代替的な用途はないとみなせる。この場合、土地サービスの機会費用はゼロである。したがって、地代収入はすべて経済地代と言える。

しかし、固定的な生産要素であっても、普通は代替的な用途がある。土地や資本の場合には多くは転用が可能であるし、特異な才能をもつ人も別の職業に就くことはできる。あるいは、自分のために生産要素を留保しておくことも、選択肢の1つである。このように、生産要素供給の機会費用は、一般にはゼロではない。

いま、**図7-7(a)**において、供給が固定的な生産要素を、他の用途に供給した場合に得られる報酬の水準は、OAの高さであるとする。このとき、生産要素の供給者が受け取る収入は面積$OR_E E\overline{N}$、機会費用は面積$OAB\overline{N}$で表される。ゆえに、経済地代は両者の差、四辺形$AR_E EB$の大きさになる。なお、今度の場合、生産要素の供給曲線は垂直線SSではなく、垂直線のBS

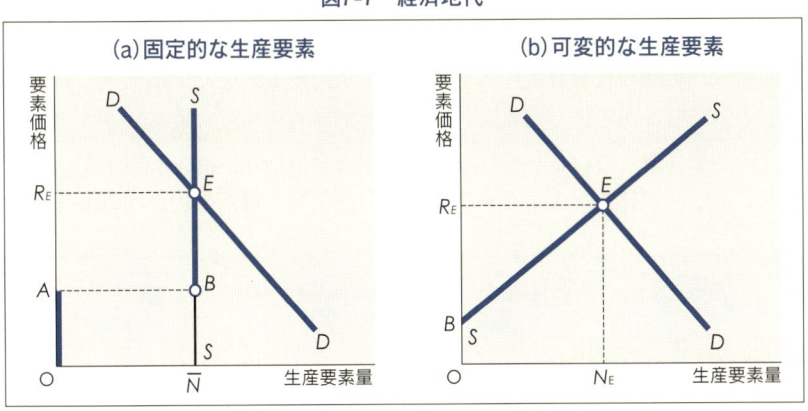

図7-7　経済地代

(a)固定的な生産要素

(b)可変的な生産要素

部分と縦軸の OA 部分からなる。もし、生産要素の価格が A の水準よりも低ければ、この生産要素は他の用途に回され、供給量はゼロになるからである。

さらに、経済地代の概念は、可変的な生産要素に対しても適用できる。土地を例にとると、確かに土地の総供給量は固定的である。しかし、地代が高ければ土地の開発が行われて供給は増加するし、また、地代の低い土地は高い地代を生む土地へと転用される。したがって、各種の土地サービスの供給は、地代が上昇するにつれて増加する。同様に、機械や設備などの資本財についても、長い時間的視野で見れば供給量は可変的である。

図7-7(b) には、可変的な生産要素の供給曲線 SS が、普通の右上がりの形に描いてある。生産要素の価格は、この供給曲線と需要曲線 DD の交点 E に対応して R_E の水準に決定され、均衡量は N_E になる。その結果、生産要素の供給者が得る収入は四辺形 OR_EEN_E の大きさになるが、N_E 量を供給するために必要な最小の費用、つまり生産要素供給の機会費用は、供給曲線の下の面積 $OBEN_E$ で示される。したがって、経済地代は両者の差、三角形 BER_E の面積で与えられる。なお、生産要素の供給者が得る収入のうちで、経済地代が占める割合は、供給が非弾力的で、供給曲線が垂直に近い形をしているほど高くなる。

要するに、経済地代は報酬の余剰部分を意味するから、なぜ特定の生産要素の保有者(特定の職種の人)に、大きな所得が生まれるのかを理解するのに役立つ。たとえば、供給量が絶対的に限られている都心部の土地を所有する人の場合、土地の賃貸収入の大半は経済地代である。また、短期的には、資本財の供給量は固定的であるから、資本財の所有者が受け取るレンタル収入も、経済地代を含む。さらに、供給数が限られている医師、弁護士、公認会計士、スポーツ選手、人気タレントなどの収入は、経済地代の性質が強い。

●コラム：資産価格とバブル[※]

　本章では、労働、土地、資本などの生産要素が提供するサービス、つまりフロー(一定期間内に発生する量のこと)の価格を扱っている。それ

では、土地や株式・債券などのスト︎ッ︎ク︎(ある時点に存在する量のこと)の**資産価格**は、どのように決まるのであろうか。土地そのものの価格である「地価」を例にとり、考えてみる。

地価は理論的には、「現在から将来にかけて、その土地から得られる所得の**現在価値に等しい**」と言える。土地をいま購入して、これからn年間にわたり、各年の終わりに地代収入R_1、R_2、…、R_nを得て、n年後の最後にその土地を価格P_nで売却するものとする。また、利子率rは将来にわたり変化しないとする。この場合、1年後の地代の現在価値は$R_1/(1+r)$、2年後の地代の現在価値は$R_2/(1+r)^2$、以下同様に、n年後の地代と売却価格の現在価値は$R_n/(1+r)^n$、$P_n/(1+r)^n$と表せる。

したがって、地価P_Rは、現在から将来にかけての地代の現在価値、および将来の土地売却価格の現在価値を合計した値に等しく、

$$P_R = \frac{R_1}{(1+r)} + \frac{R_2}{(1+r)^2} + \cdots + \frac{R_n}{(1+r)^n} + \frac{P_n}{(1+r)^n}$$

という式で与えられる。この式によると、将来の地代や土地売却価格が高くなると予想されるほど、現在の地価は高くなる。また、利子率が低いほど、将来の地代や土地売却価格の現在価値は大きくなるから、やはり地価は高くなる。

さらに、毎年の地代収入はRの値で変わらず、また、土地を無限の将来まで所有するものとする。このときには、上式の右辺の最終項はゼロとみなせるから、上式は初項が$R/(1+r)$で、公比が$1/(1+r)$の無限等比級数になる。それゆえ、初項／（1－公比）という「無限等比級数の和」の公式を当てはめれば、地価は簡単に、

$$P_R = \frac{R}{r}$$

と表せる。この式から、地価は毎年の地代と利子率によって決定され、前者を後者で割った値に等しいことがわかる。

なお、株式・債券については、以上の式において、地代を配当・利子と、n年後の土地売却価格を株価・債券売却価格と解釈し直せば、P_Rは

株価・債券価格の理論値を示すことになる。

ところで、わが国では、地価や株価などの資産価格が1980年代後半に高騰し、90年代前半に急落した。このように、現実の資産価格が以上の資産価格決定式が示す理論値から大きく乖離して上昇するとき、**バブル**(bubble)が生じているという。

つまり、バブルとよばれる現象は、経済の基礎的要因(ファンダメンタルズ)では説明できない資産価格の急騰現象のことである。人びとがファンダメンタルズにもとづくことなく、楽観的に、将来の資産価格は上昇するという期待をもって資産購入に走ると、値上がりが値上がりを呼んでバブルになるのである。

5　生産要素の需要独占

これまでは、完全競争的な生産要素市場を想定してきた。つまり、生産要素のどの売り手も買い手も、要素価格に影響を与えるほど規模は大きくなく、生産要素市場で決定される価格を与えられた条件として行動すると考えた。しかし、現実には、生産要素市場においても独占的な要因が存在する。まず、需要サイドの独占を取り上げる。

① 要素需要の独占

市場に買い手が1人の状況は、**需要独占**または**買い手独占**(monopsony)といわれる。大企業の下請け会社からの部品購入、政府の専売品や軍需物資の購入などは、生産物市場の需要独占の例である。一方、生産要素市場の需要独占としては、企業城下町の労働雇用、プロ球団のドラフト制による新規入団、石油元売り会社の原油買い付けなどが挙げられる。生産要素の需要独占企業は市場支配力を行使して、生産要素の雇用量を小さくし、同時に、生産要素の価格も低く抑えようとする。以下、この点を明らかにする。

さて、完全競争的な生産要素市場では、個々の企業にとって、生産要素の供給曲線は要素価格の高さで水平な線で描かれる(図7-1を参照)。企業は一定

5 生産要素の需要独占　*181*

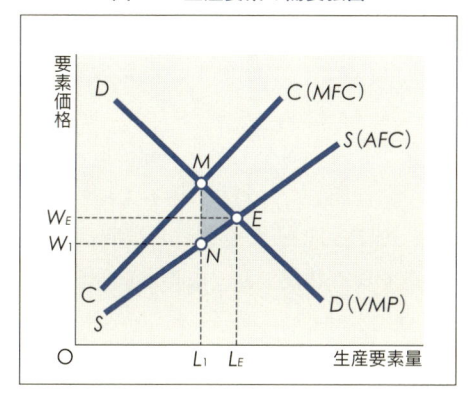

図7-8　生産要素の需要独占

の要素価格で必要なだけ生産要素を雇用できる。これに対し、生産要素の需要独占企業は市場における唯一の買い手であるから、需要独占企業が直面する生産要素の供給曲線とは、市場全体の供給曲線にほかならない。そして、生産要素の市場供給曲線は、**図7-8**の直線 SS のように、一般に右上がりである。このことは、需要独占企業にとって、生産要素1単位当たりの**平均要素費用**(average factor cost：AFC)は、生産要素をより多く雇用するにつれて、高くなることを意味する。

　以上の点を踏まえ、生産要素を1単位余分に雇用することによって生じる費用の増加、すなわち**限界要素費用**(marginal factor cost：MFC)はどうなるのかを考えてみる。生産要素の価格と数量をおのおの W と L で表すと、この場合、W は L の増加につれて上昇するという性質をもつ。それゆえ、「関数の積の微分」の公式(136ページの脚注を参照)を適用すると、限界要素費用は、

$$MFC = \frac{\Delta(W(L) \cdot L)}{\Delta L} = W(L) + \frac{\Delta W(L)}{\Delta L} \cdot L$$

のように示せる。ここで、$\Delta W(L)/\Delta L$ は生産要素の供給曲線の傾きで、プラスの値をとる。したがって、限界要素費用 MFC は生産要素の価格 W よりも大きくなる。その理由は、需要独占企業が生産要素の雇用を増加させるとき、追加1単位に支払う費用分 $W(L)$ のほか、それまで雇用していた単位

数すべてに対して、以前より高い価格を支払うために生じる支出増加分 $(\Delta W(L)/\Delta L)\cdot L$ が、余分の費用として発生するからである。このため、図7-8の限界要素費用曲線 CC は、生産要素の供給曲線(平均要素費用曲線) SS より上に位置することになる。

なお、需要独占企業が生産要素を1単位余分に投入することから生じる収入の増加は、これまでに説明したとおり、限界生産物価値(限界生産物に、生産物の価格を掛けた値) VMP によって表される。収穫逓減の法則が働き、限界生産物が次第に小さくなる状況では、限界生産物価値曲線は図7-8の右下がりの直線 DD のように示せる。

② 需要独占の均衡

それでは、需要独占のもとでは、生産要素の価格と雇用量はどのような水準に決定されるのであろうか。

先の**図7-8**において、生産要素量が L_1 より小さいときには、限界生産物価値は限界要素費用を上回り、雇用の追加に伴う収入の増加は費用の増加より大きい。ゆえに、雇用を拡大すれば利潤は増加し得る。反対に、生産要素量が L_1 より大きいときには、限界要素費用が限界生産物価値を上回るので、雇用を縮小すると利潤は増加する。需要独占企業は結局、限界生産物価値曲線 DD と限界要素費用曲線 CC が交差する M 点にしたがい、

$$限界生産物価値(VMP)＝限界要素費用(MFC)$$

の関係が成立する水準 L_1 に生産要素の雇用量を決めることで、最大の利潤を実現できる。そして、L_1 量の生産要素が供給されるように、供給曲線 SS 上の N 点に対応して、生産要素の価格を W_1 の高さにする。

以上の需要独占の均衡を、完全競争下の均衡(E 点)と比べると、生産要素の価格は W_E から W_1 に引き下げられ、雇用量は L_E から L_1 へ減少している。生産要素の需要独占により、雇用量は制限され、同時に、要素支払いも低く抑えられることが見てとれる。その結果、経済余剰は三角形 EMN の大きさ(●色部分)だけ縮小し、資源配分は非効率(非パレート最適)な状態になっている。

6　生産要素の供給独占と双方独占

つぎに、本節では、生産要素市場の供給サイド、および需要と供給の両サイドに独占的要因が存在する状況を考察する。

① 要素供給の独占

生産物市場の**供給独占**(売り手が1人の状況)については、前章で詳しく検討した。ここでは、生産要素市場の供給独占を取り上げる。石油輸出国機構 (OPEC)、医師会・弁護士会・公認会計士協会などの専門職グループ、労働組合、卓越した才能をもつ人(たとえば、大芸術家、優れたスポーツ選手、人気タレント)などが、生産要素の供給独占の例に挙げられる。供給独占者はその市場支配力を行使して、生産要素の供給を少なくし、生産要素の価格を吊り上げようとする。以下、この点について説明する。

生産要素の供給独占者は市場における唯一の売り手であるから、この供給独占者に対する需要とは、生産要素市場全体の需要にほかならない。そして、生産要素市場の需要曲線は、**図7-9**の直線 DD のように、一般に右下がりである。このことは、供給独占者が生産要素をより多く供給すると、その価格は低下すること、つまり、供給独占者にとって、生産要素1単位当たり

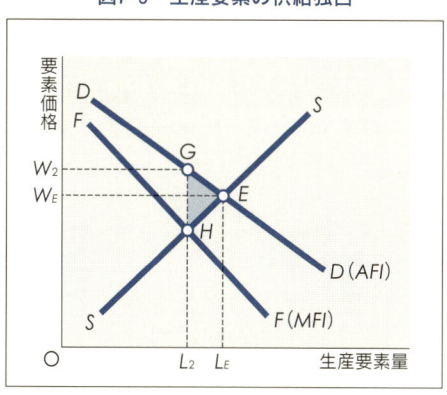

図7-9　生産要素の供給独占

の**平均要素所得**(average factor income：*AFI*)は、次第に小さくなることを意味する。これは、完全競争的な生産要素市場では、家計は生産要素を一定の市場価格で、好きなだけ供給できるのと対照的である。

　独占企業の平均収入と限界収入の関係(前章の１節を参照)とまったく同じように、生産要素を１単位余分に供給することによって生じる所得の増加、すなわち**限界要素所得**(marginal factor income：*MFI*)は、平均要素所得よりも小さくなる。なぜなら、生産要素の供給量を１単位増やす場合、それまで供給していた単位数すべてについて、以前より低い価格を受け取るために生じる減収分を、生産要素の追加１単位から得られる増収分(平均要素所得)から差し引かなければならないためである。したがって、図7-9の限界要素所得曲線 *FF* は、生産要素の需要曲線(平均要素所得曲線)*DD* より下に位置する。

　生産要素の供給独占者が、生産要素を１単位余分に供給する際の費用の増加は、右上がりの直線 *SS* によって示されるとすれば、生産要素の供給量は、限界要素所得曲線 *FF* との交点 *H* に対応して、L_2 の水準に決められる。その理由は、生産要素量が L_2 より小さいときには、追加供給に伴う所得の増加は費用の増加を上回るので、供給独占者は生産要素の供給を増やす。反対に、L_2 より大きいときには、費用の増加が所得の増加を上回るので、供給を減少させたほうが利潤は高まるためである。そして、L_2 量の生産要素が需要されるように、需要曲線 *DD* 上の *G* 点に対応して、生産要素の価格を W_2 の水準に決める。

　以上の供給独占の均衡を、完全競争下の均衡(*E* 点)と比べると、供給独占者の独占力行使の結果、生産要素の供給量は L_E から L_2 へと制限され、価格は W_E から W_2 に引き上げられる。そのため、経済余剰は三角形 *EGH* の大きさ(●色部分)だけ縮小し、資源配分はパレート最適な状態にはない。

② 双方独占

　市場に需要独占と供給独占がともに存在する状況、つまり買い手も売り手もそれぞれ１人の場合を、**双方独占**(bilateral monopoly)とよぶ。たとえば、OPEC は原油供給の独占者で、石油元売り会社は原油需要の独占者と言え

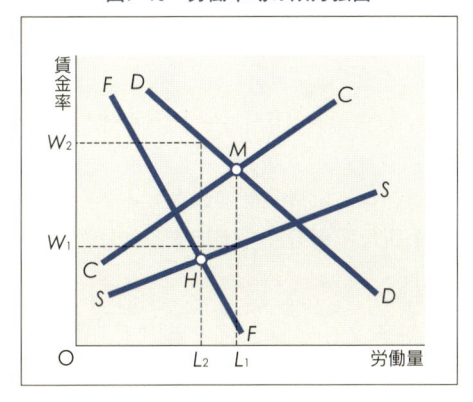

図7-10 労働市場の双方独占

る。また、労働組合は労働供給側の独占者で、経営者は労働需要側の独占者とみなせる。双方独占のもとでは、生産要素の価格と雇用量の水準は、両者の交渉により、需要独占と供給独占の間のどこかに決められる。以下では、労働組合と経営者の間の賃金交渉を例にとり説明する。

図7-10は、需要独占(図7-8)と供給独占(図7-9)を1つの図に描いたもので、双方独占の状況を表す。この場合、経営者は労働の需要独占者として行動し、限界要素費用と限界生産物価値の一致するM点に応じて、労働をL_1量だけ雇用し、賃金をW_1の高さに決めようとする。一方、労働組合は労働供給の独占者として行動し、限界要素所得と労働供給費用が一致するH点に対応して、L_2量の労働を供給し、W_2の賃金を得ようとする。このように、経営者は賃金をW_1という低い水準に抑えようとするし、労働組合はW_2という高い賃金を手に入れようとするから、双方独占のもとでは、両者の行動は対立する。

結局、賃金はW_1とW_2の間のどこかの水準に決められるが、それは労使間の交渉による。両者の交渉力の強さは、団体交渉当事者の交渉能力、労働市場の需給関係、ストライキの実行可能性、世論の支持、政治情況など、さまざまな要因に依存する。そして、経営側の力が相対的に強ければ、賃金はW_1に近い水準に落ち着くし、逆に、労働側の力が勝るときには、W_2に近い高さまで引き上げられる。これに伴い、雇用量はL_1とL_2の間の水準に決まる。

7　市場経済と所得分配

　これまでに、労働、土地、資本などの生産要素市場において、各生産要素の価格はいかに決定されるのかを見てきた。本節では、市場経済のもとで決定される生産要素の価格は、所得分配の観点からどのような問題点を抱えているのか、そして、公正な所得分配を実現するには、いかなる政策措置が必要なのかを考察する。

① 市場メカニズムによる所得分配

　市場経済においては、家計は労働、土地、資本などの生産要素を、企業の生産活動のために提供する。そして、これらの生産要素には、各生産要素市場で需要と供給の関係から決定される価格に応じ、対価が支払われる。したがって、各家計の所得は基本的には、自らが保有する生産要素の供給量とその価格水準によって決まる。けれども、所得分配を市場メカニズムにすべてゆだねることには問題がある。

　第1に、所得形成の前提条件である資産の保有状態には、個人間で相当な差異が見られる。つまり、現金・預金・証券等の金融資産、土地・建物などの物的資産のみならず、労働の稼得能力という人的資産についても、量と質の両面において、その保有状況は人びとの間でかなり偏りがある。したがって、所得形成の機会は決して各人で均等ではなく、大きな所得格差を引き起こす要因になり得る。たとえば、莫大な金融資産・物的資産を受け継いだり、たぐいまれな人的資産に恵まれた人は、巨額の所得を形成できる。それに反し、資産に乏しい人たちは、低い所得に甘んじなければならない。

　第2に、現代では、個人の受け取る所得の形態は多様化しているが、大多数の家計は、ごく限られた種類の生産要素を保有するだけである。たとえば、勤労者の主な収入源は、自らの労働力を提供することの対価として受け取る賃金所得である。それゆえ、ある特定の生産要素の市場価格がいかなる水準にあるかによって、家計の所得状況は大きく左右される。市場価格がきわめて低い水準にある生産要素の保有者は、経済的に恵まれないことにな

る。

　第3に、市場経済では本来、生産に対する貢献に応じて報酬が支払われる。だから、失業、病弱、高齢などのため生産活動に従事できない人には、所得が発生しないことになる。

　したがって、所得分配の問題については、市場の力には限界があり、市場メカニズムだけでは適切に対処し得ない面がある。

② 所得分配政策

　以上のように、市場経済のもとでは、所得分配の状態は公正なものとはなりにくい。市場メカニズムの作用だけでは、所得分配の問題は適切に解決し得ないのである。分配の公正化を推し進めるためには、政府によるさまざまな所得分配政策が必要とされる。

　その中心となるものが、租税制度や社会保障制度による**所得再分配**である。所得再分配とは、市場メカニズムにもとづいて決定され、いったん人びとの間に分配された所得や資産を、政府の介入により移転させることである。

　まず、租税制度の存在は分配の公正化に貢献する。たとえば、個人所得税については、累進税率の適用や課税最低額の設定があるため、高所得者の税負担は大きくなり、反対に低所得者の税負担は小さくなる。したがって、課税前に比べて、課税後には所得格差が縮小する。あるいは、相続税や贈与税が課されると、相続財産の大きい人は課税後の取得財産の割合は小さくなる。それゆえ、資産保有の平等化が進んで、資産所得の格差は縮小する。

　つぎに、社会保障制度は、最低生活水準の保障と生活の安定、福祉の向上を目的とするもので、公的扶助(生活保護)、社会保険、社会福祉などからなる。政府は、租税と社会保険料の形で徴収した収入を主要な財源として、これを給付の形で人びとの間に移転させる。このように、社会保障制度は、納税者・拠出者一般から、低所得層や高年齢層への所得再分配の機能をもつ。

　さらに、政府は所得再分配をはかるだけではなく、積極的に分配の公正に寄与する政策を推進することが望まれる。教育や就業・昇進の機会均等、職業訓練・労働移動の促進などは、全体の所得格差を縮小させる効果をもつ。

ただし、社会がたとえ公正な分配の状況に近づいたとしても、資源配分が非効率になっては、人びとの間に分配する所得の大きさ自体が小さくなってしまう。これでは、効率性の面で社会的に好ましくない状態に陥る。所得分配の公正化は、資源配分の効率性を阻害しないように進める必要がある。

練習問題

1. 完全競争下にある企業の生産関数が $Q = -L^2 + 20L$ で表され、生産物の市場価格は $P = 2$、賃金率は $W = 8$、固定費用は $FC = 28$ とする。このとき、企業の労働雇用量 L、生産量 Q、利潤 Π は、それぞれいくらになるかを求めなさい。
2. 家計の労働と余暇の選択問題において、効用関数は $U = M \cdot F$、最大限使える時間数は $T = 24$、財産所得は $G = 12$ として、以下の問いに答えなさい。
   (1) 賃金率が $W = 1$ のとき、余暇時間 F、労働供給時間 L、所得 M はそれぞれいくらになるか。
   (2) 賃金率が $W = 1.5$、$W = 2$、$W = 3$ と上昇するにつれて、余暇時間、労働供給時間、所得はそれぞれどのように変わるか。これらの結果を使い、家計の労働供給曲線を描いてみよ。
   (3) 以上の状況において、もし財産所得がゼロならば、家計の労働供給曲線はどのようになるか。
3. 生産要素が産業間、職種間、企業間を自由に移動し得るときには、生産要素の価格は均等化していくことを、需要曲線と供給曲線にもとづき説明しなさい。
4. 生産要素の供給が①完全に固定的な場合、②可変的な場合について、経済地代とは何かを明らかにしなさい。
5.※ 労働市場の需要状況が $L_D = 1000 - 10W$、供給状況は $L_S = -200 + 20W$ で表されるものとして、以下の問いに答えなさい。
   (1) 労働市場が完全競争の状態にある場合、市場の賃金率と雇用量はいくらになるか。
   (2) 労働市場の需要側が独占の場合、限界要素費用曲線はどのような式で示せるか。また、需要独占における賃金率と雇用量はいくらになるか。
   (3) 労働市場の供給側が独占の場合、限界要素所得曲線はどのような式で示せるか。また、供給独占における賃金率と雇用量はいくらになるか。
   (4) 労働市場が双方独占の状態にある場合、賃金率と雇用量はどうなるか。
6. 公正な所得分配を実現するためには、どのような政策をとるとよいかを考えなさい。

第8章
市場の失敗

【本章の内容】　第5〜7章において、完全競争市場の均衡では、効率的（パレート最適）な資源配分が実現するが、市場に政府が介入したり、独占力をもつ売り手や買い手がいる場合には、市場の価格調整メカニズムは十分に機能せず、資源配分は非効率的になることを見た。この章では、さらに、市場の力だけではパレート最適な資源配分を達成できず、政府の市場介入が望まれるケースを考察する。

市場メカニズムではパレート最適な資源配分が実現できないことを、一般に、**市場の失敗**(market failure)という。市場の失敗が起こる原因としては、外部性、公共財、自然独占、不完全情報などが挙げられる。これらの要因が存在する状況では、たとえ市場が完全競争の状態にあったとしても、市場の能力には限界があり、社会的に見て望ましくない資源配分になってしまうのである。

本章では、このような「市場の失敗」の問題に注目し、外部性、公共財、自然独占のそれぞれのケースにおいて、なぜ市場の失敗が起きるのかを考えてみる。そして、市場取引の当事者間による解決の方法はあるのか、また、資源配分の状態を効率的にするには、どのような政策措置が必要なのかを検討する。

なお、不完全情報のケースについては、第10章で別に扱う。

●本章のキーワード
市場の失敗　　外部性(外部効果)　　外部不経済　　外部経済　　外部費用
社会的費用　　外部性の内部化　　コースの定理　　ピグー税　　公共財
非競合性　　非排除性　　ただ乗り(フリーライダー)　　公共財の最適供給
共有資源　　自然独占　　限界費用価格形成　　平均費用価格形成　　２部料金制
X非効率性

1　外部性

はじめに、市場の自由な取引では、パレート最適な資源配分が実現できない「市場の失敗」の代表例として、「外部性」の問題を取り上げる。

① 外部性とは

いままで、個々の家計や企業の活動は、当事者以外には直接的な影響を与えない、と暗に仮定してきた。しかし、たとえば、ある人がタバコを吸う（消費する）と、周囲の人は煙と臭いで被害を受ける。あるいは、大型ディスカウント店には多くのお客がつめかけ、周辺の住民は交通渋滞や騒音で多大な迷惑を被る。けれども、普通、喫煙者や大型店は周りの人たちに迷惑料を払わない。

このように、家計の消費活動や企業の生産活動が、市場の取引を経由せずに直接、無償で他の経済主体に影響を与えることがある。これを**外部性**(externality)ないしは**外部効果**(external effect)とよぶ。

外部性の典型的な例には、大気汚染、河川・湖沼・海水の汚濁、騒音、悪臭、地盤沈下など、主に企業の生産活動によって引き起こされる環境汚染（公害）がある。そのほか、地球の温暖化現象、交通の混雑、漁業資源・鉱物資源・希少動植物の乱獲、自然や緑地の破壊なども挙げられる。以上のように、家計や企業の経済活動が第三者に不利な影響を与えるとき、**負の外部性**あるいは**外部不経済**が存在するという。

反対に、家計や企業の活動が第三者に有利な影響を及ぼす場合もある。たとえば、教育の社会的効果、緑化や花壇の美化による生活環境の改善、技術革新の外部波及、鉄道・道路などの施設に伴う周辺地域の開発利益、植林の治水や大気清浄効果などである。このときには、**正の外部性**あるいは**外部経済**が見られるという。

② 生産の外部不経済

外部性があるときには資源配分の状態はどうなるのかを、まず、生産の外

部不経済が存在する状況について考えてみる。

　いま、企業はその生産過程で、大気を汚染したり汚水・有害物質を排出するなどして、環境を悪化させているとする。ところが、環境資源は元来、特定の個人や企業の所有物ではなく、いわば共有のものであり、市場取引の対象とはならない。そのため、価格は成立しておらず、自由な経済活動の認められる市場経済のもとでは、環境資源は無償で利用できる。

　したがって、企業は環境を過度に利用し、他の家計や企業に不利な影響を与えることになるにもかかわらず、市場経済では、そうした第三者に及ぼす損害(**外部費用**)を自ら進んで負担する誘因は存在しない。自己の生産に直接かかる費用(**私的費用**)のみを考慮に入れて、行動を決める。その結果、外部不経済が見られる状況では、**社会的費用**(私的費用と外部費用の合計)は、外部費用の分だけ私的費用を上回り、社会的に見て過剰生産の状態になってしまうのである。

　図8-1は、生産の外部不経済が発生する市場の状況を描いたものである。この市場は、完全競争の状態にあるとする。市場の需要曲線 DD は、買い手が生産物の追加1単位に対して支払ってもよいとする価格(限界価値)を示す。一方、市場の供給曲線 SS は、売り手(企業)がどうしても受け取る必要のある価格、つまり直接に負担する私的限界費用を表す。さらに、生産物1単位当たり C 円の外部不経済が生じるとすれば、社会的限界費用は私的限界費用に、この限界外部費用(生産物を1単位増加させたときの外部費用の増加分)を加えたものであり、それは直線 S_1S_1 によって示される。

　これより、社会的に望ましい生産量は、市場需要曲線 DD と社会的限界費用曲線 S_1S_1 が交差する E_1 点に応じて、Q_1 の水準になる。なぜなら、E_1 点において、買い手の限界評価と社会的限界費用は等しく、市場全体の経済余剰は三角形 AB_1E_1 の規模で最大となるからである。その意味で、生産量が Q_1 のときに、効率的(パレート最適)な資源配分が実現する。

　しかし、市場経済では、企業は外部費用を負担せずに、私的費用のみを考慮に入れて行動する。そのため、完全競争下の市場均衡(競争均衡)は、需要曲線 DD と私的限界費用曲線 SS が交差する E 点で成り立ち、生産量は Q_E の水準に決まる。この場合、価格 P_E は私的限界費用と一致するが、社会的

図8-1 生産の外部不経済

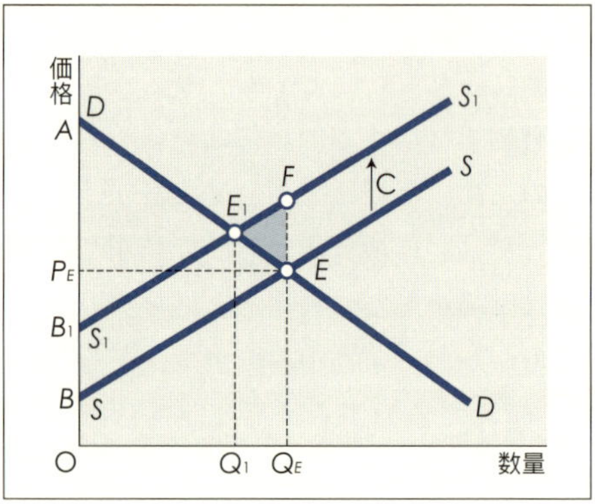

限界費用は限界外部費用 EF の分だけ価格を上回り、社会的に見て**過剰生産**となる。

　生産水準が競争均衡量 Q_E のときの経済余剰を調べてみると、消費者余剰は三角形 AEP_E の面積で、生産者余剰は三角形 BEP_E の面積で表される。ただし、外部費用が全部で四辺形 BB_1FE の面積分だけ発生しているので、市場全体の総余剰は、消費者余剰と生産者余剰の合計から外部費用を差し引いた値、すなわち三角形 AB_1E_1 の面積から三角形 EE_1F の面積を引いた大きさになる。したがって、競争均衡の経済余剰は、生産量がパレート最適な水準 Q_1 のときと比べ、三角形 EE_1F の面積分（図8-1の●色部分）だけ小さく、市場はパレート最適な資源配分の実現に失敗する。

③ 生産の外部経済

　つぎに、**図8-2** は、生産の外部経済が見られる状況を描いたものである。たとえば、ある企業が先端技術を開発すると、その企業にプラスになるだけではなく、技術の外部波及が起こり、無償で社会全体にもプラスの影響を与えるようなケースである。この場合、社会的費用は外部経済の分だけ私的費用を下回る。

　いま、生産物1単位当たり V 円の外部経済が発生するとすれば、社会的限界費用は私的限界費用よりも1単位当たり V だけ小さく、直線 S_2S_2 で示

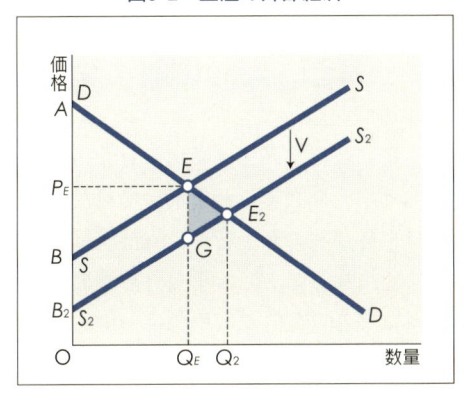

図8-2　生産の外部経済

される。ゆえに、社会的に望ましい生産量は、市場需要曲線 DD と社会的限界費用曲線 S_2S_2 の交点 E_2 に対応して、Q_2 の水準である。E_2 点において、買い手の限界価値と社会的限界費用は一致し、市場全体の経済余剰は三角形 AB_2E_2 の面積になる。このとき、経済余剰は最大で、資源配分はパレート最適な状態となる。

ところが、市場経済のもとでは、外部経済の発生者にその利益を還元するメカニズムはないから、企業は外部へのプラスの波及効果を計算に入れず、私的費用にもとづいて行動する。その結果、完全競争下の市場均衡は、需要曲線 DD と私的限界費用曲線 SS の交点 E で成立し、生産量は Q_E の水準になる。この場合、価格 P_E は1単位当たりの外部経済 EG の分だけ社会的限界費用よりも高く、社会的に見て**過少生産**の状態となる。

競争均衡においては、消費者余剰は三角形 AEP_E の面積で、生産者余剰は三角形 BEP_E の面積で示される。さらに、外部経済が四辺形 BB_2GE の面積分だけ発生する。したがって、総余剰の大きさは消費者余剰、生産者余剰、外部経済を合計した値、つまり台形 AB_2GE の面積によって表される。これより、競争均衡(E 点)では、パレート最適(E_2点)と比べて、経済余剰が三角形 EE_2G の面積分(図8-2 の●色部分)だけ小さく、資源配分面で市場の失敗が起きることがわかる。

なお、消費の外部性による市場の失敗については、章末の練習問題1と後

述する「公共財」を参照して欲しい。

2　当事者による外部性の解決法

　市場経済では、第三者に及ぼす影響は考慮されないため、外部性がある場合には、資源配分は非効率的になることを前節で見た。このような「市場の失敗」を回避するには、外部性の発生者が、外部不経済や外部経済の価値を自らの計算に含めるようになること、つまり**外部性の内部化**が必要となる。これは、民間の当事者による自発的な取引によっても可能である。

① 統合

　利害関係にある当事者間の**統合**あるいは**合併**によって、外部性の内部化が起こり、市場の失敗は解決することがある。
　前節で取り上げたように、企業はその生産過程で環境を汚染して、地域住民に被害を与えているとする。だが、もし、企業が地域に貢献することを最優先とし、また、地域住民の大半はこの企業で働くことを望むとすれば、実質的に、企業と地域住民は一体となり、統合化がなされたことになる。それまでの生産に伴う外部不経済は、今度は、同じ仲間が被る損害となるので、企業はこの点を考慮に入れて、生産活動を行わなければならない。
　したがって、統合前には外部費用であったものが、私的費用とみなされるようになり、外部費用の内部化が生じる。このため、社会的費用と私的費用は一致して、先の図8-1では、社会的限界費用曲線 S_1S_1 は統合後の私的限界費用曲線を意味することになる。その結果、市場均衡における生産水準は、統合前の E 点の Q_E 量から、統合後には E_1 点の Q_1 量に抑えられ、市場の失敗は解決する。
　あるいは、パソコン本体の生産が増加すると、そのパソコン用の多種多彩なソフトが開発・販売され、逆に、ソフトの豊富なことが、パソコン本体の価値を高めて需要を喚起するという現象が見られる。このように、パソコン本体とパソコンソフトは、それぞれ相手に対して外部経済を与える（なお、利用者が多くなるほど、その商品やシステムの利用価値が高まるといった正の外

部性を、特に**ネットワーク外部性**とよぶ)。

　パソコン本体の製造会社とパソコンソフト会社が、独立に行動する場合には、外部経済は考慮されないから、お互いに過少生産となる。しかし、両社が合併や業務提携をすれば、1つの企業がパソコンの製造とソフトの開発・販売を行うことになる。その結果、外部経済は内部化され、パソコン本体とパソコンソフトの生産量は、ともにパレート最適な水準に決められる。仮に、前節の**図8-2**をパソコン本体の市場とすれば、社会的限界費用曲線 S_2S_2 は合併後の私的限界費用曲線を意味する。このため、合併後には、競争均衡 (E_2点) の生産量 Q_2 は、合併前 (E点) の水準 Q_E よりも大きくなり、市場の失敗は解決される。

② 交渉：コースの定理※

　利害関係をもつ当事者間の**交渉**によっても、外部性の解決は可能である。この点について、環境を汚染する企業と被害を受ける地域住民との間の交渉を例にとり、考えてみる。ただし、交渉にかかる取引費用はゼロ(ないしは、無視できる程度のもの)とする。また、環境資源の利用に関する権利関係は、明確に規定できるものとする。

　図8-3は図8-1の状況を、私的限界費用曲線 SS を基準にして描き直したものである。ここで、C 円の高さで水平な直線 ME は、社会的限界費用曲

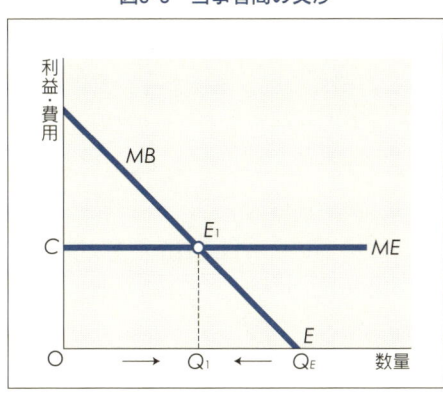

図8-3　当事者間の交渉

線S_1S_1と私的限界費用曲線SSの垂直距離に当たり、限界外部費用を表す。また、右下がりの直線MBは、市場需要曲線DDと私的限界費用曲線SSの垂直距離を移し替えたもので、限界利益(買い手の限界価値と売り手の私的限界費用との差)を表す。

第1に、環境利用権が地域住民側にある場合、企業は環境資源を使うことに対して住民に補償金を支払い、生産活動を認めてもらうことになる。このとき、生産物の追加1単位ごとに、C円の外部費用が発生するから、企業は少なくても限界外部費用Cだけの補償金を住民へ支払う必要がある。企業としては、生産活動による利益の増加MBが住民に支払う補償金MEを上回る限り、生産を拡大することにより利潤は増加する。

したがって、企業は結局、生産活動による利益の増加が補償金の増加分を差し引くとゼロになるところ、すなわち限界利益(MB)＝限界外部費用(ME)の関係が成り立つE_1点で、生産を行うように住民との交渉を進める。その結果、外部費用は補償金の支払いの形で内部化され、企業の生産量はQ_1に落ち着き、パレート最適な資源配分が実現する。

第2に、環境利用権が企業側にある場合には、地域住民が企業に補償金を支払い、生産活動を市場均衡点(E)の水準Q_Eから引き下げてもらうことになる。このとき、生産量が1単位減れば、外部費用はC円だけ削減されるから、住民は限界外部費用Cまでの補償金を企業に支払う用意がある。企業としては、受け取る補償金MEが生産抑制に伴う利益の減少MBを上回る限り、生産を減少させることにより利潤は増加する。このときも、結局、交渉はE_1点における生産量Q_1で決着する。

このように、どちらの側に権利があっても、交渉に費用がかからなければ、当事者間の交渉によりパレート最適な資源配分が実現する。これを**コースの定理**(Coase theorem)という。すなわち、環境利用権が地域住民にあるのか企業にあるのかによって、補償金を受け取る側は変わるので、所得分配の面では大きな違いが出てくる。しかし、資源配分に関しては、権利がどちらの側にあろうとも、当事者間の交渉により効率的な状態が実現し得ることを、コースの定理は主張する。

3　外部性に対する政策

　前節で述べた統合や交渉は、実際には、調整に多大な時間と費用がかかる。特に、利害関係者が多数いる場合には、「ゴネ得」や「負担逃れ」をねらう者も出てくるなど、合意に至るのは困難である。このように、交渉の取引費用が大きい場合には、統合や交渉から生じる利益は帳消しになるので、当事者間で自発的に調整がなされることはなく、外部性の問題は解決しない。そのときには、政府が外部性に対して、何らかの措置をとるべきであると考えられる。

①　環境規制

　環境問題に対して、政府は多くの場合、廃水、煤煙、排気ガスなどの排出に関する基準を設け、法的に規制する。環境を汚染する企業は、排出基準を満たすために、工場廃液の浄化装置を整備したり、煤煙や排気ガスの削減技術の改善に努めたり、ときには、生産活動を抑制することもある。この場合、環境汚染企業は、自己の生産活動に直接かかる私的費用に加えて、環境汚染を削減するために追加的な費用負担を強いられる。したがって、排出基準による環境規制も外部費用の内部化の役割を果たしており、外部性の問題を解決するうえで一定の効果がある。

　ただし、生産量がパレート最適な水準になるように排出基準を決めるには、政府は市場の需要や費用の状況について詳細な情報を必要とする。また、環境汚染物質の排出量を低い費用で削減できる企業にも、反対に、高い費用がかかる企業にも、すべて一律に同じ排出基準を適用することは、社会的な費用最小化の観点から、効率的な政策措置とは言えない。さらに、排出基準による規制の場合、環境汚染企業には、排出基準以下にまで排出量を削減する経済的な誘因はない。

②　ピグー税

　政府は、外部不経済を発生させる企業に、外部費用の分だけ課税すること

もできる。外部不経済の影響を補正するための課税は、提唱者であるピグー (A. C. Pigou) にちなんで、**ピグー税**とよばれる。環境税、炭素税などがこれに当たる。ピグー税が課されると、企業の生産に伴う費用は、本来の私的費用と税金（外部費用分）の合計になり、外部費用は内部化される。

図8-4は、説明の便宜上、1節の図8-1と図8-2を一緒に描いたものである。生産物1単位当たりC円の外部不経済が生じる場合、社会的限界費用（直線S_1S_1）は私的限界費用（直線SS）を限界外部費用Cだけ上回る。このとき、政府は、生産物1単位ごとに外部費用Cの分だけ企業に課税すれば、税金を含めた企業の私的限界費用は社会的限界費用と一致する。その結果、完全競争下の市場均衡は、需要曲線DDと供給曲線SSの交点Eから、私的限界費用＝社会的限界費用曲線S_1S_1との交点E_1に移る。したがって、生産量は当初のQ_EからQ_1に縮小して、パレート最適な資源配分が実現し、市場の失敗は解決される。

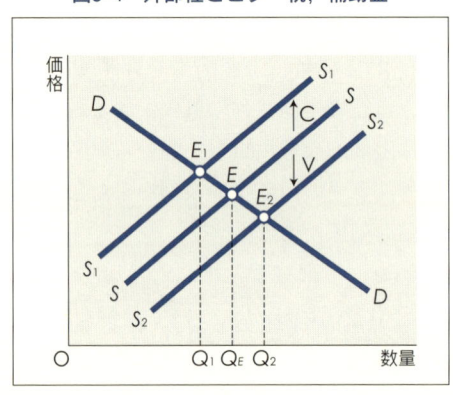

図8-4 外部性とピグー税，補助金

なお、ピグー税や以下で述べる補助金による外部性の補正政策を使い、パレート最適な資源配分を実現するには、政府は外部性の大きさについて正確な情報を必要とする。

③ 補助金

一方、企業の生産活動に外部経済が見られる場合には、政府はその活動に

補助金を支給することで、市場の失敗を解決できる。

先の**図8-4**において、生産物1単位当たりV円の外部経済が発生するとすれば、社会的限界費用(直線S_2S_2)は私的限界費用(直線SS)よりもVだけ小さくなる。このケースでは、政府は生産物1単位ごとに外部経済Vの分だけ企業に補助金を与えれば、補助金を差し引いた企業の私的限界費用は、社会的限界費用と等しくなる。したがって、市場均衡は当初のE点から、需要曲線DDと私的限界費用曲線=社会的限界費用曲線S_2S_2が交差するE_2点に変わり、パレート最適な生産量Q_2が実現する。

ところで、政府は外部不経済の問題に対処するため、前項のピグー税とは逆に、外部不経済の発生企業に補助金を出すことも可能である。いま、政府は環境汚染企業に、生産量を図8-4のQ_Eから1単位減らすごとに、C円の補助金を与えるとする。この場合、企業側からすれば、生産物を1単位増やすとC円の補助金を失うことになるので、補助金は生産活動に伴う「機会費用」に含められる。したがって、企業の私的限界費用は、供給曲線SSをC円の補助金だけ上にシフトさせた直線S_1S_1で表される。その結果、ピグー税の場合と同様に、市場の均衡はE_1点で成り立ち、資源配分の効率性が実現する。

ただ、公害問題における**汚染者負担の原則**からすると、環境汚染者への補助金支給には違和感を覚えるかもしれない。しかし、現実には、政府は環境汚染を防止する設備の設置・改善などに助成金を出すなど、この考え方が適用されている。

④ 市場の創出・運営：排出権取引

環境問題の根本的な原因は、環境資源は所有権が確立しておらず、市場取引の対象にならないため価格が存在せず、その結果、無償で過度に利用されることにある。したがって、政府の主導により環境利用権の市場を創出し、環境資源の利用には、価格の支払いが伴うようなシステムにすることも考えられる。

具体的には、地球温暖化防止策の一環として、温室効果ガスの削減をはかるため、二酸化炭素(CO_2)などの**排出権**の取引を行う市場を育成する動きが

見られる。この場合、政府は各産業・各企業の汚染物質の排出基準を設定する。そして、基準以下に排出量を削減した企業は、削減量に応じて排出権（汚染許可証）を得る。

この排出権は自由に売買可能とする。そうすれば、低い費用で汚染物質の排出量を削減できる企業は、できるだけ多くの排出権を獲得して販売しようとする。反対に、排出量の削減目標を達成できない企業は排出権を購入する。このように、汚染物質の排出量削減の経済的誘因が働き、また、外部費用は内部化され、外部不経済の問題を市場メカニズムによって解決することが期待できる。

4　公共財

これまでは、外部性の問題を考えてきたが、つぎに、「市場の失敗」のもう1つの代表例として、「公共財」を取り上げる。

① 非競合性と非排除性

市場で取引されている普通の財・サービス（これを、**私的財**とよぶ）の場合、ある人がたとえばケーキを食べれば、ほかの人がその同じケーキを消費することはできなくなる。つまり、私的財については、消費の**競合性**がある。しかし、ある人が気象情報を聞いたとしても、ほかの人もまったく同じ情報を利用できる。多くの人が同じ気象情報を利用でき、消費をめぐり利用者間で競合関係は見られない。このような財の性質を、消費の**非競合性**という。

また、私的財の場合、その消費には対価を支払うことが前提で、ケーキの代金を払わない人は、その消費から排除される。つまり、私的財については、消費の**排除性**がある。ところが、一般道路、国防、灯台などのサービスは、多くの人が同時に便益を得ており、対価を払わないからといって、その人の利用を妨げることはむずかしい。このように、対価を支払わない人でも、その財の消費から排除されないことを、消費の**非排除性**という。

以上で述べた非競合性と非排除性の2つの性質をもつ財を、**公共財**(public

goods)とよぶ。すなわち、公共財とは、社会の各人が同じ量を消費でき、また、対価を支払わなくても利用できるような財のことである。公共財の例として、国防、司法、警察、消防、気象情報などのサービスや、一般道路、街灯、橋、灯台、公園などが挙げられる。

なお、環境、美しい景観、自然資源、共有地などは、誰でも利用できて排除性はないが、利用に関しては競合的である。このような財は**共有資源**といわれる(204ページの**コラム**を参照)。

② ただ乗り(フリーライダー)の問題

公共財については、消費の非競合性と非排除性という性質があるため、たとえ価格を支払わなくても、その消費から排除されず、しかも誰もが同じだけ消費可能である。

たとえば、市内の有志が主催する花火大会を考えてみる。打ち上げ花火の費用は、すべて市民の寄付で賄うものとする。この場合、花火には興味がないからと寄付をしない人も、寄付をした人と同じように花火を見ることができる。したがって、花火の費用は分担せずに、花火大会を楽しもうとする人が多く出てくる。このように、公共財については、他人の負担のもとで自分は無償で消費する、という**ただ乗り**(フリーライダー)になろうとする誘因が働く。

すなわち、公共財においては、市場経済の基本的な要件である**受益者負担の原則**(各人がその受ける利益に応じて、費用を負担すること)が成り立たない。そのため、各人はただ乗りになろうとするので、民間の企業が公共財を市場で供給するのは困難である。たとえ供給できたとしても過少生産になり、パレート最適な資源配分は実現しない。

また、公共財は、「消費の外部性」の特殊ケースとも言える。特定の人にサービスが提供されると、**正の外部性**(外部経済)が作用して、ほかの人も同じように利用可能となる場合に当たる。上の花火大会の例では、花火の費用を負担しない人も、同じように花火を楽しむことができ、消費の外部経済が生じる。しかし、花火大会の規模は、これらフリーライダーの便益は考慮せず、実際に集まった寄付の大きさで決まるから、社会的に見て最適な規模よ

りも小さくなってしまうのである。

5　公共財の供給

　前節の説明を踏まえ、公共財の最適供給量とはどのようなものか、市場はなぜ公共財の最適供給に失敗するのか、政府は最適量の公共財を供給できるのかなど、公共財の供給について詳しく検討する。

① 公共財の最適供給量

　いま、簡単に、社会は２人の消費者(A、B)からなるものとする。**図8-5**の直線 SS は、公共財(たとえば、治安・財産・人命などを守る警察サービス)の市場供給曲線で、公共財を供給する際に生じる限界費用 MC を表す。また、直線 $D_A D_A$ と $D_B D_B$ はそれぞれ、消費者ＡとＢの需要曲線で、各人が警察サービスの追加１単位に対して支払ってもよいとする価格(限界価値)を示す。

　公共財の場合には、全員が同じ数量を消費できるため、数量が各人に共通の変数になる。したがって、警察サービスの各水準について、消費者ＡとＢが支払ってもよいとする価格を合計すると、つまり直線 $D_A D_A$ と $D_B D_B$ を垂直に加えると、警察サービスの社会的な限界価値を表す市場需要曲線 DD

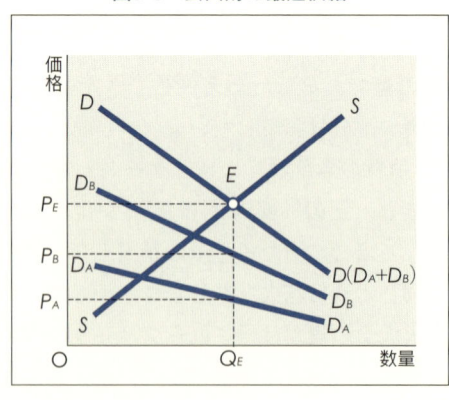

図8-5　公共財の最適供給

が得られる。

このとき、市場全体の経済余剰は、需要曲線 DD と供給曲線 SS の交点 E において最大になる。したがって、警察サービスの最適供給量は、E 点に対応する Q_E 量である。この E 点では、警察サービスの社会的な限界費用 MC と限界価値 P_E は一致し、また、社会的な限界価値は消費者 A と B の限界価値 P_A、P_B の合計であるから、

$$MC = P_E = P_A + P_B$$

という関係が見られる。これが**公共財の最適供給条件**で、「サミュエルソン (P. A. Samuelson) の条件」といわれる。サミュエルソンの条件が成り立つときに、公共財の市場では、パレート最適な資源配分が実現する。

仮に、市場経済のもとで、公共財の利用に対して消費者 A と B から料金をとることが可能ならば、それぞれが公共財の利用につける限界価値を、各人が支払うべき価格とすればよい。すなわち、図8-5の状況では、消費者 A は 1 単位当たり P_A の価格を、消費者 B は P_B の価格を払うと、警察サービスに支払われる価格の合計は P_E の大きさになり、上のサミュエルソンの条件が成立する。公共財の価格と限界費用は等しくなり、最適量 Q_E が供給される。

しかしながら、実際には、このような価格メカニズムを使って、最適量の公共財を供給することは無理である。前述したとおり、公共財はただ乗りが可能であるから、自己のつける価値に応じて、公共財の費用負担が決められるとなれば、誰も正直に真の選好を示さず、過少に表明するようになる。その結果、実際に表明される公共財の限界価値はずっと小さくなり、各人の需要曲線、そして市場の需要曲線は下にシフトする。このため、市場メカニズムにもとづく公共財の供給量は、最適水準 Q_E よりも少なくなり、市場は最適供給に失敗することになる。

② 政府による供給

以上のように、公共財には「ただ乗りの問題」があるため、市場ではうまく供給できない。そこで、一般に、公共財は政府が供給する形をとる。

それでは、政府は公共財の最適量を供給できるのか。前項の**図8-5**の状況

において、もし、政府が消費者AとBに、警察サービス1単位当たりP_AとP_Bの税負担を求めることができれば、最適供給量Q_Eが実現する。

けれども、公共財の供給が自己の税負担に直結するとなれば、ただ乗りが可能であるから、他人の税負担のもとで公共財を利用しようとする誘因が働く。つまり、市場経済の場合と同じく、各人は自分の負担を軽くするため、公共財に対する選好を少なめに申告する。その結果、公共財の供給は最適水準より小さくなり、課税にもとづく公共財の最適供給は失敗する。

結局、公共財の供給は、中央政府や地方自治体の判断・決定にゆだねられ、その費用は一般税収や公債発行によって賄われることになる。この場合、**費用と便益**を比較検討して、どのような種類の公共財を、どれだけ供給するかを決める。

たとえば、道路を建設するには、まず、道路を建設し維持する費用を推計する必要がある。ごく普通の道路にするか、高速道路のような立派なものにするかで、費用に大きな差が出てくる。また、道路を建設することの便益を推計する必要がある。ただし、道路を利用する人たちや道路建設で利益を得る企業は、その便益を過大に、逆に、道路建設に反対する人びとは過小に評価する傾向が見られる。さらに、政府は予算を工面して、財源を確保しなければならない。このような理由から、政府が公共財を適正に供給するには、多くの困難を伴う。

●コラム：共有地の悲劇

きれいな空気・水や景観、一般道路、海の魚、野生の動植物などは、公共財と同じく、誰でもそれを利用したりとったりできるので排除性はない。しかし、ある人が消費(利用)すると、ほかの人が消費できる量は少なくなったり、質の低下が生じるので、消費に関しては競合的である。このような非排除性と競合性の性質をもつ財を、**共有資源**(common resources)とよぶ。

共有資源には、**共有地の悲劇**の名でよく知られた問題が発生する。いま、ある町には共有の牧草地があり、すべての住民が自由にそこで羊を

飼うことができるとする。羊の数に比して、牧草が十分にある限り、共有地の利用について競合性は起こらず、土地の共有はうまく機能する。けれども、町の人口規模が増加したり、各人がより大きな利益を求めて羊の飼育数を増やしたりするにつれて、次第に羊の数は多くなる。その結果、牧草は相対的に不足し、ついには牧草地は食い荒らされ、不毛の地になってしまう。

　この悲劇は、共有資源に一般的に見られる現象である。ある人が共有資源を利用すると、ほかの人が享受できる量は減少するから、実は、負の外部性(外部不経済)を発生させている。しかし、各人がこれを無視して行動するため、過剰利用となる。問題の解決には、本章の2、3節で説明したように、外部性の内部化をはかり、共有資源の利用を抑制するとか、所有権を認めることなどが必要である。

6　自然独占

　以上で取り上げた外部性、公共財のほか、第6章で言及した「自然独占」も、「市場の失敗」の重要な例である。本節では、なぜ自然独占のもとでは市場は失敗するのか、また自然独占に対して、いかなる方法で規制すればよいのかを考えてみる。

① 規模の経済と自然独占

　電力、ガス、水道、鉄道などのサービス供給には、多大な固定生産要素の投入を必要とし、巨額の固定費用がかかる。したがって、このような産業においては、供給規模ないしは顧客の数が大きくなるにつれて、企業の平均費用(生産物1単位当たりの費用)は次第に小さくなり、**規模の経済**が顕著に現れる。平均費用は広範囲にわたり逓減するので、平均費用曲線は、**図8-6**の右下がりの曲線 AC のように描かれる。また、平均費用が逓減しているときには、限界費用(ここでは、一定値 b とする)は常に平均費用より小さいから、限界費用曲線 MC は必ず平均費用曲線 AC の下方に位置する。

図8-6 自然独占の規制

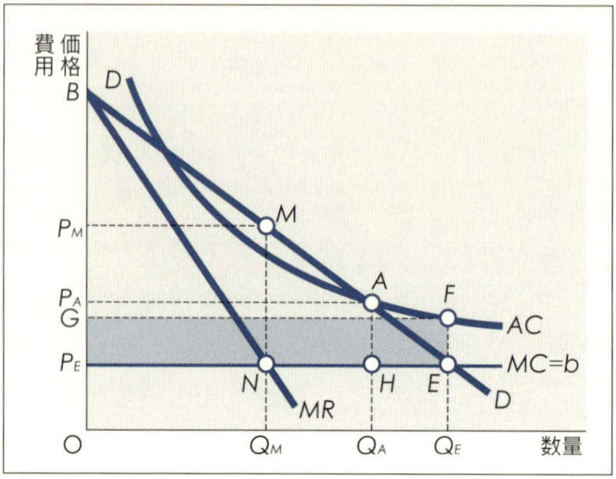

　この状況下では、たとえ市場で自由な競争が行われたとしても、規模の小さい企業は大きな企業に比べて費用面で劣るため、市場からの退出を余儀なくされる。生産規模の拡大にいち早く成功した企業が費用面で優位に立ち、結局、生産効率のもっともよい企業のみが生き残ることになる。そして、複数の企業で供給するよりも、単一の企業が市場全体に供給するほうが、費用は小さくて済む。このような状況は**自然独占**とよばれる。

　自然独占の場合、もし政府の規制がなければ、独占企業は利潤が最大になるように行動する。図8-6において、需要(平均収入)曲線と限界収入曲線が、それぞれ右下がりの直線 DD と MR で示されるとすれば、限界費用 MC と限界収入 MR が等しくなる N 点に対応して、価格は P_M、生産量は Q_M の水準に決められる。このとき、消費者余剰は三角形 BMP_M の面積、生産者余剰は四辺形 MNP_EP_M の面積に等しく、総余剰は四辺形 $BMNP_E$ の大きさになる。すなわち、規模の経済が著しく、自然独占が生じる産業においては、企業の利潤最大化行動にまかせると、独占均衡が実現し、パレート最適な資源配分に失敗する。

　そこで政府は、以上のような弊害を防ぐため、電力、ガス、水道、鉄道など自然独占の分野については、公益事業として独占の形態を認め、代わりに規制、管理のもとで運営させているのである。

② 限界費用価格形成と平均費用価格形成

自然独占を規制するには、さまざまな方法がある。第1に、独占の弊害を是正して、パレート最適な資源配分を実現することを目的とするならば、価格(料金)を限界費用と一致するように規制することが考えられる。これは、**限界費用価格形成**(marginal cost pricing)原理といわれる。

前項の**図8-6**において、価格と限界費用は、需要曲線DDと限界費用曲線MCの交点Eで等しくなるから、価格はP_E、生産量はQ_Eの水準に決められる。この場合、価格P_Eは一定の限界費用bと等しく生産者余剰はゼロであるが、消費者余剰は三角形BEP_Eの大きさになり、総余剰(消費者余剰と生産者余剰の合計)は最大となる。

ところが、問題は、平均費用が減少しているときには、限界費用MCは平均費用ACよりも小さい。そのため、価格を限界費用と等しくなるように規制すると、企業に損失(赤字)が生じてしまう。生産量がQ_Eのときには、生産物1単位当たりEF、全体では四辺形$EFGP_E$の面積分(●色部分)の損失が発生する。なお、限界費用が一定の場合には、限界費用と平均可変費用は等しいから、平均費用と限界費用の差EFは平均固定費用を表し、四辺形$EFGP_E$の面積は固定費用の大きさを示す。したがって、公益企業の活動を継続させるためには、政府は補助金を与えて、固定費用に相当する赤字を補填しなければならない。

第2に、公益企業の独立採算を重視するならば、価格を平均費用と一致するように規制することが考えられる。これは、**平均費用価格形成**(average cost pricing)原理とよばれる。価格と平均費用は、需要曲線DDと平均費用曲線ACが交わるA点で等しくなるから、価格はP_A、生産量はQ_Aの水準に決められる。このとき、総収入＝総費用(平均収入＝平均費用)が成り立ち、自然独占企業の収支は均衡し、補助金の必要性はない。

しかし、価格＝平均費用のA点では、価格＝限界費用のE点と比べて、価格は高く($P_A > P_E$)、生産量は少なくなっている($Q_A < Q_E$)。言い換えると、A点では価格は限界費用を上回っており、過少生産の状態にある。経済余剰の大きさを見ると、消費者余剰は三角形ABP_Aの大きさ、生産者余

剰は四辺形 AP_AP_EH の大きさであるから、総余剰は四辺形 ABP_EH の面積で表される。したがって、限界費用価格形成の場合（E 点）よりも、経済余剰は三角形 AEH の大きさだけ小さく、資源配分は非効率的な状態になる。ただし、独占均衡点 M における総余剰（四辺形 $BMNP_E$ の面積）よりは大きい。

③ 2部料金制とX非効率性

　以上で説明したとおり、自然独占を限界費用価格形成原理によって規制すると、パレート最適な資源配分は実現するが、企業に赤字が生じて、政府の補助金が必要となる。他方、平均費用価格形成原理を適用すると、企業の収支は均衡して独立採算は実現するが、資源配分は非パレート最適になる。

　それでは、資源配分の効率性と独立採算性を同時に達成する規制方法はないのであろうか。この問題は、**2部料金制**(two-part tariff)―利用量に関係ない一定の基本料金と、利用量に応じて支払われる従量料金からなる料金制度―を採用することにより、解決できる可能性がある。

　先の**図8-6**の状況では、まず、企業は生産物1単位当たりの従量料金を、限界費用 b に等しく設定する。これは限界費用価格形成に当たり、利用者は E 点に対応する Q_E 量を需要することになるので、パレート最適な資源配分が実現する。また、従量料金で可変費用（四辺形 OP_EEQ_E の面積）は回収される。

　つぎに、基本料金の収入総額が企業の損失（四辺形 $EFGP_E$ の面積）に等しくなるように、基本料金を設定する。その際、利用者に一律に同額の基本料金を課す方法や、契約容量に応じて基本料金を徴収する方法がある。基本料金の徴収により、固定費用が回収されて赤字は補填されるので、企業の収支も均衡することになる。

　このように、2部料金を設定すれば、資源配分の効率性と企業の独立採算性はともに実現し得る。電力、電話、ガス、水道などの事業では、2部料金制が広く普及している。

　ところで、これまでに取り上げた自然独占の規制方法にはどれも、企業にとって費用削減の誘因が乏しい、という問題点がある。企業の費用条件に応じて価格や補助金が決められるため、たとえ費用を削減しても利潤の増加に

結びつかず、費用最小化の努力は報われない。また、価格は限界費用もしくは平均費用に等しく設定され、赤字分の補助・補填あるいは収支の均衡が保証される。このため、公益企業の側では費用削減の努力を怠り、費用の上昇や生産効率の悪化が引き起こされる傾向が見られる。このような現象を**X非効率性**という。

X非効率性の発生を避け、公益企業の経営効率化をはかる規制方法として、**プライス・キャップ制やヤードスティック方式**などが考えられる。前者では、価格の改定(引き上げ)率の上限が設定され、その範囲内であれば、企業は自由に価格を決めることができる。この場合、企業には生産性向上の努力が求められる一方、生産性の上昇率を高めれば利潤が得られるので、費用削減の誘因が働く。後者では、経営環境の似通った企業同士を、平均費用などのヤードスティック(指標)にもとづいて比較し、相手企業の費用条件をもとに価格が設定される。この場合、相手企業よりも費用を削減すれば、その差は自社の利潤に反映されるので、やはり費用削減の誘因が作用する。

練習問題

1. 消費における外部不経済および外部経済が存在する場合、なぜ市場の失敗が起きるかを、それぞれ図を描いて説明しなさい。
2. 外部性の問題に関する「コースの定理」について、具体的な例を挙げて説明しなさい。
3. 市場の需要曲線と供給曲線はそれぞれ、$Q_D = 480 - 6P$, $Q_S = -120 + 4P$ によって表されるものとして、以下の問いに答えなさい。ただし、価格の単価は万円である。
   (1) 競争均衡における価格と生産量はいくらか。また、そのときの消費者余剰、生産者余剰、総余剰はおのおのいくらになるか。
   (2) 生産物1単位当たり15(万円)の生産における外部不経済が発生するとすれば、社会全体の総余剰はいくらになるか。
   (3) 企業に生産物1単位当たり15(万円)のピグー税を課す場合、競争均衡における価格と生産量はいくらになるか。また、そのときの消費者余剰、生産者余剰、税収、外部不経済を計算して、総余剰は(2)と比べて、どれだけ大きくなるか求めよ。
4. 市場の需要曲線と供給曲線はそれぞれ、$Q_D = 120 - 3P$, $Q_S = -30 + 2P$ によって表されるものとして、以下の問いに答えなさい。
   (1) 生産物1単位当たり5(万円)の生産における外部経済が発生するとすれば、競争均衡量とパレート最適量はおのおのいくらになるか。
   (2) パレート最適な生産水準を実現するには、どのような政策措置が必要とされる

か。
5．公共財の特徴を、私的財と比較しながら説明しなさい。また、公共財と共有資源の違いについて明らかにしなさい。
6．公共財は、なぜ市場メカニズムを通じて供給するのに適さないかを説明しなさい。
7.* 規模の経済が著しい産業において、需要曲線は $Q_D = 20 - P$、限界費用は2（万円）、固定費用は32（万円）であるものとして、以下の問いに答えなさい。
　(1)　自然独占企業が利潤最大化行動をとるとき、価格と生産量はいくらになるか。
　(2)　限界費用価格形成原理により規制されるとき、価格、生産量、企業の損失、消費者余剰、総余剰はそれぞれいくらになるか。
　(3)　平均費用価格形成原理により規制されるときには、価格、生産量、消費者余剰、生産者余剰、総余剰はおのおのいくらになるか。

第9章

ゲーム理論

【本章の内容】　「ゲーム理論」は、今日では、ミクロ経済学をはじめさまざまな分野で活用され、重要な役割を果たしている。本章では、簡単な事例を用いながら、ゲーム理論とはどのようなものか、また、ゲーム理論は、どんな新しい洞察をミクロ経済学に提供するのかを明らかにする。

はじめに、ゲーム理論とは何かについて概観する。その後、「戦略型ゲーム」を取り上げる。ゲームの解としてはナッシュ均衡を考え、ナッシュ均衡がいかに求められるのかを検討する。つぎに、囚人のジレンマの問題を扱い、そのゲーム上の特徴や意味合いを明白にする。続いて、同じゲームが繰り返される場合には、当事者の最適決定は、1回限りのゲームの場合とは違ったものになり得ることを示す。

さらに、「展開型ゲーム」について検討する。ゲームの木を利用して、ゲームの解はどのように求められるのかを見る。また、参入阻止ゲームを取り上げ、新規参入企業に対する既存企業の脅しが効かないケースや、反対に、参入阻止行動が有効に機能するケースを考察する。最後に、ナッシュ均衡の絞り込みと部分ゲーム完全均衡について説明する。

●本章のキーワード

ゲーム　　戦略　　協力ゲームと非協力ゲーム　　戦略型ゲーム
ナッシュ均衡　　支配戦略　　囚人のジレンマ　　繰り返しゲーム
展開型ゲーム　　トリガー戦略　　しっぺ返し戦略　　ゲームの木
後ろ向き帰納法　　参入阻止行動　　部分ゲーム完全均衡

1　ゲーム理論とは何か

はじめに、ゲーム理論はどのような状況を考察の対象とするのか、また、ゲームはどのように分類されるのかを説明する。

① 相互依存と対立

私たちは、多くの場合、お互いに依存しながら生活している。そのため、各人の行動の結果は、自分の決定だけではなく、ほかの人の行動からも影響を受ける。しかも、相互の利害は必ずしも一致するわけではない。

たとえば、目指す大学や会社に入れるかどうかは、自分の能力や努力のみならず、ほかの人たちがいかに行動するかにも影響される。また、コンサートやスポーツ観戦用のチケットを入手するために行動を起こした場合、実際に希望する席が取れるかどうかは、ほかの人たちがどのように動くかによって、大きく左右される。さらに、企業が製品の価格を変更したり、新製品を発売するとき、売り上げがどれだけになるのかは、ライバル企業がどんな出方をするかに、大きく依存する。

このように、相互に依存関係にあって、お互いの利害が対立する状況を、広く**ゲーム**と解釈する。ゲーム的状況では、各人は、相手がどのように行動するのかを予測しながら、自分にとってもっとも有利な結果をもたらす行動を選択する。つまり、相手の出方・反応を読みながら、自己の最適戦略を決めるという**戦略的行動**が、ゲームにおいて重要な要素となる。

そして、**ゲーム理論** (game theory) とは、上で述べたような、利害が対立する状況における合理的な意思決定について研究するものである。より詳しく言うと、お互いが依存関係にあり、利害の対立が見られる状況のもとで、人びとはどのような選択を行うことが望ましいのか、その結果、どのような状態になるのかを明らかにすることが、ゲーム理論の目的である。

② ゲームの分類

ゲーム理論においては、さまざまな形態のゲームが取り上げられるが、

ゲームは大別すると、「協力ゲーム」と「非協力ゲーム」に分けられる。

協力ゲームでは、ゲームの当事者が協力関係を結んでおり、共同行動がとられる状況を扱う。第6章で説明したカルテルや協調のモデルは、協力ゲームの例である。一方、**非協力ゲーム**では、当事者間の協力関係はなく、それぞれが独自に意思決定をする状況を扱う。競争的寡占やクールノーのモデルは、一種の非協力ゲームである。この章では、最近、経済学の分野へ活発に応用され、その重要性を高めている非協力ゲームについて解説する。

非協力ゲームは、ゲームを表現する方法の違いにより、「戦略型ゲーム」と「展開型ゲーム」に分類される。まず、ゲームの当事者が同時に行動を決定する状況(あるいは、お互いに相手の決定がわからずに自分の行動を決定する状況)は、**戦略型ゲーム**(**標準型ゲーム**)によって表される。そして、戦略型ゲームの構造は、**プレーヤー**(ゲームの参加者のことで、家計・企業・政府などゲームをする主体)、**戦略**(プレーヤーの選択できる行動の予定表)、**利得**(各プレーヤーが戦略にしたがい行動を選んだとき、その結果として生じる利益や効用)の3つの要素で記述される。

つぎに、ゲームにおける行動の決定が、時間の経過を伴いながら行われる状況は、**展開型ゲーム**によって表現される。展開型ゲームでは、誰が・いつ・どのように行動するのかを**ゲームの木**の形で表し、各プレーヤーがどんな順序で、いかなる情報をもって、どのように行動を決定するのかが明示される。

以下では、最初に戦略型ゲームを取り上げ、その後に展開型ゲームを扱う。また、話を簡単にするため、プレーヤーは2人だけである「2人ゲーム」に限定して考察を進める。

2　戦略型ゲーム

この節では、簡単な数値例を使い、「戦略型ゲーム」はどのように表現できるかを説明するとともに、ゲームの解としてのナッシュ均衡について、いくつかの状況に分け、詳しく検討する。

① 寡占企業の価格競争ゲーム

寡占市場において、各企業が独立して行動する状況を想定し、戦略型ゲームについて考えてみる。

いま、ゲームのプレーヤーは、同種のコンピュータを生産しているA社とB社の2つの企業で、両社はともに、自社のコンピュータを低価格で販売するか、それとも高価格で販売するかを検討しているものとする。また、企業A、Bがそれぞれ、低価格と高価格のどちらかに決めた場合、ゲームの利得(A社とB社の利潤)がどんな水準になるのかは、お互いにわかっており、**表9-1**の利得表で示される。

表9-1 ゲームの利得表

		企業Bの戦略	
		低価格	高価格
企業Aの戦略	低価格	A：5億円 B：5億円	A：10億円 B：3億円
	高価格	A：3億円 B：10億円	A：4億円 B：4億円

ここで、企業A、Bがともに低価格をつけると、両社の利潤はどちらも5億円になる。あるいは、両社がともに高価格を設定すると、コンピュータの売れ行きが悪化して、利潤はそれぞれ4億円に減る。一方、A社が低価格、B社が高価格をつけたときには、価格を安く設定したA社は、製品がよく売れて10億円の利潤を得るが、価格の高いB社は、販売不振から3億円の利潤しか得られない。反対に、A社が高価格、B社が低価格を設定したときには、A社の利潤は3億円、B社の利潤は10億円になる。

さて、企業A、Bは同時に価格を設定するものとする。あるいは、お互いに相手の決定がわからない状況のもとで、両社はともに、自社のコンピュータの価格を決めなければならないものとする。この場合、企業A、Bがお互いを競争相手とみなし、それぞれ自社の利潤が最大になるように行動するとすれば、どのような結果になるのかを調べてみる。

A社の立場からすると、B社が低価格戦略をとると予想したとき、同じく低価格をつければ利得は5億円、逆に、高価格をつければ3億円であるから、低価格戦略を選ぶほうが有利である。また、B社が高価格戦略をとると予想したとき、自らは低価格をつければ利得は10億円、高価格にすれば4億円であるから、A社はやはり低価格戦略を選ぶ。つまり、B社がどちらの戦略をとっても、A社としては、低価格戦略が高価格戦略よりも望ましい。このとき、低価格戦略はA社にとっての**支配戦略**(dominant strategy)という。

　これとちょうど同じ議論が、B社についても成り立つ。A社が低価格、高価格のどちらの戦略をとろうとも、B社としては、低価格戦略をとるのが最適な選択である。ゆえに、低価格戦略がB社にとっての支配戦略になる。

　このように、支配戦略が存在するときには、合理的な企業はそれを必ず選択するから、A社とB社はいずれも、支配戦略である低価格戦略をとることになる。したがって、(A：低価格、B：低価格) という支配戦略の組み合わせが、ゲームの解となり、A社の利得は5億円、B社の利得も5億円という結果に落ち着く。このような均衡状態を**支配戦略均衡**とよぶ。

② ナッシュ均衡

　ゲーム理論では、均衡の概念として広く「ナッシュ均衡」が使われている。**ナッシュ均衡**とは、第6章の6節で述べたように、各プレーヤーのとる戦略が、それぞれ相手の戦略に対する最適戦略になっている状態のことである。

　前項で説明した支配戦略均衡は、まさにナッシュ均衡である。なぜなら、表9-1の状況において、B社の戦略を低価格としたとき、A社にとっては低価格戦略をとるのが最適戦略であり、反対に、A社の戦略を低価格としたとき、B社にとっては低価格戦略をとるのが最適戦略だからである。そのため、ひとたび企業A、Bがともに低価格戦略を選ぶと、両社はもはや別の戦略を選ぶ誘因がなくなり、ナッシュ均衡の状態になる。

　また、以上のナッシュ均衡(A：低価格、B：低価格) から、ほかの戦略の組み合わせに移ると、少なくても1社の利得は減少する。つまり、いずれかの企業の状態を悪化させることなしには、どの企業の状態も改善し得ない状

況にあるので、このナッシュ均衡はパレート最適な状態にある。

　ところで、ナッシュ均衡は広範な概念であり、支配戦略が存在することを前提にするものではない。それに、ナッシュ均衡は一意的に決まるとは限らず、1つのゲームに複数のナッシュ均衡が存在することもある。これらの点を、簡単な例を使って明らかにする。

　表9-2は、**デートのジレンマ**(男女の争い：the battle of the sexes)として知られるゲームの例である。ここでは、Aさん(女性)とB君(男性)はデートをしたいと考えている。本当は、Aさんはコンサートに、B君は野球観戦に行きたい。しかし、2人はお互い、相手がどちらに行こうとしているのかわからない。もし、別々の行き先を選ぶとデートは成立せず、利得(各人の効用水準)はともにゼロになってしまう。だから、2人とも、自分の真の希望は叶えられなくても、デートの約束ができたほうがよいと思っている。

　こうした状況は、自由貿易協定を締結したい2国間の交渉や、コンピュータの基本ソフト・携帯電話・DVDなど、製品規格の統一化をめぐる企業間の競争にも当てはまる。

表9-2　デートのジレンマ

		B君の戦略	
		コンサート	野球観戦
Aさんの戦略	コンサート	A：4 B：2	A：0 B：0
	野球観戦	A：0 B：0	A：2 B：4

　さて、表9-2のゲームには、支配戦略はないことが容易にわかる。たとえば、Aさんにとってコンサートを選ぶことは、B君も同じくコンサートを選んだときにのみ、野球観戦よりも大きな利得をもたらす。反対に、B君にとって野球観戦を選ぶことは、Aさんも野球観戦を選んだときにだけ、コンサートよりも有利な結果になる。したがって、AさんにもB君にも、支配戦略は存在しない。

　しかし、ナッシュ均衡は存在する。もし、相手がコンサートを選ぶのであ

れば、AさんもB君もコンサートを選ぶのが最適戦略であるから、(A：コンサート、B：コンサート)という戦略の組み合わせはナッシュ均衡である。また、相手が野球観戦を選ぶのであれば、各人の最適選択は野球観戦であるから、(A：野球観戦、B：野球観戦)の戦略の組み合わせもナッシュ均衡になる。それゆえ、このゲームには、2つのナッシュ均衡が存在する。しかしながら、ゲームの解として、どちらのナッシュ均衡が選択されるかについては、確定的なことは言えない。

　さらに、ナッシュ均衡が存在しないゲームもある。たとえば、つぎのような**コイン合わせゲーム**を考えてみる。AとBの2人が、同時にそれぞれ10円玉をトスする。そして、両方の硬貨が表あるいは裏になればAの勝ちで、BはAに10円玉をやる。また、一方が表で他方が裏ならばBの勝ちで、AがBに10円玉をやる、というゲームである。これは、各プレーヤーの利得の合計が常にゼロとなる**ゼロ和**(ゼロサム)**ゲーム**の一種で、利得表は**表9-3**のように表せる。

表9-3　コイン合わせ　単位：円

		Bの戦略	
		表	裏
Aの戦略	表	A： 10 B：−10	A：−10 B： 10
	裏	A：−10 B： 10	A： 10 B：−10

　このゲームでは、Aの10円玉が表ならば、Bにとっては自分の10円玉が裏であることが最適である。つぎに、Bの10円玉が裏であるならば、Aにとっては自分の10円玉が裏になるほうが有利である。そして、Aの10円玉が裏ならば、Bの最適な選択は表である。ところが、Bの10円玉が表であれば、Aにとっては自分の10円玉が表であることが最適であり、一巡して出発点に戻ってしまう。

　このように、表9-3のゲームには、お互いにとって最適な選択となる戦略の組み合わせはなく、ナッシュ均衡は存在しない。ただし、ナッシュ均衡が

存在しないゲームでも、戦略の定義を拡張して、各戦略を確率的に選ぶことを認める「混合戦略」の考え方を適用すれば、ナッシュ均衡は必ず存在することが知られている。

3　囚人のジレンマ

前節で、ナッシュ均衡の意味や存在について考察したが、ナッシュ均衡はパレート最適な状態ではない場合もある。ナッシュ均衡がパレート最適ではない事例としては、第6章6節で言及した「囚人のジレンマ」の現象が特に有名である。本節では、この囚人のジレンマについて詳しく検討する。

① 自白か黙秘か

まず、「囚人のジレンマ」のもともとのケースを紹介しておく。いま、一緒に強盗をはたらいた容疑者A、Bが、軽い窃盗事件で逮捕され、別々の部屋で取り調べを受けている。ただし、2人の容疑者(囚人)は互いに相談することはできず、それぞれが自分の利益を考え、独立して行動を決めるものとする。検察は、窃盗については2人の容疑者を有罪にするだけの証拠をもっているが、強盗事件に関してはまだ十分な証拠がない。そこで、容疑者A、Bに対して、**表9-4**にあるような司法取引を提案する。

すなわち、2人がともに強盗事件について黙秘を通せば、窃盗の罪だけで、おのおの懲役1年となる。2人とも自白をすれば、強盗の罪が加わり、各人が8年の懲役刑を受ける。もし、一方だけが自白をして、もう一方は黙

表9-4　囚人のジレンマ

		容疑者Bの戦略	
		自　白	黙　秘
容疑者Aの戦略	自白	A：懲役8年 B：懲役8年	A：釈放 B：懲役12年
	黙秘	A：懲役12年 B：釈放	A：懲役1年 B：懲役1年

秘を続けるならば、自白をした者は釈放され、黙秘を続けた者には重い12年の刑が課せられる。

この場合、容疑者Aの立場からすると、容疑者Bが自白しようが黙秘しようが、自分は自白したほうが黙秘するよりも刑が軽くて済む。容疑者Bについても同じで、容疑者Aが自白するか黙秘するかにかかわらず、自ら自白を選択したほうが有利である。つまり、容疑者A、Bのどちらにとっても、自白が支配戦略であるから、2人とも「自白」を選び、(A：自白、B：自白)の戦略の組み合わせがゲームのナッシュ均衡になる。その結果、容疑者A、Bはともに8年の刑を受けることになる。

しかし、仮に、2人が協力関係を結び黙秘を続ければ、ともに1年の刑で済み、両者にとってもっと望ましい結果が得られる。したがって、ナッシュ均衡(A：自白、B：自白)はパレート最適な状態にはない。表9-4の状況では、(A：黙秘、B：黙秘)の戦略の組み合わせが2人の容疑者にとってより望ましい。けれども、各人が利己心にもとづき行動する限り、黙秘戦略の組み合わせが選択されることはない。これが、**囚人のジレンマ**といわれるゆえんである。

② 競争か協調か

今度は、企業間の価格競争を例にとり、なぜ囚人のジレンマの現象が生じるのかを明らかにする。そのため、ここでは、前節①の価格競争ゲーム(表9-1を参照)において、A社とB社がともに高価格を設定した場合、販売収入が増加して両社の利潤はそれぞれ8億円になると仮定する。それ以外は前と同じで、利得表は**表9-5**で与えられる。

この状況においても、相手の企業が低価格(競争)、高価格(協調)のどちらの戦略をとるかにかかわらず、各社にとって競争的な低価格戦略が最適な選択である。したがって、企業A、Bはともに低価格戦略を選び、やはり(A：低価格、B：低価格)の戦略の組み合わせがナッシュ均衡になる。その結果、A社とB社の利得はいずれも5億円となる。

しかしながら、表9-5の状況では、もし、企業A、Bが協力関係を結んで、ともに高価格を設定すれば、両社が8億円の利得を手にすることができ

表9-5　価格競争

		企業Bの戦略	
		低価格(競争)	高価格(協調)
企業Aの戦略	低価格(競争)	A：5億円 B：5億円	A：10億円 B：3億円
	高価格(協調)	A：3億円 B：10億円	A：8億円 B：8億円

る。このように、ナッシュ均衡(A：低価格、B：低価格)から別の戦略の組み合わせに移ることにより、各社の利得は増加し得るので、このゲームのナッシュ均衡はパレート最適ではない。でも、企業A、Bはそれぞれ、自社の利潤最大化を目指して独立的に行動するので、(A：高価格、B：高価格)の戦略の組み合わせが均衡として実現することはない。両社は非パレート最適なナッシュ均衡に落ち着き、囚人のジレンマの状態になる。

　以上の説明から、囚人のジレンマの現象を一般化して言えば、「ナッシュ均衡がパレート最適ではない状況では、プレーヤが独立して利己的に行動すると、結果的に非パレート最適な状態に陥る」ということである。実際、囚人のジレンマと同じような現象は、さまざまな状況の中に見いだせる。

●コラム：自由貿易か保護貿易か

　いま、A国とB国の2国が、貿易体制(自由貿易か保護貿易か)の選択に迫られているとする。

　次ページの利得表にあるように、両国がともに保護貿易を選ぶと、両国の利益はどちらも4兆円である。しかし、両国がともに自由貿易を選ぶと、貿易の拡大により、いずれも6兆円の利益を得られる。また、一方の国が自由貿易を選び、他方の国が保護貿易を選ぶ場合には、自由貿易国の利益は1兆円にすぎないが、保護貿易国の利益は9兆円になる。

　この場合、A国としては、B国が保護貿易を選択しても自由貿易を選択しても、保護貿易を選ぶことが有利である。同じく、B国にとって

貿易の利益

		B国の戦略	
		保護貿易	自由貿易
A国の戦略	保護貿易	A：4兆円 B：4兆円	A：9兆円 B：1兆円
	自由貿易	A：1兆円 B：9兆円	A：6兆円 B：6兆円

は、A国が保護貿易、自由貿易のどちらを選択しても、保護貿易を選ぶほうが利益は大きくなる。したがって、両国にとって保護貿易が支配戦略であり、A国とB国はともに保護貿易体制を選択する。その結果、貿易による利益は、各国とも4兆円にすぎないことになる。

言い換えると、以上の貿易ゲームのナッシュ均衡は、(A：保護貿易、B：保護貿易)という戦略の組み合わせであるが、このナッシュ均衡はパレート最適の状態ではない。もし、両国が協力して自由貿易体制を実現すれば、2国はともに6兆円の利益を得ることが可能である。しかし、各国が自国だけの利益を求めて独自に行動する場合には、どちらの国も保護貿易を選択することとなり、囚人のジレンマの状況に陥るのである。

現在、さまざまな国・地域の間で、**自由貿易協定**(FTA)が結ばれつつある。このような協定にもとづく自由貿易体制の実現は、貿易に関する囚人のジレンマを回避する試みと解釈することもできる。

4　繰り返しゲーム

ここまで、ゲームは1回だけ行われるとしたが、本節では、同じゲームが何度も繰り返し行われる場合を考えてみる。このような無限回の**繰り返しゲーム**においては、1回限りのゲームの場合と異なり、当事者間に協調を続ける誘因が生まれ、囚人のジレンマは解消される可能性がある。

① トリガー戦略

1回限りのゲームでは、各プレーヤーは同時に行動を決定するから、相手の行動を見たうえで、自分の行動を変えることはできない。しかし、ゲームが何度も繰り返される場合には、各プレーヤーは相手が過去にとった行動を見て、つぎに自分がいかなる行動をとるかを決めることができる。つまり、相手の過去の戦略に応じて、自分の戦略を決めることが可能になる。

そこで、「相手が協調的な行動をとる限り、自分は決して裏切らず、協調を続ける。しかし、相手が一度でも裏切れば、自分はそれ以降、ずっと協調せずに裏切り続ける」という戦略を考えてみる。この戦略は、裏切りに対しては永久に裏切りでもって報復する、と相手を脅すもので、**トリガー戦略**といわれる。トリガー(trigger)とは、銃の引き金のことである。

一方のプレーヤーがトリガー戦略をとるとき、繰り返しゲームにおいては、他方のプレーヤーもトリガー戦略をとり、協調を続けたほうが有利になる可能性がある。ここでは、前節②で取り上げた価格競争の「囚人のジレンマ」ゲーム(表9-5を参照)が、無限に繰り返される場合を考えてみる。

いま、企業Aがトリガー戦略をとるとしたとき、企業Bもトリガー戦略をとり、協調的な高価格戦略をとり続けるならば、表9-5より、B社は毎期、8億円の利得を手にすることができる。この場合の企業Bの利得は、**表9-6**の上段に示してある。

それに対し、もし、企業Bが第2期に企業Aを裏切り、自らは低価格をつけたとすれば、表9-5より、第2期のB社の利得は10億円に増加する。だが、第3期以降は、A社が報復に出て低価格を設定し続けるので、B社の利得は5億円に下がってしまう。つまり、B社はA社を裏切ることで、一時

表9-6 企業Bの利得(企業A:トリガー戦略)　単位:億円

Bの戦略		第1期	第2期	第3期	第4期	第5期	…
	協調	8	8	8	8	8	…
	裏切り	8	10	5	5	5	…

的に10億円の利得を実現することができるが、その後はA社の報復に合い、5億円の利得しか得られないことになる。表9-6の下段には、企業Bが企業Aを裏切って低価格を設定する場合の利得が示されている。

したがって、B社が目先の利益を優先させるのであれば、A社と協調せず、裏切り(低価格)戦略をとることもあり得る。しかし、B社が将来を見据え、長期的な利益を重視する限り、A社と協調し続けるほうがB社にとって有利である。そのため、B社もA社と同じくトリガー戦略を選び、結局、トリガー戦略の組み合わせがナッシュ均衡になる。さらに、このナッシュ均衡はパレート最適であるから、囚人のジレンマの問題は起こらない。

このように、無限回の繰り返しゲームでは、トリガー戦略によるナッシュ均衡が実現し、囚人のジレンマ・ゲームのナッシュ均衡よりも、大きな利得がもたらされる可能性がある。この点は古くから人びと(folk)の間で伝承されてきたことであり、**フォーク定理**とよばれる。フォーク定理は、長期継続的な関係においては、当事者間に協調を続ける誘因が生まれ、囚人のジレンマは解決可能であることを意味するのである。

② しっぺ返し戦略

上のトリガー戦略は、相手が一度でも協調を裏切れば、自分は決して許さず報復し続ける、という厳しい対応姿勢を反映したものであった。しかし、長期継続的な関係では、お互いに長期的な利益の最大化を目指すと思われる。その場合、相手の行動に対して厳格すぎると、そのあおりで自分が不利な状況に陥りかねない。むしろ柔軟な姿勢で対応したほうが、長期的には好ましいかもしれない。

そこで、「第1期は協調的な行動をとり、第2期以降は、相手が前期にとった行動と同じ行動をとる」という戦略を考えてみる。これは、協調から始め、もし相手が裏切ればただちに報復するが、相手が再び協調姿勢に戻れば許して、自分もすぐに協調的な行動をとるというもので、厳しさと寛大さを兼ね備えた戦略と言える。いわば「目には目を、歯には歯を」の考え方にもとづく戦略であり、**しっぺ返し戦略**(tit-for-tat strategy)とよばれる。

囚人のジレンマの繰り返しゲームにおいて、しっぺ返し戦略がナッシュ均

衡になるかどうかは、利得の大きさに依存する。たとえば、前節②の価格競争ゲームで、今度は、企業Aはしっぺ返し戦略をとるとする。このとき、企業Bもしっぺ返し戦略をとるならば、両社は第1期にともに協調するので、それ以降も互いに協調し続けることになる。企業Bの利得は毎期8億円であり、**表9-7**の上段のように示せる。

表9-7　企業Bの利得（企業A：しっぺ返し戦略）　単位：億円

		第1期	第2期	第3期	第4期	第5期	…
Bの戦略	しっぺ返し	8	8	8	8	8	…
	協調と裏切りの繰り返し	8	10	3	10	3	…

　一方、企業Bが第1期には協調するが、第2期は裏切り、第3期は再び協調し、第4期にまた裏切り、第5期には協調に戻るというように、協調と裏切りを交互に繰り返すとすればどうか。その場合、企業Aはしっぺ返し戦略により、第1期と第2期は協調し、第3期は裏切り、第4期は協調、第5期は裏切り、第6期は協調という形でお返しをする。このケースについて、表9-5から企業Bの利得を求めると、表9-7の下段のようになる。

　表9-7の数値からすると、企業Bとしては、協調と裏切りを交互に繰り返すよりも、しっぺ返し戦略をとって協調を続けるほうが有利である（ここでは、簡単化のため、将来の値に対する割引率はゼロとして、単純に利得を合計する）。したがって、企業A、Bがともにしっぺ返し戦略をとることになり、しっぺ返し戦略の組み合わせがナッシュ均衡になる。

　だが、いつも上のような結果になるわけではない。たとえば、先の表9-5の価格競争ゲームにおいて、A：高価格（協調）とB：高価格（協調）の戦略の組み合わせから生じる利得が、企業A、Bともに6億円であるとする（ちなみに、このときも、1回限りのゲームでは囚人のジレンマが生じる。章末の練習問題1を参照）。

　今度の場合、表9-7の8億円の数値はすべて6億円に変わるので、協調と裏切りを交互に繰り返す戦略のほうが、しっぺ返し戦略よりも利得の合計は大きい。したがって、企業Bにとっては、協調と裏切りの繰り返し戦略を

選ぶほうが有利になる。このように、しっぺ返し戦略の組み合わせが必ずナッシュ均衡になるとは限らないのである。

ところで、政治学者のアクセルロッド (R. Axerlrod) は、囚人のジレンマの繰り返しゲームに関して、いろいろな戦略のコンピューター・プログラムを募集し、総当たりのリーグ戦を行って得点を競わせた。驚いたことに、2回行われたトーナメントで優勝したのは、いずれもしっぺ返し戦略であった。このごく単純な戦略が、どんな複雑な戦略よりも高い総利得をあげたのである。しっぺ返し戦略は相手の行動に対して柔軟な姿勢で対応する戦略であり、現実のさまざまなつきあいの中で、私たちがどのように行動したらよいかについて、重要な示唆を与える。

5 展開型ゲーム

これまでは、ゲームのプレーヤーが同時に行動を決定する「戦略型ゲーム」を扱った。本章の残りの部分では、ゲームにおける行動の決定が、時間の経過を伴いながら行われる「展開型ゲーム」について考察する。

① ゲームの木

2節①で取り上げたコンピュータ会社間の価格競争 (表9-1を参照) では、企業A、Bが同時に価格を設定するものとした。しかし、本節では、まずA社が価格を設定し、つぎにB社が価格を設定すると考え、展開型ゲームの形で表現してみる。展開型ゲームでは、ゲームの時間的要素が明示的に考慮され、各プレーヤーがどんな順序で、いかなる情報をもって、どのように行動するのかを、図9-1のような**ゲームの木**によって表す。

最初に、企業Aが自社のコンピュータを低価格で販売するか、高価格で販売するかを決める。このA社の行動決定は、図9-1の左端の始点で表される。A社の選べる行動は「低価格」と「高価格」の2つであるから、それらはA点から右に延びる2本の枝によって示される。

つぎに、B社がA社の行動を見たうえで、自社のコンピュータの価格を決める。このB社の行動決定は、A点から出発する2本の枝の先にある2

図9-1 ゲームの木

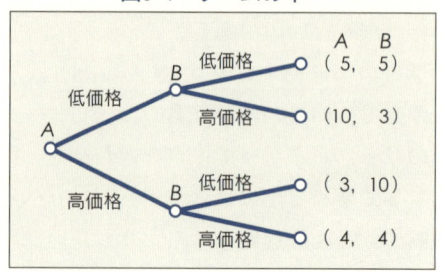

```
              低価格
         B ○────────○ ( 5,  5)
       ╱    ╲
 低価格╱      ╲高価格
     ╱        ○ (10,  3)
  A ○
     ╲         ○ ( 3, 10)
 高価格╲  低価格╱
       ╲    ╱
         B ○────────○ ( 4,  4)
              高価格
```
                                A   B

つの分岐点によって表される。B社の選択肢も「低価格」と「高価格」の2つであるから、A社が低価格を選んだ場合と高価格を選んだ場合のどちらについても、B社の行動はそれぞれ、B点から右に延びる2本の枝によって示される。

なお、ここでは、B社はA社が「低価格」と「高価格」のどちらを選んだかの情報を得ているものとする。このように、各プレーヤーが行動を決定する際、それまでゲームがどのように行われてきたかを完全に知っており、自分のいる行動決定の場(図9-1では、上のB点か下のB点か)を識別できるようなゲームは、**完全情報ゲーム**とよばれる。

ゲームは、図の右端にある終点のいずれかで終わる。そして、各点には、A社とB社の利得が表示される。たとえば、A社が高価格、B社が低価格のときには、先の表9-1より、A社の利潤は3億円、B社の利潤は10億円であるから、右端の上から3番目の点における利得は(3, 10)となる。

② 後ろ向き帰納法

さて、完全情報ゲームでは、ゲームの後ろから前へと逆方向に、各プレーヤーの最適な行動を順に見つけていくことにより、ゲームの解が求められる。この方法を**後ろ向き帰納法**(backward induction)という。

いま、先の**図9-1**において、A社はすでに行動を決定しており、B社が最適な行動を選ぼうとしているとする。A社が低価格を選択したときは、B社は低価格を選べば5億円の利得、高価格を選べば3億円の利得であるから、B社にとって最適な選択は低価格である。また、A社が高価格を選択したと

きは、B社は低価格を選べば10億円の利得、高価格を選べば4億円の利得であるから、B社の最適な行動はやはり低価格を選ぶことである。

つぎに、前に戻って、A社の最適な行動を考えてみる。もし、A社が低価格を選択すれば、B社はそれを知り、同じく低価格を選ぶと予想されるので、A社の利得は5億円になる。他方、A社が高価格を選択すると、B社は低価格を選ぶと予想されるので、A社の利得は3億円である。したがって、A社の最適な行動は、B社が合理的に行動すると予想される限り、より大きな利得をもたらす低価格を選ぶことである。

以上より、図9-1の展開型ゲームでは、(A：低価格、B：低価格)という行動の選択がゲームの解(ナッシュ均衡)である。その結果、A社とB社の利得はともに5億円になる。

6 参入阻止ゲーム

本節では、第6章の9節でも扱った「参入阻止行動」の問題を、展開型ゲームの形で検討してみる。そして、既存企業の新規参入企業に対する脅しが実際には効かない状況や、反対に、既存企業の参入阻止行動が有効に機能する状況を明らかにする。

① スーパー・マーケットの参入

いま、ある街で、Bという大きなスーパー・マーケットが営業しており、独占的な地位にあるものとする。そこに、別のAというスーパーが、新たに参入するかどうかを検討しているとしよう。

まず、スーパーAの戦略は「参入する」と「参入しない」である。もしスーパーAが参入しないを選択すれば、スーパーBにとっては状況はこれまでと変わらず、8億円の独占利潤が実現するとしよう。また、参入しなかったスーパーAの利潤はゼロである。

一方、スーパーAが参入するを選択したときには、スーパーBには「競争」と「協調」の2つの選択肢がある。前者の「競争」では、スーパーBはスーパーAの参入に対して戦う。その場合、価格引き下げ競争などが起

図9-2 スーパーマーケットの参入ゲーム

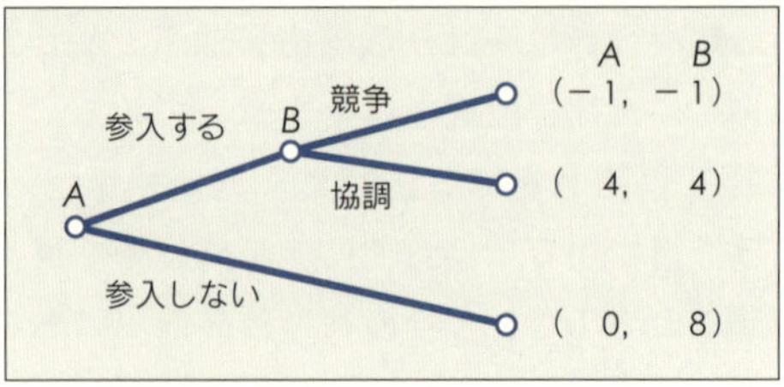

```
                       競争         A   B
          参入する    ○─────○ (-1, -1)
              B
    A ○─────○
              協調
          参入しない  ○─────○ ( 4,  4)
                     
                     ○─────○ ( 0,  8)
```

表9-8 参入ゲームの戦略型　単位：億円

		企業Bの戦略	
		競　争	協　調
企業Aの戦略	参入する	A：-1 B：-1	A：4 B：4
	参入しない	A：0 B：8	A：0 B：8

こり、両方が傷つき、ともに1億円の損失を出す。後者の「協調」では、スーパーBはスーパーAと共存共栄をはかる。この場合、市場を2つのスーパーで分け合い、それぞれの利潤は4億円になる。以上のゲームは、**図9-2**のようなゲームの木で表される。

当面の関心事は、スーパーAはこの街に参入してくるかどうかである。その答えを、「後ろ向き帰納法」の考え方を使って求める前に、図9-2の展開型ゲームを戦略型に直し、ナッシュ均衡について調べておく。スーパーAが参入しない場合でも、スーパーBの戦略としては「競争」と「協調」の2つの行動があるから、戦略型の参入ゲームの利得表は**表9-8**のように示せる。これより、(A：参入する、B：協調)と(A：参入しない、B：競争)の2つのナッシュ均衡が存在することがわかる。このうち、どちらのナッシュ均衡が合理的であるかを判定できれば、新規参入があるかどうかの答えは自然に得られる。

さて、既存のスーパーBとしては、独占的な地位を維持するため、「スー

パーAが参入してくれば徹底的に戦い、値引き競争も辞さない」という強硬な対抗姿勢を示し、スーパーAの新規参入を断念させようとするかもしれない。しかし、これは「カラ脅し」の可能性が高い。なぜなら、実際にスーパーAが参入したとき、スーパーBが本当に価格引き下げで対抗すれば、自分も1億円の損失を被る。それに対し、スーパーAとの共存の道を選べば、スーパーBは4億円の利得が得られるので、結局、「協調」を選択すると思われるからである。

新規参入を検討中のスーパーAは、スーパーBが合理的に行動すると予想したうえで、最適な行動を決める。つまり、自らが参入した場合にはスーパーBは協調してくると予想されるので、利得は4億円である。一方、参入しないときの利得はゼロであるから、スーパーAは「参入する」を選択する。

したがって、図9-2の展開型ゲームの合理的なナッシュ均衡は、(A：参入する、B：協調)であることがわかる。スーパーAが新規に参入し、スーパーBはそれに協調で対応することになり、ともに4億円の利得を実現するという結果に落ち着く(**チェーンストア・パラドックス**については、章末の練習問題4を参照)。

② 有効な参入阻止行動

前項では、既存企業の対抗姿勢は有効な脅しにならず、新規企業が参入に踏み切る状況を扱った。しかし、既存企業は独占的な立場を維持するため、さまざまな方法で参入障壁を作り出し、それを利用して新規企業の参入を阻止しようとする。たとえば、ライバル企業の参入を未然に防ぐため、適正規模以上の生産能力(工場・設備・店舗など)を保持し、新規企業が参入する誘因を小さくしておくということが、現実にしばしば見受けられる。

いま、前項のスーパー・マーケットの参入ゲームにおいて、既存のスーパーBは新規企業の参入に備えて、事前に3億円の費用をかけて店舗の拡張を行い、潜在的な競争力を高めたとする。そして、ゲームの木は**図9-3**のように示せるとしよう。

もし、スーパーAの参入がなければ、スーパーBはこの街の独占的な小

図9-3　新規企業の参入阻止

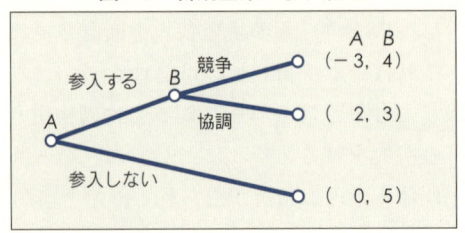

```
						A   B
				競争	(-3, 4)
		参入する	B
	A		協調	( 2, 3)
		参入しない		( 0, 5)
```

売店であり続け、店舗の拡張部分をあえて活用する必要はない。スーパーBの利潤は、店舗拡張費用を差し引いた5億円である。

　しかし、スーパーAが参入してくるときには、スーパーBは拡張した店舗をフルに使って対抗する。特に、スーパーBが「競争」を選ぶときには、スーパーAを追い払うことを目指して徹底的に戦う。その結果、スーパーAは参入しても3億円の損失を被るが、スーパーBは競争上の優位性を生かして4億円の利潤をあげる。一方、スーパーBがスーパーAと「協調」するときには、新規に参入するスーパーAは2億円の利潤、競争力の高い既存のスーパーBは3億円の利潤を得る。

　このゲームでは、スーパーAが参入したとき、スーパーBの利得は対抗すれば4億円、共存をはかれば3億円であるから、スーパーBは「競争」を選択する。そして、スーパーAは、自らが参入するとスーパーBは対抗してくると予想するので、参入した場合は3億円の損失が生じると考える。スーパーAは、参入しなければ利得はゼロであるから、「参入しない」の決定を下すことになる。このように、(A：参入しない、B：競争)がゲームの解（ナッシュ均衡）であり、既存のスーパーBはスーパーAの参入阻止に成功する。

　図9-3の状況では、スーパーBの「参入があれば徹底的に戦う」という対抗姿勢は信頼性が高く、有効な脅しとして機能する。その結果、スーパーAは参入を思いとどまるわけである。結局、この街に新規企業の参入は起こらないから、スーパーBの拡張した店舗部分は実際には活用されず、無駄な投資のように見える。しかし、ライバルの新規参入を未然に防ぐ役割を果たすという意味で、スーパーBにとっては価値ある投資なのである。

7　部分ゲーム完全均衡※

　以上の考察から、展開型の完全情報ゲームにおいては、合理的な1つの解を見いだせることがわかった。本節では、この点について、「ナッシュ均衡の絞り込み」と「部分ゲーム完全均衡」の観点から整理しておく。

① ナッシュ均衡の絞り込み

　前節①で見たように、戦略型ゲームにおいて複数のナッシュ均衡が存在するケースでも、それを展開型の形に直し、後ろ向き帰納法を適用すれば、合理的なナッシュ均衡を1つに絞り込むことが可能である。ここでは、「デートのジレンマ」ゲームを例にとり説明する。
　2節②で取り上げた戦略型のゲーム(表9-2を参照)では、(A：コンサート、B：コンサート)と(A：野球観戦、B：野球観戦)の2つのナッシュ均衡が存在した。ただし、本項では、デートのジレンマ・ゲームを展開型で表すため、まず、Aさんがコンサートに行くか野球観戦に行くかを決め、つぎに、B君がそれを知ったうえで、自分はコンサートにするか野球観戦にするかを決めるものとする。ゲームの木は図9-4のように表される。
　このゲームを後ろから考えると、B君としては、Aさんと別の行き先を選べばデートは成り立たず、効用はゼロになってしまう。このため、B君の最適な行動は、Aさんの選択に追従して、Aさんがコンサートを選んだときにはコンサートを、また、野球観戦を選んだときには野球観戦を選択すること

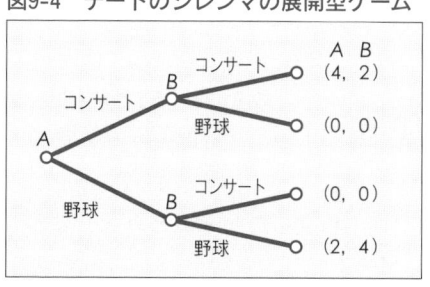

図9-4　デートのジレンマの展開型ゲーム

である。ゲームの始点に戻ると、AさんはB君が以上のように行動すると予想しながら、自分にとって最適な行動を決定する。Aさんとしては、コンサートを選ぶと効用は4、野球観戦を選ぶと2になることが予想されるので、コンサートを選択するほうが有利である。

したがって、図9-4の状況では、まずAさんがコンサートに決め、つぎにB君もコンサートを選ぶという結果に落ち着く。(A：コンサート、B：コンサート)の選択がゲームの解になる。このように、戦略型ゲームでは2つ存在するナッシュ均衡が、展開型ゲームでは1つに絞り込まれる。理由は、Aさんが合理的な意思決定をする限り、自分の効用が小さくなる野球観戦を選択することはありそうもないからである。その結果、戦略型ゲームのナッシュ均衡の1つ(A：野球観戦、B：野球観戦)は、以上の展開型ゲームの解としては不適当で、合理的なナッシュ均衡は(A：コンサート、B：コンサート)ということになる。

なお、デートのジレンマの展開型ゲームにおいては、まずデートの先導者が自己の利得を最大にするように行動を決定し、追随者はその選択を受け入れる。このため、寡占モデルの「シュタッケルベルグ均衡」と同様に、先導者のほうが追随者よりも有利な結果を得る。図9-4の状況では、Aさん(先導者)の利得は4、B君(追随者)の利得は2である。反対に、もしB君がデートの先導者、Aさんが追随者であれば、ゲームの合理的なナッシュ均衡は(B：野球観戦、A：野球観戦)に変わり、B君の利得は4、Aさんの利得は2となる(練習問題6を参照)。

② 部分ゲーム完全均衡とは

最後に、これまでに説明した展開型ゲームの解に関する考え方を、より一般的に、「部分ゲーム完全均衡」の概念を使ってまとめておく。

まず、ゲームの木において、ある分岐点(行動決定の場)から先の部分を取り出したとき、それ自体が1つの独立したゲームの形をしていれば、元のゲームの**部分ゲーム**とよぶ。たとえば、図9-2のゲームでは、B点から先の部分はスーパーBだけの独立したゲームとみなせるから、部分ゲームである。また、図9-4のゲームでは、上のB点から出発する部分と下のB点か

ら出発する部分は、いずれもB君1人で完結するゲームであり、それぞれ部分ゲームである。なお、全体のゲームも部分ゲームの1つと見ることができる。

さて、元のゲームのナッシュ均衡であって、その戦略の組み合わせが、どの部分ゲームにおいてもナッシュ均衡になっているものを、**部分ゲーム完全均衡**(subgame perfect equilibrium)という。つまり、部分ゲーム完全均衡とは、すべての行動決定の場(ゲームの始点を含む)において、各プレーヤーが合理的に行動し、最適な選択を行っているようなナッシュ均衡のことである。

たとえば、**図9-2**の参入ゲームでは、全体のゲームのナッシュ均衡は、既述のとおり、(A:参入する、B:協調)と(A:参入しない、B:競争)の2つある。しかし、後者のナッシュ均衡のように、B点から出発する部分ゲームにおいて、スーパーBが利得の小さい「競争」を選択することは合理的でないから、この部分ゲームのナッシュ均衡にはならない。したがって、(A:参入しない、B:競争)は部分ゲーム完全均衡ではない。これに対し、スーパーBが利得の大きい「協調」を選択することは、B点から先の部分ゲームのナッシュ均衡であるから、(A:参入する、B:協調)は部分ゲーム完全均衡である。

また、**図9-4**のデートのジレンマ・ゲームには、(A:コンサート、B:コンサート)と(A:野球観戦、B:野球観戦)の2つのナッシュ均衡が存在する。けれども、Aさんが野球観戦を選択することは合理的な行動ではないので、(A:野球観戦、B:野球観戦)は部分ゲーム完全均衡ではない。一方、B君としては、Aさんがコンサートを選択した際にはコンサートを選ぶことが(また、Aさんが野球観戦を選択すれば自分も野球観戦を選ぶことが)合理的な行動であり、それはB点から出発する部分ゲームのナッシュ均衡になる。ゆえに、(A:コンサート、B:コンサート)の選択は部分ゲーム完全均衡である。

このように、部分ゲーム完全均衡の考え方にもとづき、非合理的な行動を含むナッシュ均衡を排除していくと、後ろ向き帰納法でゲームの解を求めた場合のように、合理的な行動からなるナッシュ均衡を1つに絞り込むことができるのである。

練習問題

1. 以下の企業A、B間の戦略型ゲーム(1)、(2)について、支配戦略、ナッシュ均衡を指摘しなさい。また、各ゲームのナッシュ均衡はパレート最適であるか否かを考えなさい。

(1)

	戦略 B_1	戦略 B_2
戦略 A_1	A : 5 B : 5	A : 10 B : 3
戦略 A_2	A : 3 B : 10	A : 6 B : 6

(2)

	戦略 B_1	戦略 B_2
戦略 A_1	A : 1 B : 3	A : 4 B : 9
戦略 A_2	A : 5 B : 8	A : 2 B : 7

2. 「囚人のジレンマ」とはどのような現象のことか、自分で例を挙げて説明しなさい。
3. カルテルや談合の持続可能性について、1回限りのゲームと無限回の繰り返しゲームの視点から、それぞれ考察しなさい。
4.* 「チェーンストア・パラドックス」の問題：図9-2のような参入ゲームが、スーパーAとスーパーBの間で、ほかのいくつかの街で繰り返されるとする。その結果、どのような状態になると予想されるかを述べなさい。
5. 図9-3のゲームにおいて、(A：参入する、B：協調)が選択されたときの利得を(-1, 5)として、ゲームの解を求めなさい。同時に、ゲームの解の妥当性について説明しなさい。
6. 図9-4の状況と反対に、B君(男性)がデートの先導者で、Aさん(女性)が追随者である場合のゲームの木を描きなさい。また、その場合のナッシュ均衡と部分ゲーム完全均衡を求めなさい。

第10章
不完全情報

【本章の内容】　これまで、家計や企業などの経済主体は、財・サービスの価格や品質、市場の状況などについて、**完全情報**をもっていると仮定してきた。しかし、現実の世界では、将来に起こることは誰にも正確にはわからないし、売り手と買い手がともに、意思決定に必要な情報をすべてもっているわけではない。また、完全な情報を入手するには、相当な費用がかかる。したがって、家計や企業は実際には、**不完全情報**のもとでその行動を決めている。

　本章では、情報が欠如したり偏在しているため、情報の不完全性が見られる場合、家計や企業の最適な経済行動は妨げられ、「市場の失敗」が生じることを明らかにする。

　まず、価格情報が不完全なときには、市場では「一物一価の法則」は成り立たないこと、また、消費者余剰の最大化は実現しないことを示す。

　つぎに、財・サービスの品質や取引相手のタイプに関して、売り手と買い手の間に情報の非対称性が見られる場合、市場では「逆選択」の問題が起きること、また、それを解決するにはどんな方法があるのかを考察する。

　さらに、相手の行動を観察できないときには、「モラル・ハザード」の問題が発生すること、また、それに対処するにはいかなる方法があるのかを検討する。

●本章のキーワード
一物一価の法則　　不完全な価格情報　　情報の非対称性　　レモンの市場
逆選択　　シグナリング　　自己選択　　モラル・ハザード
エージェンシー関係　　モニタリング　　誘因システム　　効率賃金仮説

1　不完全な価格情報

まず、価格の情報が不完全な場合、市場の価格や効率性は、どのような影響を受けるのかを考えてみる。

① 情報と市場価格

いま、すべての家計や企業は、市場の価格について完全情報をもっているとする。つまり、市場の参加者はすべて、意思決定に必要なあらゆる情報を費用なしに入手することができ、誰がどんな価格で売り買いしようとしているかを知っているものとする。この場合、市場が競争的な状態であれば、同一の財をほかより高く売ろうとしても買う人はいないし、また、自分だけ安くして売る必要性もない。したがって、同一の財にはただ1つの価格が成り立ち、**一物一価の法則**が当てはまる。

製品差別化が見られる市場では、差別化の程度に応じて、価格は異なる水準に決められる。このときでも、市場のすべての参加者が完全情報をもっていれば、同一の品質の財は、みな同じ価格になると考えられる。

ところが、現実には、たとえ市場が競争的であっても、同一の財を多くの売り手が異なる価格をつけて販売している。一物一価の法則が文字通り成立する市場はまずない、というのが実情である。こうした現象は、**不完全な価格情報**によって説明できる。

実際、市場の参加者が最適な経済行動を選択するには、価格や市場の状況など、さまざまな情報を必要とする。しかし、現実には、各市場参加者が必要な情報をすべてもっているとは考えられない。完全な情報があれば、より有利な意思決定を行えるが、完全情報を収集するには相当なコストがかかるからである。

たとえば、消費者は価格情報を収集するために、金銭的および時間的コストがかかる。これに加えて、実際に売り手の所に出向いて、財を購入する場合には、交通費や時間消費コストも払わなければならない。あるいは、財を手にするため、送料を負担したり、財が届くまで待たなければならない。そ

れゆえ、これらの情報探索コストが、探索による便益(より低い価格の売り手から購入することによる支払い額の節約分)を上回るならば、消費者にとっては、価格情報の探索活動を行うことは意味をもたない。このため、消費者は完全な価格情報を得る前に、情報の探索活動を取り止める可能性が高い。

価格情報が不完全な状況では、たとえ競争的な市場であっても、売り手には、同一の財に異なる水準の価格をつける余地が残されることになる。その結果、一物一価の法則は成立しなくなるのである。

② 不完全情報下の消費行動

つぎに、市場価格の情報が不確実な場合、消費者はどのように行動するのか、その結果、消費者余剰の大きさはどのようになるのかを調べてみる。

いま、消費者はコメ(米)の価格について、不完全な情報しかもっていないとする。話を簡単にするため、消費者はコメの将来価格が、それぞれ$1/2$の確率でP_1かP_2の水準$(P_1 > P_2)$になることは知っているが、どちらの価格が実現するかはわからないとしよう。そして、予約ないしは先物で買うため、消費者は実際の価格を知る前に、コメの購入量を決めなければならないとする。

この場合、コメの**期待価格**(予想される価格の期待値)は、

$$P_E = \frac{1}{2} \times P_1 + \frac{1}{2} \times P_2$$

と計算できる。したがって、**図10-1**では、消費者は期待価格P_E(ただし、$P_1 > P_E > P_2$の関係がある)にもとづき、需要曲線DD上のE点に対応して、コメの購入量をQ_Eに決める。

しかしながら、不確実な価格情報のもとでの消費決定は、最適なものにはならない。実際の価格は、期待価格P_Eとは異なる水準になるからである。コメの価格が実際にはP_1の水準になれば、最適な購入量はB点に対応したQ_1量である。このとき、**消費者余剰**は三角形ABP_1の面積に等しい。期待価格P_Eにもとづく購入量Q_Eでは、消費者余剰は四辺形$OAEQ_E$の面積から四辺形OP_1CQ_Eの面積を差し引いた値となり、三角形BCEの面積分(●色部分)だけ、購入量がQ_1のときよりも小さくなる。この場合、期待価格P_Eに

図10-1　不完全な価格情報と消費者余剰

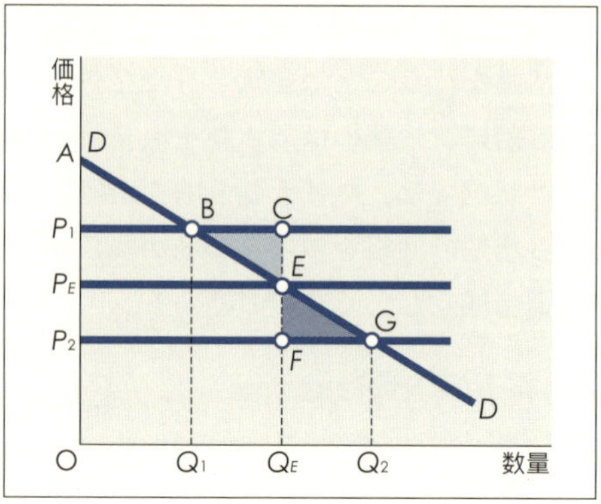

よる消費決定は、結果的に過大購入となる。

　反対に、実際の価格が P_2 になれば、最適な購入量は G 点に対応した Q_2 量である。この場合の消費者余剰は、三角形 AGP_2 の面積に等しい。期待価格 P_E にもとづき Q_E 量を購入した場合、消費者余剰は四辺形 $OAEQ_E$ の面積から四辺形 OP_2FQ_E の面積を引いた値、つまり四辺形 $AEFP_2$ の面積になる。したがって、消費者余剰は Q_2 量のときと比べ、三角形 EFG の面積分（●色部分）だけ小さくなり、結果的に過少購入に陥る。

　このように、価格情報が不完全な場合には消費者余剰は縮小し、市場はパレート最適な資源配分に失敗することがわかる。

2　逆選択

　多くの場合、売り手と買い手の間には情報の格差がある。たとえば、売り手は取引する商品の品質について十分よく知っているが、買い手はその品質を正確に識別することはできない。こうした**情報の非対称性**が見られると、市場はうまく機能せず、市場の失敗が起きる可能性がある。

　本節と次節では、財・サービスの品質や取引相手のタイプ(特性)に関して、情報の非対称性があるときに起こる「逆選択」の問題を取り上げる。その後、相手の行動が観察できないことから生じる「モラル・ハザード」の問

題を扱う。

① レモンの市場

　財の品質に関し、情報の非対称性が見られる代表的な例として、アカロフ（G. Akerlof）にしたがい、中古車の市場を考えてみる。ここでは、中古車はすべて、専門のディーラーを通さず、個人間で取引されるものとする。

　中古車市場には、さまざまな品質の車が出回っている。外見は同じようでも、それまでの持ち主の乗り方・保管方法・整備点検の違いや、事故歴の有無などにより、品質に大きな差があることが予想される。なかには、見かけはよいが、品質の悪い中古車（これをレモンとよぶ。lemon には、果物のレモンのほかに、不良品、欠陥車などの意味がある）も紛れ込んでいる。しかし、買い手には、個々の中古車の品質はよくわからない。一方、売り手はこれまで乗ってきたので、自分の車のことは熟知している。中古車については、一般に、売り手と買い手の間に情報の非対称性が存在する。

　こうした状況では、売り手は完全情報をもっているので、市場の価格に応じて売るかどうかを決める。品質のよい車は高い価格でなければ売らないし、品質の悪い車であれば低い価格でも売ろうとする。このため、市場価格が上がるにつれて、品質のよい中古車の供給は増加し、平均的な品質は高まる。

　それに対し、買い手は品質について不完全な情報しかなく、中古車の購入において不確実な状況下にある。うまくすれば品質のよい車を購入できるが、へたをすれば品質の悪い車を買うはめになる。また、たとえ高い価格を支払っても、レモンが紛れ込んでいるため、レモンをつかまされる危険性がある。

　このように、中古車市場には品質のよい車と悪い車が混在するので、買い手は価格が高いと、レモンをつかまされるリスクを考慮して、購入を手控える。すると、中古車の価格は下がり、市場では品質のよい車の供給が減るため、平均的な品質は低下する。これは、中古車の需要を減少させ、再び価格は下がる。以上の過程が繰り返されるにつれ、市場には、品質のよい車は次第に供給されなくなり、品質の悪い車が氾濫するようになる。

つまり、市場では、よい車ではなく悪い車が選択される結果になる。このような現象を**逆選択**(adverse selection)という。言い換えると、売り手と買い手の間に情報の非対称性がある場合、市場では品質のよい車は排除され、レモンばかりが出回り、いわゆる**グレシャムの法則**(悪貨は良貨を駆逐する)が成り立つことになる。

② 中古車市場：数値例※

つぎに、**表**10-1 の簡単な数値例を使って、なぜ中古車市場では、品質のよい車の取引は成立せず、レモンのみが取引されるようになるのかを明らかにする。

表10-1　中古車の市場

中古車	台数	売り手の希望額	買い手の評価額
品質のよい車	100台	100万円	130万円
品質の悪い車（レモン）	100	30	50

いま、市場には200人の売り手がいて、1人が1台、計200台の中古車を売りに出しているとする。そのうち、半分の100台は品質のよい車で、残りの100台は品質の悪い「レモン」である。各売り手は自分の車の品質をよく知っており、品質のよい中古車は100万円以上で、レモンは30万円以上で売りたいと思っている。このとき、中古車の供給量は、価格が30万円未満ではゼロ、30万円以上で100万円未満では100台(すべてレモン)、100万円を超えると、レモンに加えて品質のよい車も売りに出されるので、200台になる。したがって、**中古車市場の供給曲線**は、**図**10-2 において、価格が30万円と100万円の水準で階段状になった線 SS によって表される。

一方、中古車の買い手は品質のよい車は130万円で、レモンは50万円で購入したいと考えている。したがって、品質のよい車とレモンの需要曲線は、それぞれ130万円と50万円で水平な直線 D_1、D_2 で示される。仮に、買い手が各中古車の品質について完全情報をもっていれば、市場は実質的に2種類の中古車の市場に分けられる。そして、品質のよい車は130万円の価格で、レモンは50万円の価格で、それぞれ100台ずつ取引されることになる。

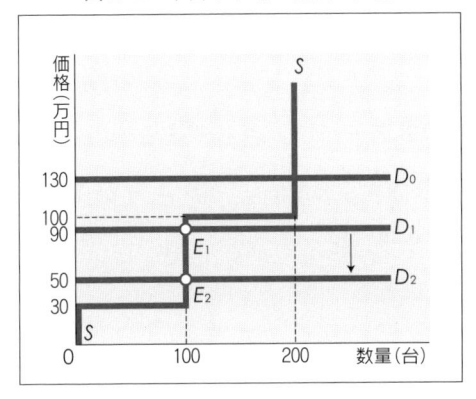

図10-2 中古車市場の需要と供給

しかし、買い手は中古車市場の全体的な状況は観察できるが、個々の中古車の品質は区別できないとすれば、どうであろうか。この場合、買い手は市場には、品質のよい車と品質の悪いレモンが半分ずつ混在することを知っているので、ある中古車を買おうとしたとき、それが品質のよい車である確率は1／2、また、レモンである確率も1／2と予想する。したがって、買い手が中古車1台に支払ってもよいとする期待価格は、

$$P_E = \frac{1}{2} \times 130 + \frac{1}{2} \times 50 = 90 \, (万円)$$

である。ゆえに、**中古車市場の需要曲線**は、図10-2では、価格が90万円の高さで水平な D_1 線によって描かれる。市場の需要曲線 D_1 と供給曲線 SS は E_1 点で交差し、価格は90万円、取引量は100台になる。

けれども、この E_1 点は市場均衡点ではない。なぜなら、価格が90万円(100万円未満)では、品質のよい車は市場に供給されない。市場に出回る中古車は、すべてレモンである。買い手は、市場にはレモンしか供給されないことを理解すれば、90万円も支払おうとはせず、50万円に下方修正する。そのため、市場の需要曲線は下にシフトして、D_2 線（レモンの需要曲線に当たる）に移る。結局、中古車市場は、需要曲線 D_2 と供給曲線 SS が交差する E_2 点において均衡する。そして、均衡点 E_2 に対応し、レモンのみが50万円の価格で100台取引され、品質のよい車の取引は行われない。

このように、売り手と買い手の間に、品質に関する情報の非対称性があると、悪貨(レモン)が良貨(品質のよい車)を駆逐して、市場では逆選択が起こるのである。

③ 逆選択の事例

以上で説明した「逆選択」の現象は、取引相手のタ・イ・プ・(特性)に関して、情報の非対称性がある場合にも見られる。ここでは、3つの例を挙げておく。

(1) **労働雇用**

普通、各個人は自分がどのようなタイプの人間で、有能か否かはわかっている。他方、企業は労働者を雇うとき、各人の能力や適性について完全によく知っているわけではないから、個々人のタイプを正確には区別することはできない。このため、生産性の高い有能な人には高賃金を、生産性の低い人には低賃金を支払う、という形で雇用契約を結ぶことはむずかしい。その結果、全員一律に同じ賃金を支払うことにすると、生産性の高い有能な人はこの企業への応募を敬遠する。結局、生産性の低い人を多く雇用することになってしまう。

(2) **任意自動車保険**

保険の加入者(契約者)は、自分がどのようなタイプであるかは知っている。それに対して、保険会社は個々の保険加入者の状況について、十分な情報を得ることはできない。このため、任意自動車保険において、保険会社は加入者に一律の保険料を課すと、質の悪いドライバーの多くは保険に加入するが、優良ドライバーの中には加入しない人も出てくる。すると、保険料収入の割に保険金支払いがかさみ、保険会社は経営改善のため、保険料を値上げする必要が出てくる。保険料が高騰すると、優良ドライバーはいっそう保険に加入しなくなり、質の悪いドライバーだけが保険に入るという事態になりかねない。

(3) **銀行融資**

銀行が企業や家計に融資するとき、借り手の状況について完全な情報を収集するのは困難であり、借り手のタイプ(よい借り手か悪い借り手か)をはっき

り区別できない。そのため、貸付利率を一律に高めに設定すると、悪い借り手はそれでも貸し付けを受けるが、よい借り手の多くは、この銀行の貸し付けを辞退する。その結果、不良債権の増加が起こり、銀行は貸付利率をさらに引き上げる必要に迫られ、最終的に、悪い借り手だけが残ることになる。

3 逆選択への対応

　前節では、財の品質や相手のタイプに関して、情報が非対称的で不完全なときには、逆選択の問題が起きることを見た。それでは、逆選択に対して、どのような対応の方法があるのかを考えてみる。要は、売り手と買い手の間に見られる情報の非対称性を解消することにある。

① シグナリング

　逆選択の問題を解決する方法の1つは、情報をもつ側が、質のよいことを示す**シグナル**を相手に送り、情報の非対称性をなくすことである。これを**シグナリング**という。

(1) **売り手側が出すシグナル**

　実際、品質のよい財・サービスの売り手は、さまざまな形で買い手に向けてシグナルを発信している。

　前節の中古車の例では、個人間の取引だけを考えたが、品質のよい中古車の所有者は、「専門のディーラー」を通したり、「無料修理の保証」をつけて売ることが可能である。これは、品質の悪い車（レモン）の売り手にはできないので、車の品質がよいことのシグナルになる。買い手は、ディーラーが扱う保証付きの中古車については、その価格は品質に見合ったものと受けとめ、信用して購入する。このように、信頼できるディーラーを介して販売するとか、無料修理の保証をつけることで、売り手はよい品質であるとのシグナルを発信して、逆選択の問題を解消させることができる。

　また、ブランド品は一般に、値段は高くても品質がよく、買い手に信頼されている。それに、マクドナルドのハンバーガー、セブン-イレブンのコンビニ商品、ホテルチェーンのサービスなどは、品質やサービス内容がどこで

もほぼ同じで、標準化がはかられている。したがって、買い手には商品の質がわかり、安心して購入できる。このように、「ブランド」や「商品の標準化」は、買い手に対して品質を保証するシグナルの役割を果たす。

　さらに、企業が大々的に宣伝している商品に対しては、品質の優れたものだからこそ巨額の「広告費」を投じている、と消費者はイメージする。品質が悪くて、消費者に認められないような商品に、企業が多額の公告費を使うことは、まずあり得ないからである。それから、宝石や高級ブランド品など、特に高価な商品を購入するときには、街の中心地にある立派な「店構え」の店舗やデパートで買えば、値段は高めでも品質に間違いはない。店構えに大きな費用をかけているのは、普通、そこで長期的に商売をすることを意味するので、売り手として信用できるからである。したがって、広告支出や店構えも、品質を示すシグナルとして機能する。

　労働雇用においては、多くの場合、求職者のもつ「学歴・資格」などが、その人の能力や適性を示すシグナルとして利用される。学歴や資格の有無が、即、労働者としての生産性の高さを表すわけではないが、一般に、高い評価を受けている学歴や資格は、生来の能力、集中力、持続的努力などが相まって得られるものであるから、生産性を示すシグナルになると考えられる。このように、学歴・資格と生産性の間に高い相関関係があれば、企業が各人の学歴や資格を生産性のシグナルとして受けとめ、労働雇用を決めることには、正当な理由が見いだせる（シグナルとしての教育については、章末の練習問題6を参照）。

(2) **買い手側が出すシグナル**

　一方、取引の買い手側がシグナルを発信する場合もある。たとえば、現実の任意自動車保険では、保険会社は契約者（保険の買い手）の状況により、さまざまな保険料割引を行っている。そのため、質のよいドライバーは保険会社に、自分の「無事故歴や年齢」などの情報を進んで提供する。これらの情報は優良ドライバーのシグナルとして機能し、保険料の支払いが軽減される。したがって、質のよいドライバーも任意保険に加入する誘因をもつことになる。こうして、保険に伴う逆選択の問題は、ある程度は解消される。

　また、経営状況のよい企業ほど、有利な条件で銀行融資が受けられる。こ

のため、企業(融資サービスの買い手)としては、たとえば中立的な立場にある格付け機関から、現在の経営状況や将来性について高い「格付け」を得れば、それはよい借り手であるというシグナルの役割もする。その結果、銀行はこの企業に対して、低利で融資することになる。家計の場合には、勤務先の所得証明や資産状況を示す書類を銀行に提出するなどして、信頼できる借り手であるとのシグナルを発信する。

② 自己選択

逆選択の問題を解決するもう１つの方法は、情報をもたない売り手側が、複数の契約形態や料金体系を提示して、その中から買い手に選ばせることにより、買い手のタイプに関する情報を得る、というものである。これは**自己選択**とよばれる。

例として、「医療保険」を考えてみる。医療保険の加入者には、健康に優れており医者にほとんどかからない人と、健康に恵まれず医者によくかかる人とがいる。しかし、保険会社のほうでは、個々の加入者のタイプを区別することは困難なので、加入者に対して一律に同一の保険料を課すと、逆選択の問題が発生する。

そこで、保険会社としては、保険料は安いが通常の病気しかカバーしない契約と、保険料は高いが重大な病気も含めすべてカバーする契約、の２種類の**契約形態**を用意し、加入者にどちらかの保険を自由に選んでもらうことにする。この場合、一般に、健康に自信のある人は保険料の安い契約を選択し、健康に自信のない人は保険料の高い契約を選択する。こうした自主的な表明により、保険会社は契約者のタイプについて情報を収集できる。

また、携帯電話や各種のスポーツクラブ、レジャー施設の利用については、基本料金は高いが利用料金は低いプランや、基本料金は低いが利用料金は高いプランなど、異なる**料金体系**を用意して、各利用者にどの料金体系にするかを選ばせている。その場合、よく利用したい人は前者の料金体系を選び、あまり利用しない人は後者の料金体系を選ぶはずである。このように、自分に合った料金プランを選択させることにより、利用者自身のタイプが判明する。

あるいは、鉄道やバスを頻繁に利用する人は、定期券や回数券を購入するが、一般の人は普通の切符を買って乗車する。この場合、利用者がどんな種類の乗車券を買うかにより、そのタイプを区別できる。

以上で例示したように、買い手の自己選択によって、売り手は相手のタイプに関する情報を得ることができる。その結果、買い手全員に一律の価格を課すのではなく、タイプにより、異なる契約形態・料金体系を適用することが可能になる。このため、逆選択の問題は解消する。

4　モラル・ハザード

以上の2、3節において、逆選択の問題を考察したが、本節と次節では、相手の行動が観察できないために発生する「モラル・ハザード」の問題を取り上げる。

① 保険契約者の行動

再び、保険について考えてみる。保険の加入者（契約者）は自分の行動をよく知っているが、保険会社は実際に、個々の加入者がどのような行動をとるのかは観察できず、本当のところはよくわからない。両者の間には、保険契約者の行動に関して「情報の非対称性」が存在する。このような場合、人びとの行動は保険に加入することで、変化する可能性がある。

たとえば、自動車の車両保険に加入すると、たとえ車両を傷つけたり、事故を起こしても、保険によって損害が補償される。したがって、保険に入っていない場合と比べ、安全運転への意欲が減退して、運転が雑になったり、不注意になったりする。火災保険の場合も、保険に加入していれば、万が一火災になっても被害は補償してもらえる。だから、保険に入らず、火災になればすべてを失う場合よりも、火災に対する注意がおろそかになる。また、医療保険に入っていると、病気にかかったとき診察料や薬代が安く済む。そのため、健康管理を怠ったり、ちょっとしたことで医者に診てもらったりする。

このように、人びとの行動が保険契約を結んだことにより変化して、契約

前に想定した状況と違ったことになる現象を、**モラル・ハザード(道徳的危険**：moral hazard)という。モラル・ハザードが存在すると、保険会社の保険金支払いは増加して、保険料の引き上げが必要になる。その結果、保険加入者の負担が重くなり、ついには、保険そのものが成立しなくなる事態も起こり得る。

② 医療保険のモラル・ハザード：非効率性

ここでは、医療サービスを例にとり、なぜモラル・ハザードが生じるのか、それは市場の効率性にどんな悪影響を及ぼすのかを明らかにする。

図10-3 において、右下がりの直線 DD は、医療サービスの市場需要曲線を表す。医療の需要量は医療の価格に依存し、普通の財と同じく、需要量は価格が下がるにつれて増加すると考える。一方、医療サービスの市場供給曲線は、水平な直線 SS によって表されるものとする。ここでは、簡単に、医療の限界費用(=平均費用)は OB の大きさで一定、と仮定している。

医療サービス市場が競争的であれば、市場の均衡は需要曲線 DD と供給曲線 SS が交差する E 点で実現する。その結果、医療は OB の価格で Q_E 量だけ需要される。この場合、医療サービスの買い手(消費者)が支払ってもよいとする最大額は、四辺形 $OAEQ_E$ の面積で示され、また、実際に支払う金額は四辺形 $OBEQ_E$ の面積で表される。したがって、消費者余剰は三角形

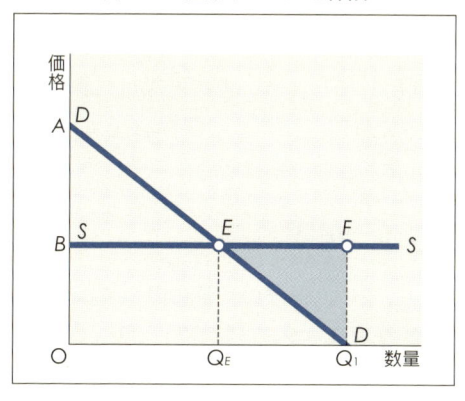

図10-3 医療サービスと保険

ABE の面積に等しく、このとき経済余剰は最大になる。つまり、医療サービスのパレート最適な水準は、Q_E 量である。

さて、病気のときには医療費をただとする「医療保険」が導入され、全員が加入したとする。ただし、この保険は**公正な保険**で、加入者に課す保険料の水準は、保険事業の利潤がゼロとなる(収支が均衡する)ように決められる。保険加入者は、保険によって、自分の医療費を直接は負担する必要がなくなるので、言い換えると、医療の価格はゼロになるので、モラル・ハザードが起こり、医療サービスの需要量は Q_E から Q_1 へと増加する。その場合、医療の供給費用は四辺形 $OBFQ_1$ の面積で示される。したがって、保険加入者に対する保険料は、この供給費用と保険料による総収入とが等しくなるように決められる。

保険によるモラル・ハザードのため、Q_1 量の医療サービスが需要されるときには、買い手が支払ってもよいとする最大額は、三角形 OAQ_1 の面積に拡大する。しかし、本当は医療費はただではなく、医療保険の加入者は、保険料として四辺形 $OBFQ_1$ の面積分を支払う。それゆえ、消費者余剰は三角形 ABE の面積から、三角形 EFQ_1 の面積を差し引いた値になる。医療サービスの効率的水準 Q_E と比べて、消費者余剰は三角形 EFQ_1 の面積(●色部分)だけ小さい。Q_1 量では過剰消費になっており、非パレート最適な状態であることがわかる。

見方を変えると、保険は加入者からすると、一種の「共有資源」(第8章のコラムを参照)と解釈できる。保険を利用すると保険金の支払いが増加し、いわば外部不経済を発生させるのであるが、各人はこれを無視して行動するため、保険を過剰に利用してしまう。その結果は、保険料(費用負担)の増加という形で、加入者に跳ね返ってくる。保険によるモラル・ハザードのため、市場の効率性は阻害されることになる。

③ エージェンシー関係

モラル・ハザードの現象は、保険の分野に限らず広く見受けられる。たとえば、自然独占の規制(第8章を参照)に関連して述べたとおり、公益企業は赤字をいつも政府に補塡してもらえるならば、効率的に経営する誘因がなく

なる。必要以上に人員を増やしたり、建物や設備・器具を立派にしたり、自らの福利・厚生に力を入れるなど、自分たちのために支出を増加させ、費用削減の努力を怠る。公益企業では、「X非効率性」の問題が発生する。

あるいは、金融機関への公的資金の投入に見られるように、企業が倒産の危機にさらされると、公的資金により救済されるとなれば、経営者は真剣に経営努力をしなくなる可能性がある。また、年功序列型の給与体系のもとでは、ひとたび採用された後には、一生懸命に働く誘因が乏しく、よく働かない人も出てくる。

このように、モラル・ハザードをより一般的にとらえ、**依頼人**(プリンシパル：principal)と**代理人**(エージェント：agent)との間の、**エージェンシー関係**において生じる問題と理解することができる。すなわち、ある仕事を頼む依頼人と、その仕事を頼まれて行う代理人との関係、具体的には、保険会社と加入者、監督官庁と公益企業、経営者と従業員、銀行と融資先、依頼人と弁護士、地主と小作人、タクシー会社とタクシー運転手などの間では、依頼人は代理人がどのように行動しているのかを、直接的には観察できない。そのため、代理人は依頼人の利益にかなう行動をとらないかもしれず、こうした現象を広く、モラル・ハザードとよぶ。

5　モラル・ハザードの解決方法

前節では、相手の行動を観察できず情報が不完全なときに、モラル・ハザードが起きることを見た。それでは、モラル・ハザードの問題を解消するには、どのような方法・契約形態が望ましいのかを考えてみる。

① モニタリング

モラル・ハザードの問題は、相手の行動がよく観察できないために発生するのであるから、これを防ぐ方法の1つは、依頼人が代理人の行動を厳しく**モニタリング**(監視)することである。

たとえば、保険加入者は、その行動を保険会社によって正確に監視されているならば、自分の不注意やミスで起きた病気・事故については、保険金支

払いの請求がしにくくなる。あるいは、保険会社が保険金支払いの審査を厳格に行うときには、加入者自身の過失の程度に応じて、保険金の支払いは減額される。そのため、保険の契約者は保険に加入した後も、従来通り慎重に行動するようになる。

　また、雇用関係において、経営者がいつも厳しく従業員の行動を監視していれば、従業員が仕事をさぼったり手抜きをすると、ただちにわかってしまう。その結果、減給や解雇の可能性が高くなるので、従業員は労働規律を守り、よく働くようになる。

　このように、モニタリングの強化は、モラル・ハザードの問題を解決するには有効である。しかし、相手の行動を監視したり、情報を収集するには、相当なコストがかかる。特に、モニタリングの対象者が多い場合には、コストは莫大な額となり、逆に、利潤の減少を招きかねない。したがって、実際の保険では、普通、保険会社が加入者を常時モニタリングするということはない。代わりに、モラル・ハザードを防止するため、病気や事故に対する支払いの一部を、自己負担させるようにしている。なお、故意または重大な過失による場合は、加入者本人の全額負担となる。

② 誘因システム

　エージェンシー関係において、依頼人が代理人の行動を直接的に監視することは困難であれば、モラル・ハザードの問題を解消するには、代理人が依頼人の利益にかなった行動をとる誘因を与えるような契約・制度(これを**誘因システム**という)を、工夫する必要がある。

　このことを、**図10-4**を使って説明する。図の横軸は、代理人の活動によって生じる総収入の水準を示す。総収入の水準は、代理人の努力水準が高まるにつれて増加する、と考える。縦軸は、代理人の収入(取り分)を表す。したがって、45度線(総収入)と代理人の収入を示す直線との垂直距離が、依頼人の収入を示すことになる。

　もし、依頼人が代理人の努力水準を観察でき、モラル・ハザードが起こる心配がない場合には、一般に、代理人の努力に見合った**固定給**が支払われる。しかし、代理人の行動を観察できない状況では、固定給契約はまさにモ

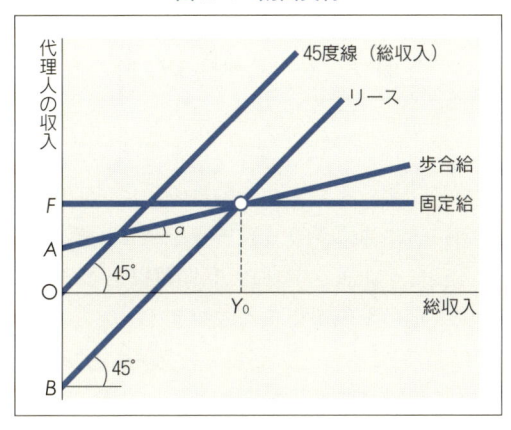

図10-4　誘因契約

ラル・ハザードを引き起こす。図10-4において、固定給契約のときは、代理人は総収入の水準に関係なく、一定額（OFの大きさ）の収入が得られる。それゆえ、代理人の立場からすると、まったく努力をせずに（縦軸上のF点で）、固定給の支払いを受けるのが、最適な選択になるからである。

したがって、代理人の行動を観察できない場合には、依頼人は代理人の成果に応じて、報酬を払うようにしなければならない。これには、一定割合を**歩合給**として支払う契約がある。図には、基本給OAに加えて、収入増加分の$100 \times a\%$（$a<1$）を代理人に支払う歩合給のケースが描いてある。また、代理人は依頼人に一定額OBをリース料として払い、収入はすべて代理人のものとする**リース（出来高払い）**契約がある。

歩合給契約やリース契約では、代理人は努力水準を高めて総収入を増やせば、依頼人に利益をもたらすだけではなく、自らの収入が高まるので、真剣に働く誘因をもつ。実際に、タクシー運転手の賃金、営業職の給与、請負業務の報酬、コンビニ店のフランチャイズ料などは、歩合給契約やリース契約によって決められている。なお、両者を比較すると、総収入が低い段階では、代理人の収入は歩合給契約のほうが大きく、有利である。しかし、総収入がある水準Y_0以上に高まると、代理人にとって、リース契約のほうが有利になる。そのため、意欲的な代理人は、損失を被るリスクもあるが、努力

を払えばそっくり自分の収入になるリース契約を好む傾向にある。

●コラム：効率賃金仮説

　効率賃金(efficiency wage)仮説によると、労働者の生産性は企業が払う賃金に依存し、賃金が高くなるほど労働者の生産性は上昇する、と考える。そして、企業は労働者に支払う賃金を、賃金1単位当たりの労働者の努力水準が最大になる賃金水準（これを**効率賃金**とよぶ）に決めることにより、利潤の最大化が実現する、と主張する。

　それでは、なぜ賃金が高いと労働者の生産性は上昇するのであろうか。この点については、さまざまな理由が挙げられる。たとえば、労働者は賃金面で厚遇されることのお返しに、企業への忠誠心を高めて、大きな努力を払うと考えられる。また、高い賃金が支払われると、優秀な労働者の離職が少なくなり、労働移動にかかる費用を節約できる。

　さらに、企業は労働者に、市場水準よりも高い賃金を支払うことにより、労働市場における「逆選択」や「モラル・ハザード」を防ぎ、労働者の生産性を高めることができる、という説もある。

　まず、企業としては、賃金を低く設定して労働者を採用すると、多くのレモン（生産性の低い労働者）が紛れ込み、教育・訓練に多額の費用をかけたり、解雇したりすることが必要になる。こうしたことを避けるためには、むしろ高い賃金を提供したほうがよい。生産性が高く有能な人は、留保賃金（賃金がそれ以上でないと働かない水準）が高いので、市場水準よりも高い賃金は、生産性の高い労働者を引きつけることになるからである。つまり、高い賃金を支払うことにより、逆選択の問題を解消できる。

　つぎに、企業が高い賃金を労働者に支払う場合、労働者は仕事を怠けて解雇されることを、大いに心配する。もし解雇されると、ほかで現在よりもよい条件で雇用される可能性は低く、解雇されたときの損失がきわめて大きいからである。したがって、労働者は高い賃金に見合った努力を払うことになり、モラル・ハザードが発生しにくい。その結果、労

働者の生産性は高くなり、高い賃金はかえって利潤の拡大に寄与する。

練習問題

1．「期待価格」に関する以下の問いに答えなさい。
   (1) リンゴの価格は、1/4の確率で200円に、また、3/4の確率で100円になると予想される。リンゴの期待価格はいくらになるか。
   (2)* 1000本の宝くじのうち、当たり賞金10万円が1本、1万円が3本、1000円が50本あり、残りははずれ（賞金はゼロ）である。この宝くじを1本購入するとき、当せん金の期待値はいくらになるか。さらに、宝くじの価格が200円であれば、この宝くじを購入したいと思うか。
2．ダイヤモンドやサファイアなどの宝石類や高級ブランド品の取引では、偽物をつかまされたときの痛手は大きい。そのような場合、市場ではどのような問題が起こると考えられるか。また、この問題を解決するには、いかなる方法があるかを考察しなさい。
3．中古パソコンが個人間で取引されており、市場の状況はつぎの表のとおりとする。また、各売り手はそれぞれ1台だけパソコンを保有し、買い手は多数いるものとして、以下の問いに答えなさい。

中古パソコン	台数	売り手の希望額	買い手の評価額
品質のよいパソコン	400台	10万円	12万円
品質の悪いパソコン	600	5	7

   (1) 完全情報のもとでは、中古パソコンはいかなる価格で、どれだけ取引されるか。
   (2) 買い手側に、中古パソコンの品質に関して情報の不完全性があると、中古パソコンの取引はどのようになるか。
4．公益企業と監督官庁の関係を例にとり、エージェンシー関係において生じる問題、およびその解決策について考えなさい。
5．以下の事項は、「逆選択」と「モラル・ハザード」のどちらの現象と、いかなる関係にあるかを簡単に説明しなさい。
   ①多額の広告支出　　②骨董品の取引　　③一時雇用の労働者
   ④タクシー運転手の賃金契約
6．企業は、労働者の能力(生産性)に応じて賃金を支払い、労働者を雇用したいと考えている。労働者には2つのタイプがあり、その特性はつぎの表に示されるものとして、以下の問いに答えなさい。

労働者のタイプ	割合	賃金	付加的教育の費用
能力の高い人	1/2	50万円	10万円
能力の低い人	1/2	30	40

(1) 企業は各労働者のタイプを区別できないので、一律に期待賃金(賃金の期待値)を支払うことにする。この場合、期待賃金はいくらになるか。また、一律賃金方式では、どのような問題が発生するか。

(2) 企業は、労働者の教育水準を生産性のシグナルとして利用し、付加的教育(たとえば、大学院教育や専門職の訓練など)を受けた人には50万円の賃金を、受けてない人には30万円の賃金を支払って雇うことにする。この場合、2つのタイプの労働者はそれぞれ、付加的教育に対してどのような選択をするか。さらに、この賃金方式により、労働者は生産性に応じた賃金を受け取ることになるか。

《学習ガイド》

　本書の執筆にあたっては、数多くの文献を参考にするとともに、著者自身によるものは加筆・修正のうえ利用した。
　以下、読者が本書を読むうえで、また、ミクロ経済学の理解をいっそう深めるために、参考となる書物をいくつか紹介しておく。

1．経済学全般の入門書
　［1］　嶋村紘輝『入門経済学　第2版』中央経済社、1996年
　［2］　伊藤元重『入門経済学　第2版』日本評論社、2001年
　［3］　福岡正夫『ゼミナール経済学入門　改訂2版』日本経済新聞社、1994年
　［4］　スティグリッツ(藪下・秋山他訳)『入門経済学　第2版』『ミクロ経済学　第2版』『マクロ経済学　第2版』東洋経済新報社、1999〜2001年
　［5］　マンキュー(足立・石川他訳)『マンキュー経済学　Ⅰミクロ編』『マンキュー経済学　Ⅱマクロ編』東洋経済新報社、2000、2001年

2．ミクロ経済学(初級・中級レベル)
　［6］　嶋村紘輝・横山将義『図解雑学　ミクロ経済学』ナツメ社、2003年
　［7］　嶋村紘輝・佐々木宏夫・横山将義・片岡孝夫・高瀬浩一『入門ミクロ経済学』中央経済社、2002年
　［8］　伊藤元重『ミクロ経済学　第2版』日本評論社、2003年
　［9］　井堀利宏『入門ミクロ経済学　第2版』新世社、2004年
　［10］　西村和雄『ミクロ経済学入門　第2版』岩波書店、1995年
　［11］　岩田規久男『ゼミナール　ミクロ経済学入門』日本経済新聞社、1993年
　［12］　武隈愼一『ミクロ経済学　増補版』新世社、1999年
　［13］　奥野正寛・鈴村興太郎『ミクロ経済学』Ⅰ・Ⅱ、岩波書店、1985、1988年
　［14］　ヴァリアン(佐藤監訳)『入門ミクロ経済学』勁草書房、1992年
　［15］　ブレア／ケニー(中本監訳)『現代ミクロエコノミックス』多賀出版、1990年

3．ゲーム理論と情報の経済学
　［16］　佐々木宏夫『入門　ゲーム理論』日本評論社、2003年
　［17］　梶井厚志・松井彰彦『ミクロ経済学　戦略的アプローチ』日本評論社、2000年
　［18］　武藤滋夫『ゲーム理論入門』日本経済新聞社、2001年
　［19］　佐々木宏夫『情報の経済学』日本評論社、1991年
　［20］　細江守紀『不確実性と情報の経済分析』九州大学出版会、1987年

4．経済数学
　［21］　蓑谷千凰彦『経済分析のための微・積分入門　増補版』多賀出版、1999年

[22] 武隈愼一・石村直之『経済数学』新世社、2003年
[23] 岡村宗二『経済学のための数学入門』同文舘、1987年

5. 経済用語辞典
[24] 金森・荒・森口編『経済辞典 第3版』有斐閣、1998年
[25] 長谷川啓之『最新英和 経済ビジネス用語辞典』春秋社、1997年

《練習問題の解答・ヒント》

各章のおわりに練習問題があるので、読者はぜひ自分で解答を試みて欲しい。以下、学習上の便宜を考えて、練習問題の解答あるいは解答上のヒントを示しておく。

[第1章]
1. 希少性、選択、資源配分、効率性、所得分配、公正、実証的分析、規範的分析などのキー・ワードを含めながら、本章1節の内容を参考にして、説明すればよい。
2. ミクロ経済学は、経済を構成する個々の要素に分析の視点を置き、家計・企業の行動や市場の機能を明らかにする。一方、マクロ経済学は、分析の視点を経済全体に置き、経済活動の全体的な水準の動きを明らかにする。
3. 市場経済システムのもとでは、市場の価格調整メカニズムに信頼を置き、原則的に、民間の自由な経済活動を認める。したがって、資源配分、所得分配、経済の安定と成長などの経済問題の解決は、基本的には、市場の機能にゆだねる。しかし、市場は万能ではないので、政府は公共財を供給したり、効率的な資源配分、公正な所得分配、安定した景気・物価、適度な経済成長などを実現するため、重要な役割を果たす必要がある。
4. 図1-1を参照しながら、経済活動の意思決定単位(家計、企業、政府)について、それぞれの経済社会における機能を説明するとともに、生産物市場と生産要素市場を通じ、家計、企業、政府の活動は相互に関連し合っていることを示せばよい。

[第2章]
1. 競争的な市場では、価格は伸縮的に変化する。市場全体の需要量が供給量を上回るときには、市場の価格は上がる。その結果、需要量は減少、供給量は増加して、超過需要は小さくなっていく。反対に、供給量が需要量を上回るときには、価格は下がる。その結果、需要量は増加、供給量は減少し、超過供給は小さくなっていく。このように、価格による需要・供給の調整機能が働き、ついには、市場の需要と供給が等しくなる均衡状態に至る。そして、価格と取引量の値は、この市場均衡点の水準に落ち着く。
2. 「需要の減少」は需要曲線を左にシフトさせる。このため、市場の価格は低下し、取引量は減少する。その際、供給の価格弾力性が小さく、供給曲線が垂直に近い形をしているほど、価格は大幅に下がり、取引量の減少幅は小さい。反対に、供給の価格弾力性が大きく、供給曲線が水平に近い形をしているほど、価格の低下幅は小さく、取引量は大幅に減少する。つぎに、「供給の減少」は供給曲線を左方にシフトさせる。したがって、市場の価格は上昇し、取引量は減少する。そのとき、需要の価格弾力性が小さく、需要曲線が垂直に近い形をしているほど、価格は大幅に上昇し、取引量の減少幅は小さい。反対に、需要の価格弾力性が大きく、需要曲線が水平に近い形をしているほど、価格の上昇幅は小さく、取引量は大幅に減少する。
3. 「需要の増加と供給の増加」が同時に起きると、需要曲線と供給曲線はともに右にシ

フトする。その結果、市場の取引量は増加する。一方、価格は、需要曲線が供給曲線よりも大幅に右にシフトするときには上昇し、小幅にシフトするときには下落する。つぎに、「需要の増加と供給の減少」が同時に起きると、需要曲線は右に、供給曲線は左にシフトする。その結果、市場の価格は上がる。一方、取引量は、需要曲線が供給曲線よりも大幅にシフトするときには増加し、小幅にシフトするときには減少する。

4. (1) **図A-1**の市場均衡点 E では、需要と供給は一致するから $(Q_D=Q_S)$、$240-6P = -60+4P$。これを解くと、均衡価格 $P=30$ 円。さらに、P の値を需要関数または供給関数に代入すると、均衡取引量 $Q_D=Q_S=60$ 万箱。 (2) 需要の価格弾力性を表す式に、均衡価格と均衡取引量の値、および $\Delta Q_D/\Delta P = -6$ を代入すると、需要の価格弾力性

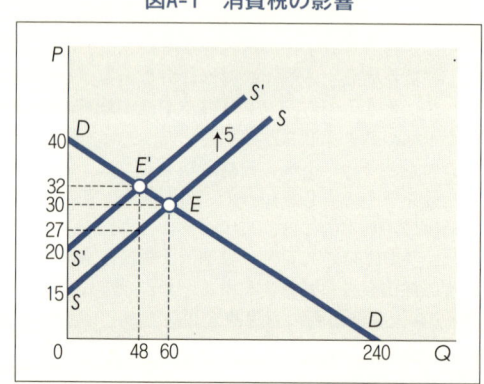

図A-1 消費税の影響

$=6\times(30/60)=3$。同様に、供給関数より $\Delta Q_S/\Delta P=4$ であるから、供給の価格弾力性 $=4\times(30/60)=2$。また、市場均衡点において、需要は弾力的であるから、価格が下がると売り手の総収入は増加する。 (3) 供給曲線は消費税5円分だけ上にシフトして、$Q_S=-60+4(P-5)$。この供給曲線 $S'S'$ と需要曲線 DD の交点 E' を求めると、$P=32$ 円、$Q=48$ 万箱。そのとき、政府の税収は 5円×48万箱=240万円。買い手の購入価格は30円から32円に上昇するから、買い手の実質的な税負担額=$(32-30)$ 円×48万箱=96万円。売り手が実際に受け取る価格は $32-5=27$ 円であるから、売り手の実質的な税負担額=$(30-27)$ 円×48万箱=144万円。

5. 本問の需要曲線と供給曲線は、図2-2と同じ。 (1) 市場取引の上限価格が40円に規制される場合:需要量 $Q_D=180-2\times40=100$、供給量 $Q_S=-20+2\times40=60$、超過需要=$100-60=40$ 万箱。下限価格が70円に規制される場合:供給量=$-20+2\times70=120$、需要量=$180-2\times70=40$、超過供給=$120-40=80$ 万箱。 (2) 政府は、生産者から1箱当たり70円で120万箱買い上げ、それを消費者に40円で100万箱だけ売り渡す。政府の赤字額=70円×120万箱－40円×100万箱=4400万円、在庫量=$120-100=20$ 万箱。

6. 直角双曲線型の需要曲線は、$P\cdot Q_D=C$ (一定値)、つまり $Q_D=C/P$ と表せる。これより、$\Delta Q_D/\Delta P=-C/P^2$ であるから、需要の価格弾力性 $e_D=(C/P^2)\cdot(P/Q_D)$。これに $Q_D=C/P$ を代入すれば、$e_D=(C/P^2)\cdot(P^2/C)=1$。つぎに、原点から出発する供給曲線を $Q_S=a\cdot P$ (a は定数) で表す。これより、$\Delta Q_S/\Delta P=a$、$P/Q_S=1/a$ を得るので、供

給の価格弾力性＝$a\cdot(1/a)=1$。
7．図2-8において、買い手に1箱当たり10円の消費税が課されると、需要曲線は消費税分だけ下にシフトして、$Q_D=180-2(P+10)$。この需要曲線$D'D'$と供給曲線SSの交点を求めると、$P=45$円、$Q=70$万箱。政府の税収＝10円×70万箱＝700万円。また、買い手は購入価格45円に加えて消費税10円を支払うから、買い手の実質的な税負担額＝$(45+10-50)$円×70万箱＝350万円。売り手が受け取る価格は45円であるから、売り手の実質的な税負担額＝$(50-45)$円×70万箱＝350万円。結局、売り手から消費税を徴収する場合と、まったく同じ結果になる。

[第3章]
1．図3-2(a)において、たとえば、衣料の価格が4千円から2千円に低下すると、当初の所得8万円でも、衣料を40単位（8万円÷2千円）まで購入できるようになる。ただし、食料の価格は2千円で変わらないから、食料の最大可能な購入量はこれまでと同じ40単位である。したがって、予算線ABはB点を中心に右上に回転し、A'点とB点を結んだ直線にシフトする。
2．(1)右下がりの直線：限界代替率一定。つまり、家計にとって2つの財（財①、財②）は完全な代替財で、財①を1単位余分に消費することと引き換えに、減らしてもよいと思う財②の数量は、いつも同じである。 (2)原点に対して凹型の曲線：限界代替率逓増。つまり、財①が財②に比べて多くなるにつれ、家計は財①をかえって高く評価するようになり、1単位の財①と引き換えてもよいと思う財②の数量は、徐々に大きくなる。 (3)垂直な直線：家計は財②にはまったく無関心で、財①の数量だけで効用水準が決まる場合。水平な直線：反対に、財①にはまったく無関心で、効用水準が財②の数量だけに依存する場合。 (4)右上がりの曲線：いずれか一方が負の財の場合。家計の効用は負の財が増加すると低下するので、効用を一定に維持するには、もう一方の望ましい財は増加しなければならない。 (5) L字型：2つの財が完全な補完関係にあり、両財は常に一定の比率で消費される場合。
3．(1) $X\cdot Y=100$の関係を満たすXとYの組み合せを、X-Y平面上に次々と図示すれば、原点に対して凸型の無差別曲線が描ける。$X\cdot Y=200$、$X\cdot Y=300$についても同様。 (2)予算線$2X+5Y=100$は、横軸との交点が50、縦軸との交点が20で、傾きが$-2/5$の右下がりの直線として描ける。この予算線は、$Y=20-0.4X$と表せるから、これを効用関数$U=X\cdot Y$に代入して整理すると、$U=-0.4(X-25)^2+250$。したがって、$X=25$のとき、効用は最大値$U=250$をとる。さらに、$X=25$を予算線に代入すると、$Y=10$。 (3)予算線を$2X+5Y=200$として、(2)と同じように計算すると、$X=50$、$Y=20$。所得の上昇につれ、食料と衣料の需要量はともに増加するから、どちらも正常財。 (4)予算線を$X+5Y=200$として、再び同じように計算すると、$X=100$、$Y=20$。食料の価格だけ変えて、たとえば$P_X=4$にすると、$X=25$、$Y=20$。これらと(3)の結果より、家計の食料の需要曲線は、価格と需要量が$(4,25)$、$(2,50)$、$(1,100)$となる点を通る右下がりの曲線、$X=100/P_X$、として描ける。
4．コーナー解はさまざまな状況で起こり得る。無差別曲線が原点に対して凸型、右下がりの直線、あるいは垂直ないし水平な直線で表されるケースを含めて、無差別曲線の傾きが一様に予算線の傾きよりも急な場合には、家計の効用は予算線が横軸と交差する点

で最大になり、財①のみが購入される。反対に、無差別曲線の傾きが一様に予算線の傾きより緩やかな場合には、家計の効用は予算線が縦軸と交差する点で最大になり、財②だけが購入される。また、無差別曲線が原点に対して凹型の場合には、予算線が無差別曲線と接する点では、効用は最小になる。この点から予算線に沿ってどちらの方向に移動しても、効用は高まるからである。予算線が横軸と交差する点か、縦軸と交差する点で、効用は最大になる。

5. 図3-5の状況で、購入可能な食料の数量が、最適な X_E 量より大きい水準に制限された場合、規制は実質的な拘束力をもたない。家計の消費最適点は E 点のままで、何ら影響はない。しかし、X_E より低い水準 X_0 に制限されると、家計は食料を最適量よりも少ない量しか購入できなくなり、規制は拘束力をもつ。このとき、X_0 で垂直な直線と予算線 AB との交点で、効用は最大になるので、家計はその点を選ぶ。したがって、財①の購入量は減少、財②の購入量は増加、家計の効用水準は低下する。

6. 図A-2において、食料の価格が上昇すると、家計の予算線 AB は A 点を中心に左下へ回転して、直線 AB' にシフトする。それに伴い、消費の最適点は E 点から E' 点へ移る。この変化は、E 点から E^* 点への代替効果と、E^* 点から E' 点への所得効果に分解できる（ここでは、食料と衣料はともに正常財とする）。食料に関しては、代替効果と所得効果はどちらもマイナスに作用するので、家計の食料の需要量は減少する。衣料に

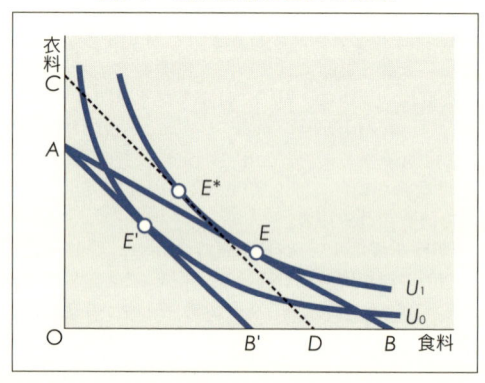

図A-2 食料価格の上昇の効果

関しては、代替効果はプラス、所得効果はマイナスに作用する。したがって、代替効果が所得効果よりも強く働けば、食料の価格上昇に伴い衣料の需要量は増加し、逆に、所得効果が代替効果よりも強く働くときには減少する。

7. 家計の所得が高まると、需要量が増加する財が正常財である。ただし、所得の増加に伴い需要量が減少する財もあり、これを下級財という。さらに、下級財としての性格が顕著で、価格低下に伴い、プラスの代替効果よりもマイナスの所得効果が強く現れて、需要量が減少する財もある。これがギッフェン財である。つぎに、財①の価格が低下すると財②の需要量が増加するときには、2つの財は粗補完財、反対に、財②の需要量が減少するときには、粗代替財とよばれる。また、代替効果だけで見て、財①の価格低下が財②の需要量減少を引き起こすときには、2つの財は代替財、反対に、財②の需要量

増加をもたらすときには、補完財という。

[第4章]
1. 可変費用 $VC=W\cdot L$ より、平均可変費用は $AVC=W\cdot L/Q=W/(Q/L)=W/AP$。完全競争的な労働市場では、賃金率 W は企業にとって所与であるから、平均可変費用 AVC は平均生産物 AP と反対の方向に動く(つまり、AP が上昇するときには AVC は減少し、AP が低下するときには AVC は増加する)。同様に、$MC=\varDelta(W\cdot L)/\varDelta Q=W\cdot\varDelta L/\varDelta Q=W/(\varDelta Q/\varDelta L)=W/MP$ より、限界費用 MC は限界生産物 MP と反対の方向に動く。
2. (1)生産関数より $L\cdot K=100$、ゆえに $K=100/L$ であるから、これを等費用線 $C=2L+8K$ に代入して整理すると、$C=2L(1-20/L)^2+80$。したがって、$L=20$ のときに、費用は最小値 $C=80$(万円)をとる。さらに、$L=20$ を生産関数に代入すると、$K=5$。 (2)生産関数 $Q=L\cdot K$ より、労働の限界生産物 $MP_L=K$、資本の限界生産物 $MP_K=L$。ゆえに、技術的限界代替率 $=MP_L/MP_K=K/L$。これと、労働と資本の価格比率が一致するところで、費用最小化は実現するので、$K/L=2/8$。これより、企業の拡張経路を表す式は、$K=(1/4)L$。
3. U 字型の短期平均費用曲線:短期には固定的生産要素が存在するため、可変的生産要素の投入に関して、当初は収穫逓増の現象が見られるが、いずれは収穫逓減の法則が作用することによる。U 字型の長期平均費用曲線:長期には生産要素はすべて可変的生産要素と考えられ、当初は規模に関する収穫逓増が働くが、やがて規模に関する収穫逓減の現象が起こることによる。
4. (1)$TC=VC+FC=Q^3-4Q^2+10Q+120$、$AVC=VC/Q=Q^2-4Q+10$、$AFC=FC/Q=120/Q$、$AC=TC/Q=AVC+AFC=Q^2-4Q+10+120/Q$。限界費用については、総費用関数を生産量で微分すると、$MC=dTC/dQ=3Q^2-8Q+10$。 (2)$TR=P\cdot Q=70Q$、$AR=TR/Q=70$、$MR=dTR/dQ=70$。 (3)利潤最大化条件:$MR=MC$ より、$70=3Q^2-8Q+10$ が成り立ち、これを整理すると、$(3Q+10)(Q-6)=0$。したがって、利潤は $Q=-10/3$ で極小、$Q=6$ で極大になるので、最適生産量は $Q=6$。さらに、$Q=6$ を(1)と(2)の諸式に代入すると、$TC=252$、$AVC=22$、$AFC=20$、$AC=42$、$MC=70$、$TR=420$、$AR=70$、$MR=70$。最後に、利潤$=TR-TC=168$。
5. 固定費用の大きさは、企業の短期の意思決定には影響を及ぼさない。なぜなら、短期では、生産活動をどのような水準に決めようが、一時的に操業を停止しようが、市場にとどまる限り、工場・設備などの固定費用は同じように負担せざるを得ない。言い換えると、固定費用はサンクコストであるから、企業は固定費用のことは無視して、可変費用だけを考慮に入れ、限界収入と限界費用が等しくなる水準に生産量を決めるのが、最適な行動である。
6. 可変的生産要素の価格低下や生産技術の進歩が起こると、企業は生産物の各水準をそれまでより少ない費用で生産可能となるので、平均費用曲線、平均可変費用曲線、限界費用曲線はそれぞれ下にシフトする。このため、市場の価格(限界収入)と限界費用は、以前よりも大きな生産水準で等しくなり、企業は各価格のもとで供給する生産量を増加させる。したがって、企業の短期供給曲線は右にシフトする。
7. 企業の短期供給曲線:短期の限界費用曲線のうち、平均可変費用の最小点よりも上の

部分がこれに当たる。そして、平均費用の最小点が損益分岐点を、平均可変費用の最小点が操業停止点を意味する。企業の長期供給曲線：長期の限界費用曲線のうち、長期平均費用の最小点よりも上の部分がこれに当たる。長期平均費用の最小点が、長期の損益分岐点であると同時に、操業停止点でもある。

8． (1)典型的企業の長期平均費用は、$LAC=LTC/Q=Q^2-40Q+450=(Q-20)^2+50$と表され、$Q=20$で最小値 $LAC=50$ をとる。完全競争市場では、長期均衡価格 P_0 は長期平均費用の最小値に一致するから、$P_0=50$。 (2)典型的企業の長期供給量は20であるから、$10000\div20=500$ の企業が存続し得る。

[第5章]

1． 完全競争市場において、それぞれの価格に関し、個々の家計の需要量を合計したものが市場の需要量である。言い換えると、全家計の需要曲線を水平に加えると、市場の需要曲線が得られる。つぎに、各価格について、個々の企業の供給量を合計したものが市場の供給量である。換言すると、全企業の供給曲線を水平に加えると、市場の供給曲線が求められる。

2． (1)市場均衡点では需要と供給が一致するから $(Q_D=Q_S)$、$a+bP=c+dP$。これを解くと、$P=(c-a)/(b-d)$。ゆえに、均衡価格が正であるための条件は、$(c-a)$と$(b-d)$の正負の符号が同一であること。さらに、P の値を需要関数または供給関数に代入すると、$Q_D=Q_S=(bc-ad)/(b-d)$。ゆえに、均衡取引量が正であるためには、$(bc-ad)$と$(b-d)$の符号が同じでなければならない。 (2)ワルラスの安定条件：需要曲線の傾きの逆数＜供給曲線の傾きの逆数、つまり $\Delta Q_D/\Delta P<\Delta Q_S/\Delta P$ であるから、$b<d$。マーシャルの安定条件：需要曲線の傾き＜供給曲線の傾き、すなわち $\Delta P_D/\Delta Q<\Delta P_S/\Delta Q$ であるから、$1/b<1/d$。

3． (1)長期均衡では、均衡価格 $P_E=P(t)=P(t-1)$ となるので、$Q_D=Q_S$ と置き、これを解くと、$P_E=10$。ゆえに、均衡取引量 $Q_E=20$。 (2) $P(0)=2$ を供給関数に代入すると、$Q(1)=12$。この値を需要関数に代入すると、$P(1)=12$。つぎに、$P(1)=12$ を供給関数に代入すると、$Q(2)=22$。この値を需要関数に代入すると、$P(2)=9.5$。同様に、$Q(3)=19.5$、$P(3)=10.125$。 (3)図5-5(a)のように、減衰振動をしながら長期均衡値に収束するクモの巣図が描けるから、市場均衡は安定である。

4． 図2-7と図5-8を参照しながら答えよ。 (1)競争均衡は需要と供給が等しくなる点で実現し、均衡価格＝100円、均衡取引量＝160万 $k\ell$。このとき、4節の説明から、消費者余剰＝640億円、生産者余剰＝640億円、総余剰＝640＋640＝1280億円。上限価格が80円に規制されると、需要量＞供給量であるから、市場の取引量は供給量＝120に一致する。したがって、消費者余剰＝$(180-120)\times120/2+(120-80)\times120=840$億円で、200億円の増加。生産者余剰＝$(80-20)\times120/2=360$億円で、280億円の減少。総余剰＝840＋360＝1200億円で、80億円の減少。 (2)下限価格が120円に規制されると、需要量＜供給量であるから、市場の取引量は需要量＝120に等しくなる。このとき、消費者余剰＝$(180-120)\times120/2=360$億円。生産者余剰＝$(120-80)\times120+(80-20)\times120/2=840$億円。総余剰＝360＋840＝1200億円。

5． 図A-1(258ページ)を参照しながら答えよ。 (1)競争均衡は、需要と供給が等しくなる E 点で実現する。このとき、消費者余剰＝$(40-30)\times60/2=300$万円、生産者余剰

＝(30−15)×60/2＝450万円、総余剰＝300＋450＝750万円。　(2)消費税分だけ上にシフトした供給曲線 $S'S'$ と需要曲線 DD との交点 E' で、市場は均衡する。消費者余剰＝(40−32)×48/2＝192万円、108万円の減少。生産者余剰＝(27−15)×48/2＝288万円、162万円の減少。政府の税収＝5×48＝240万円。総余剰＝192＋288＋240＝720万円、30万円の減少。

6．(1)**図A-3**の市場均衡では、需要と供給は一致するから($Q_D=Q_S$)、$20-2P=-4+2P$。これを解くと、均衡価格 $P=6$ 万円。ゆえに、均衡取引量 $Q_D=Q_S=8$。したがって、消費者余剰＝(10−6)×8/2＝16万円、生産者余剰＝(6−2)×8/2＝16万円、総余剰＝16＋16＝32万円。　(2)国際価格 $P_W=4$ のもとでは、需要量 $Q_D=12$、供給量 $Q_S=4$、輸入量＝$Q_D-Q_S=8$。この場合、消費者余剰＝(10−4)×12/2＝36万円、生産者余剰＝(4−2)×4/2＝4万円、総余剰＝36＋4＝40万円。　(3)関税を含めた

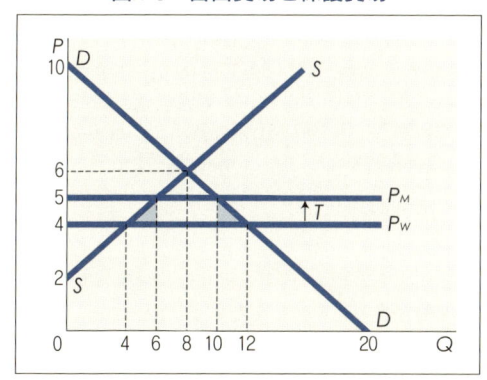

図A-3　自由貿易と保護貿易

輸入価格 $P_M=5$ のもとでは、$Q_D=10$、$Q_S=6$、輸入量＝4。また、消費者余剰＝(10−5)×10/2＝25万円、生産者余剰＝(5−2)×6/2＝9万円、関税収入＝1×4＝4万円、総余剰＝25＋9＋4＝38万円。

7．①図5-11の a 点のように、$MRS_A>MRS_B$ である。この場合、消費者BがAにX財を1単位渡し、代わりにAがBにY財を3単位やれば、両者の効用は高まる。②図5-12の m 点のように、$MRTS_I<MRTS_{II}$ である。この場合、企業IはIIに労働を1単位移して、反対にIIからIに資本を2単位移せば、両企業の生産量は増加する。③図5-13の b 点のように、$MRS_A=MRS_B>MRT$。たとえば、Y財の生産を1単位減少させると、X財の生産は1単位だけ増加する。増加したX財のうち、0.5単位を消費者Aに与えて、代わりにY財を1単位減少させても、Aの効用は変わらない。さらに、X財は0.5単位残っているから、これを配分すれば消費者の効用は高まる。

8．完全競争市場では、各家計は価格を所与の条件として、効用が最大になるように、生産要素の供給量と財の需要量を決める。また、各企業は価格を所与の条件として、利潤が最大になるように、生産要素の需要量と財の供給量を決める。このようにして生じた市場全体の需要量と供給量が一致しない場合には、価格が変化し、それに伴い需要量と供給量も変化する。そして、市場価格はついには、全体の需要量と供給量が等しくなる

[第6章]

1. 需要関数より、$P=120-4Q$。ゆえに、総収入$=P\cdot Q=120Q-4Q^2$。これを生産量で微分すると、限界収入$=120-8Q$。また、総費用関数を生産量で微分すると、限界費用$=3Q^2-8Q-27$。利潤最大化条件：限界収入$=$限界費用より、$120-8Q=3Q^2-8Q-27$。これを解くと、利潤は$Q=-7$で極小、$Q=7$で極大になるので、独占企業の生産量$=7$。この値を需要関数に代入すると、独占価格$=92$。さらに、総収入$=644$、総費用$=108$。したがって、独占利潤$=644-108=536$。

2. 図6-3と同様の図を描いて答えよ。(1)完全競争市場の均衡点では、価格と限界費用が一致するから、$200-4Q=20+2Q$。これを解くと、生産量$Q_E=30$、価格$P_E=80$。このとき、消費者余剰$=(200-80)\times 30/2=1800$、生産者余剰$=(80-20)\times 30/2=900$、総余剰$=1800+900=2700$。(2)独占の場合には、総収入$=P\cdot Q=200Q-4Q^2$、限界収入$=200-8Q$。利潤は限界収入と限界費用が一致する点で最大になるから、$200-8Q=20+2Q$。これを解くと、生産量$Q_M=18$、価格$P_M=128$。(3) $Q=18$における限界費用$=56$。したがって、消費者余剰$=(200-128)\times 18/2=648$で、1152の減少。生産者余剰$=(128-56)\times 18+(56-20)\times 18/2=1620$で、720の増加。総余剰$=648+1620=2268$で、432の減少。

3. 限界費用と各市場の限界収入が一致する水準に、全体の生産量を決める。そして、この生産量を各市場で限界収入が等しくなるように販売する。そのため、各市場の価格は、需要の価格弾力性の値に応じて異なり、需要の価格弾力性が大きい(小さい)市場ほど、低い(高い)価格がつけられる。

4. 競争要因(売り手は多数、各売り手の製品は密接な代替財、参入が容易であること)と、独占要因(製品差別化が著しく、売り手は自社製品の顧客に対して、一種の独占的地位にあること)の混在する市場の状況。製品差別化により、各企業はある程度の価格支配力をもつが、それぞれの製品の代替性が高く、また参入が容易なため、過当競争に陥り、各企業の生産は平均費用の最小水準よりも小さく、非効率になることを、独占的競争の理論は明らかにする。ただし、買い手は多種多様な製品が選択可能になるので、生産面の非効率はそのためのコストとも解釈できる。

5. カルテル：明示的な取り決めによる協調。結束が固いときは、独占と同じ効果をもつ。独占禁止法により、原則的に禁止されている。各企業は独立した存在であり、協定に反する行動が利益を生む限り、内部から崩れていく。プライス・リーダーシップ：暗黙の協調。プライス・リーダーに、他の企業も一斉に同調すれば、価格カルテルと同じような効果がある。実態はつかみにくく、独占禁止法では、価格の同調的引き上げについて、報告を求めるにとどまる。

6. (1)(企業A：A_1、企業B：B_1)の戦略の組み合わせは、各企業のとる戦略が、それぞれ相手の戦略に対する最適戦略であるから、ナッシュ均衡である。(2)(企業A：A_1、企業B：B_1)と(企業A：A_2、企業B：B_2)のどちらも、各企業の戦略が、おのおの相手

練習問題の解答・ヒント　265

の戦略に対する最適戦略になっているから、ナッシュ均衡である。
7．需要関数より、$P=150-5Q$。つまり、7節のモデルにおいて、$a=150$、$b=5$。また、生産費用はゼロより、$c=0$、利潤＝総収入。　(1) 企業AとBの反応関数は、$Q_A=15-Q_B/2$、$Q_B=15-Q_A/2$。両式を連立して解くと、$Q_A=Q_B=10$。ゆえに、$Q=10+10=20$。これを需要関数に代入すると、$P=50$。さらに、$\Pi_A=\Pi_B=50\times10=500$。　(2) 総利潤＝$P\cdot Q=150Q-5Q^2=-5(Q-15)^2+1125$。したがって、$Q=15$のとき、総利潤は最大値1125をとる。また、$P=75$。この場合、両企業で生産を等しく分け合えば、$Q_A=Q_B=15/2=7.5$、$\Pi_A=\Pi_B=1125/2=562.5$。　(3) 企業Aの利潤関数に、企業Bの反応関数を代入して整理すると、$\Pi_A=-5(Q_A-15)^2/2+562.5$。ゆえに、企業Aの利潤は、$Q_A=15$のとき最大値$\Pi_A=562.5$をとる。この$Q_A$を企業Bの反応関数に代入すると、$Q_B=7.5$。したがって、$Q=15+7.5=22.5$。これを需要関数に代入すると、$P=37.5$。さらに、$\Pi_A=37.5\times15=562.5$、$\Pi_B=37.5\times7.5=281.25$。
8．一般に、マークアップ価格形成による。企業は標準的な平均費用を推定し、これに一定のマークアップを加算して、価格を設定する。寡占価格がこのように決められる場合、標準的な平均費用の推定値やマークアップ率に改定がない限り、価格は変わらない。また、寡占企業間では、カルテルやプライス・リーダーシップなどの協調的行動により、価格の安定化がはかられる。さらに、価格競争を避け、製品差別化や広告・宣伝活動などの非価格面で競争する傾向が見られる。さらに、競争相手の出方について、自社の値下げには値下げで対抗してくるが、値上げには追随してこない、という弱気の予想をもつときには、価格は現行の水準に維持される可能性が高い。
9．政府の規制、既存企業の費用面の優位性など、新規企業が市場へ進出する際の妨げとなる障害のこと。既存企業は、参入障壁を利用して参入阻止価格を設定することにより、新規企業の市場参入を防ぐことができる。その結果、独占や寡占の体制が守られ、長期的に見て安定した利潤を確保することが可能になる。

[第7章]
1．生産関数より、労働の限界生産物$MP_L=-2L+20$。労働の限界生産物価値$P\cdot MP_L=$市場賃金率Wの条件が成り立つ水準に、企業は雇用量を決めるから、$2(-2L+20)=8$。ゆえに、$L=8$。これを生産関数に代入すると、$Q=96$。利潤＝$P\cdot Q-W\cdot L-FC=192-64-28=100$。
2．(1) $W=1$：予算線は$M=(24-F)+12$。これを効用関数に代入して整理すると、$U=-(F-18)^2+324$。ゆえに、余暇$F=18$時間、労働供給$L=24-18=6$時間。所得$M=(24-18)+12=18$。　(2) $W=1.5$：$M=1.5(24-F)+12$、$U=-1.5(F-16)^2+384$。ゆえに、$F=16$時間、$L=8$時間、$M=24$。同様にして、$W=2$のとき、$F=15$時間、$L=9$時間、$M=30$。$W=3$のとき、$F=14$時間、$L=10$時間、$M=42$。以上の結果より、家計の労働供給曲線は、$L=12$を漸近線とする右上がりの曲線、$L=12-6/W$として示せる。　(3) 財産所得がゼロの場合、$W=1$のときの予算線は$M=(24-F)$。これを効用関数に代入して整理すると、$U=-(F-12)^2+144$。ゆえに、$F=L=12$時間。同様に、$W=1.5$、2、3のときも、$L=12$時間。したがって、家計の労働供給曲線は、$L=12$で垂直な直線になる。賃金率が上昇しても、労働供給に対してプラスに作用する代替効果は、マイナスに作用する所得効果によってちょうど相殺され、労働供給量

は12時間で一定にとどまるからである。
3．生産要素はよりよい報酬を求めて、価格の低い市場から高い市場へと移動する。その結果、要素価格の低い市場では、供給の減少が生じて供給曲線は左にシフトするので、価格は上昇する傾向を示す。一方、要素価格の高い市場では、供給の増加が起こり供給曲線は右にシフトし、価格は低下していく。このように、生産要素の市場間の移動により、生産要素の価格は均等化する。
4．①生産要素に他の用途はなく、機会費用がゼロのときには、生産要素の所有者が受け取る収入はすべて経済地代である。生産要素が他の用途にも利用できる場合には、生産要素の所有者が受け取る収入から、機会費用(他の用途で得られる収入)を差し引いた値が、経済地代である。　②生産要素の所有者が受け取る収入から、供給を可能にする最小の費用(供給曲線の下の面積で測られ、要素供給の機会費用)を差し引いた値が、経済地代である。
5．図7-10を参照しながら答えよ。　(1)完全競争的な労働市場の均衡点では、需要と供給は一致するから$(L_D=L_S)$、$1000-10W=-200+20W$。これより、均衡賃金率 $W_E=40$、均衡雇用量 $L_E=600$。　(2)労働供給関数より、$W=10+L_S/20$。ゆえに、要素費用＝$W \cdot L_S=10L_S+L_S^2/20$。これを L_S で微分すると、限界要素費用＝$10+L_S/10$。また、労働需要関数より、$W=100-L_D/10$。需要独占では、限界要素費用と需要側の賃金率が一致する点で利潤が最大になるから、$10+L/10=100-L/10$。これを解くと、$L_1=450$。L_1 の値を労働供給関数に代入すると、$W_1=32.5$。　(3)労働需要関数より、要素所得＝$W \cdot L_D=100L_D-L_D^2/10$。これを L_D で微分すると、限界要素所得＝$100-L_D/5$。供給独占では、限界要素所得と供給側の賃金率が一致する点で利潤が最大になるので、$100-L/5=10+L/20$。ゆえに、$L_2=360$。労働需要関数へ代入すると、$W_2=64$。　(4)需要独占側は安い賃金で多めに雇用しようとする。逆に、供給独占側は少なめに供給して高い賃金を得ようとする。両者の利害は対立するので、結局、交渉によって、賃金は32.5～64のどこかの水準に決められ、雇用量は360～450の間に収まる。
6．本章の7節、第5章の6節とコラムをよく読んで答えよ。実際、公正とは何かという点については、さまざまな考えがある。この点を念頭に置きながら、所得税、相続税、贈与税などの租税制度や、公的扶助、社会保険、社会福祉などの社会保障制度にもとづく所得再分配政策により、分配の公正化がはかられている。また、教育・就業・昇進の機会均等、職業訓練・労働移動の促進、雇用・物価の安定などを目指す政策も、公正な分配の実現に貢献する。ただし、たとえ分配がより公正になっても、資源配分が非効率になれば、社会に分配できる所得それ自体が小さくなってしまうので、配分の効率性を阻害しない分配の公正化を心がける必要がある。

[第8章]
1．①たとえば、アルコールの消費はときに第三者に迷惑を及ぼし、外部不経済を発生させる。この場合、社会的価値は外部不経済の分だけ私的価値よりも小さい。**図A-4**において、アルコールの私的価値が需要曲線 DD で示されるならば、社会的価値は外部不経済 C だけ低い D_1D_1 で表される。ゆえに、社会的に望ましい消費量は、E_1 点に対応する Q_1 量である。だが、市場経済では、私的価値にもとづき E 点の Q_E 量だけ取引され、過剰消費になる。　②教育や庭の花壇は、一般に第三者に好ましい影響を与え、外

練習問題の解答・ヒント　267

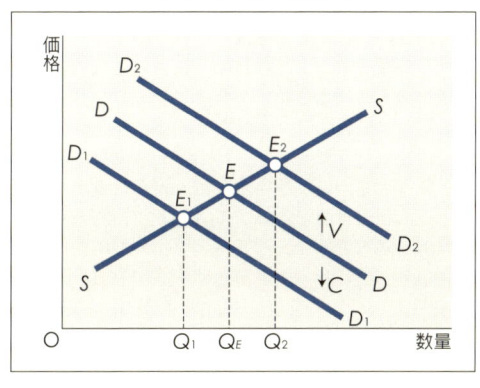

図A-4　消費の外部性

部経済を生じさせる。このとき、社会的価値は外部経済の分だけ私的価値よりも大きい。仮に、図A-4の需要曲線 DD が教育の私的価値を表すとすれば、社会的価値は外部経済 V だけ高い D_2D_2 で示される。したがって、パレート最適な消費量は、E_2 点の Q_2 量である。しかし、市場経済のもとでは、私的価値にもとづき Q_E 量の取引しかなされず、社会的に見て過少消費になる。

2．例：隣人の騒音。Aさんは日曜日の朝のピアノレッスンに、5万円の価値を見いだしている。一方、隣人のBさんは、静かな環境に10万円の価値があると思っている。①Aにピアノを弾く権利がある場合には、BはAに5万円の補償金を支払い、ピアノレッスンを止めてもらう。②Bに静かな環境を享受する権利がある場合には、Aがピアノレッスンを認めてもらうため、たとえ5万円の補償金支払いを申し入れても、Bは拒否する。①と②のどちらの場合も、ピアノレッスンは中止され、全体で $10-5=5$ 万円の経済余剰が生じて、効率的な結果になる。

3．(1)競争均衡では、需要と供給は一致するので($Q_D=Q_S$)、$480-6P=-120+4P$。これを解くと、価格 $P_E=60$ 万円、生産量 $Q_E=120$。したがって、消費者余剰 $=(80-60)\times120/2=1200$ 万円、生産者余剰 $=(60-30)\times120/2=1800$ 万円、総余剰 $=1200+1800=3000$ 万円。　(2)外部不経済 $15\times120=1800$ を(1)の総余剰から差し引くと、社会全体の総余剰 $=3000-1800=1200$ 万円。　(3)供給曲線はピグー税分だけ上にシフトして、$Q_S=-120+4(P-15)$。この供給曲線と需要曲線の交点を求めれば、$P_1=66$ 万円、$Q_1=84$。したがって、消費者余剰 $=(80-66)\times84/2=588$ 万円、生産者余剰 $=(66-45)\times84/2=882$ 万円、政府の税収 $=15\times84=1260$ 万円、外部不経済 $=15\times84=1260$ 万円。ゆえに、総余剰 $=588+882+1260-1260=1470$ 万円で、270万円の増加。

4．(1)競争均衡：需要曲線と供給曲線の交点を求めると、$120-3P=-30+2P$ より、価格 $P_E=30$ 万円、生産量 $Q_E=30$。パレート最適：外部経済を考慮に入れた供給曲線は、$Q_S=-30+2(P+5)$。この供給曲線と需要曲線の交点を求めると、$120-3P=-30+2(P+5)$ より、$P_2=28$ 万円、$Q_2=36$。　(2)政府は外部経済の発生企業に、生産物1単位当たり5万円（外部経済の大きさ）の補助金を与えればよい。すると、企業の限界費用は5万円分小さくなり、私的限界費用と社会的限界費用は一致する。その結果、

市場均衡は外部経済を考慮した供給曲線と需要曲線の交点で達成され、パレート最適な生産水準が実現する。

5．私的財については、消費の競合性と排除性の性質がある。それに対し、公共財は、非競合性と非排除性という特徴をもつ。このため、社会の各人は等しい量を消費でき、かつ誰かが利用してもほかの人は利用を妨げられない。一方、共有資源は、競合性と非排除性の性質をもつ。自然、一般道路、共有地などのように、誰もが利用することはできるが、利用に関して競合性が見られる。

6．公共財は非競合性と非排除性の性質をもつため、自らは費用を負担しなくても、費用を負担した人と同じように利用可能である。それゆえ、ただ乗り（フリーライダー）の誘因が強く働き、市場経済の基本要件である受益者負担の原則が成り立たないのである。

7．図8-6と同様の図を描いて答えよ。まず需要関数より、$P=20-Q$。ゆえに、総収入$=P\cdot Q=20Q-Q^2$、限界収入$=20-2Q$。また題意より、総費用$=2Q+32$、平均費用$=2+32/Q$。(1)利潤は限界収入＝限界費用が成り立つ点で最大になるので、$20-2Q=2$。これを解くと、$Q_M=9$。この値を需要関数に代入すると、$P_M=11$万円。(2)価格＝限界費用から、$20-Q=2$。これより、$P_E=2$万円、$Q_E=18$。利潤（総収入－総費用）$=2\times 18-(2\times 18+32)=-32$万円で、固定費用分の損失が生じる。また、価格と限界費用が等しいので、生産者余剰はゼロ。したがって、消費者余剰＝総余剰$=(20-2)\times 18/2=162$万円。(3)価格＝平均費用から、$20-Q=2+32/Q$。これより、$(Q-2)(Q-16)=0$。$Q=2$、16のうち、適当なのは$Q_A=16$。このとき、$P_A=4$万円。さらに、消費者余剰$=(20-4)\times 16/2=128$万円、生産者余剰$=(4-2)\times 16=32$万円、総余剰$=128+32=160$万円。

[第9章]

1．(1)戦略A_1は企業Aの支配戦略、戦略B_1は企業Bの支配戦略。戦略A_1とB_1の組み合わせがナッシュ均衡である。戦略A_2とB_2の組み合わせに移れば、両企業の利得は増加し得るので、このナッシュ均衡はパレート最適ではない。(2)支配戦略はない。戦略A_1とB_2の組み合わせ、および戦略A_2とB_1の組み合わせがナッシュ均衡である。ほかの戦略の組み合わせに移れば、少なくとも1社の利得は減少するので、どちらのナッシュ均衡もパレート最適である。

2．たとえば、A国とB国は世界有数の原油産出国で、ともに増産と減産の2つの戦略をもち、両国の利得は、本章のコラムの利得表（221ページ）で示されるものとする。このとき、もし両国が協力関係を結んで減産に同意すれば、原油の世界価格は高騰して、どちらの国も6兆円の利益がある。だが、各国が自国の利益を求めて独立に行動する場合には、ともに増産の戦略を選択する。その結果、原油価格は低下して、いずれの国も4兆円の利益を得るにすぎなくなる。このような現象を囚人のジレンマという。

3．①表9-5の価格競争ゲームが、1回だけ行われる場合。企業AとBがカルテルを形成して、高価格を維持しているとき、各企業は協定を破り、自らは低価格を設定することにより、利潤を$10-8=2$億円増やせる。つまり、両企業に相手を裏切り、低価格戦略をとる誘因が存在するので、カルテルの維持は困難である。②上と同じゲームが、何度も繰り返される場合。カルテル協定を破れば一時的に利益は増えるが、相手も対抗措置を講じるので、長期的に見ると、裏切り行為は必ずしも得策ではない。各企業に協

調を続ける誘因が生じ、カルテルの持続可能性は高まる。
4．スーパーAとスーパーBの間で、ほかのいくつかの街でも、図9-2と同じ参入ゲームが繰り返される場合、各ゲームにおいてAとBが合理的に行動すると考える限り、既存のスーパーBは協調を選択し、スーパーAは新規に参入するという結論に至る。したがって、スーパーB系列に加えて、スーパーA系列のチェーンストアが出現し、それぞれの街に2つの系列のスーパーが併存するという結果が予想される。これは「チェーンストア・パラドックス」といわれる。以上の結果がなぜパラドックスかというと、現実には、個々のゲームで見ると合理的な行動ではないが、スーパーBはどこかの街で競争を選択することにより、スーパーAのほかの街への参入を阻止し、自らの利得を増加させることができると思われるからである。
5．スーパーAが参入したとき、スーパーBの利得は競争を選べば4億円、協調を選べば5億円になるから、Bは「協調」を選択する。Aは参入した場合、Bは協調してくると予想するので、1億円の損失が生じると考える。ゆえに、Aは利得ゼロの「参入しない」を選択する。したがって、ゲームの解は、（A：参入しない、B：協調）である。理由：既存のスーパーBは店舗拡張により、高い潜在的競争力をもつ。その結果、スーパーAが参入したとき、たとえBが協調戦略をとったとしても、Aの利潤はマイナスになる。つまり、拡張店舗が参入障壁の役割を果たし、Aは新規参入をあきらめる。
6．ゲームの木は、図9-4の始点をB、つぎの2つの分岐点をAに替えた形になる。終点の利得は図9-4のままでよい。ナッシュ均衡は表9-2と同様にして、（B：コンサート、A：コンサート）と（B：野球観戦、A：野球観戦）の2つ存在する。このうち、Bが自らコンサートを選択するのは合理的な行動とは言えないから、前者の（B：コンサート、A：コンサート）は部分ゲーム完全均衡ではない。一方、Aにとっては、Bがコンサートを選べばコンサートを、野球観戦を選べば野球観戦を選択することが合理的である。したがって、後者の（B：野球観戦、A：野球観戦）は部分ゲーム完全均衡である。その結果、Bの利得は4、Aの利得は2になる。

[第10章]
1．(1) リンゴの期待価格＝(1/4)×200＋(3/4)×100＝125円。 (2) 当せん金の期待値＝(1/1000)×100000＋(3/1000)×10000＋(50/1000)×1000＋(946/1000)×0＝180円。当せん金の期待値(180円)は宝くじの価格(200円)より低いので、期待値にもとづき行動を決定する場合には、この宝くじは買わない。また、期待効用(当せん金から得られる効用の期待値)にもとづき行動を決定する場合には、危険回避者(効用曲線は上に凸型)であれば、宝くじの期待効用は宝くじの購入に伴う効用の損失より小さいので、宝くじは購入しない。しかし、危険愛好者(効用曲線は下に凸型)であれば、宝くじの価格が当せん金の期待値を大幅に上回らない限り、宝くじの期待効用は購入に伴う効用の損失よりも大きいので、宝くじを購入する。
2．宝石類や高級ブランド品については、売り手は品質を熟知しているが、買い手にはよくわからず、情報の非対称性がある。この場合、買い手は高い価格を支払っても、偽物(不良品)をつかまされる危険があるので、購入を控える。すると、価格は下がり、市場では本物の供給が減り、偽物がいっそうはびこる。このように、次第に本物が供給されなくなり、偽物ばかりが出回る結果となり、逆選択の問題が起こる。これを防ぐには、

立派な店構えの専門店やデパートで販売するとか、権威のある品質保証書を添えるなど、売り手はよい品質の商品であるとのシグナルを発信し、その価格は品質に見合ったものであることを、買い手に信じてもらう方策をとる必要がある。

3. 図10-2と同様の図を描いて答えよ。 (1)買い手が個々のパソコンの品質について完全情報をもっていれば、市場は実質的に2つに分かれ、品質のよいパソコンは12万円で400台、品質の悪いパソコンは7万円で600台取引される。 (2)買い手の期待価格＝(400/1000)×12+(600/1000)×7＝9万円。ゆえに、市場の需要曲線は9万円の高さで水平な直線で示され、その場合、価格は9万円、取引量は600台になる。しかし、この価格では品質のよいパソコンは市場に供給されず、品質の悪いパソコンだけが出回る。買い手はこれを観察し、支払い価格を7万円に下方修正するので、需要曲線は7万円の高さまで下にシフトする。結局、中古パソコン市場では、品質の悪いパソコンのみが7万円の価格で600台取引され、品質のよいパソコンの取引は行われない。

4. 政府は自然独占の分野については、公益事業として独占を認め、代わりに規制・管理のもとで運営させている(第8章の6節を参照)。この場合、監督官庁が依頼人、公益企業が代理人に当たるが、前者は後者の行動をよく観察できないため、公益企業は監督官庁の期待するような行動をとらないかもしれない。こうしたモラル・ハザードの解決策としては、監督官庁が公益企業の行動を厳しく監視すること、また、従業員の給与は完全な固定給ではなく、成果に応じて報酬が支払われるシステムにすることなどが挙げられる。さらに、X非効率性の発生を避け、公益企業が自ら費用削減、経営効率化の努力を払う誘因を与えるような規制方法(プライス・キャップ制、ヤードスティック方式など)を適用する必要がある。

5. ①多額の広告支出は、商品の品質がよいとのシグナルとして機能するため、消費者は安心して購入するようになり、逆選択の問題が解消する。 ②骨董品の場合、専門家には真贋の鑑定が可能であろうが、一般の人にはよくわからない。このため、情報の非対称性が見られ、本物は市場から姿を消し、偽物が氾濫するという逆選択の現象が起こる。 ③一時雇用の労働者は、多くの場合、通常の市場賃金で短期間だけ働く。ゆえに、もし解雇されても痛手は小さいので、モラル・ハザードが起こりやすい。 ④会社はタクシー運転手の行動を直接は観察できないので、固定給にするとモラル・ハザードが起きる。そこで、歩合給やリース契約など、努力に応じて運転手自身の収入が高まる賃金契約を採用する。

6. (1)期待賃金＝(1/2)×50+(1/2)×30＝40万円。この一律賃金は、能力の高い人の賃金(50万円)よりも低いので、能力の高い人は応募を控える。逆に、能力の低い人の賃金(30万円)よりも高いので、このタイプは進んで応募してくる。そのため、能力の低い人を多く採用する結果になり、逆選択の問題が起こる。 (2)付加的教育を受けた場合、能力の高い人は50－10＝40万円、能力の低い人は50－40＝10万円の利益が見込める。付加的教育を受けずに30万円の賃金をもらう場合と比べ、能力の高い人は付加的教育を受けることを選択し、能力の低い人は付加的教育を受けないことを選ぶ。その結果、教育がシグナルとして機能し、企業は労働者のタイプを区別できるようになる。そして、労働者の生産性に応じ、能力の高い人には50万円、能力の低い人には30万円の賃金を支払って雇用することが可能となる。

索　引

あ　行

アカロフ G. ……………………………239
アクセルロッド R. ……………………225
暗黙の協調 ……………………………152
一物一価の法則 …………………103, 236
一般均衡分析 …………………………118
依頼人（プリンシパル）………………249
後ろ向き帰納法 ………………………226
売り手独占 ……………………………133
エージェンシー関係 …………………249
X 非効率性 ……………………………209
エッジワース・ボックス ……………122
エンゲル曲線 …………………………53
エンゲルの法則 ………………………53
汚染者負担の原則 ……………………199

か　行

買い手独占 ……………………………180
外部経済 …………………………190, 201
外部効果 ………………………………190
外部性 …………………………………190
外部性の内部化 ………………………194
外部費用 ………………………………191
外部不経済 ………………………190, 205
価　格 …………………………………15
価格規制 …………………………31, 116
価格差別 ………………………………143
価格-消費曲線 …………………………56
下級財 ……………………………54, 58
拡張経路 ………………………………78
家　計 ……………………………9, 38
家計の需要曲線 …………………55, 104
家計の労働供給曲線 …………………172
過少生産 ………………………………193

過剰生産 ………………………………192
寡　占 ……………………………14, 149
合　併 …………………………………194
貨幣の限界効用 ………………………50
可変的生産要素（インプット）………66
可変費用 ………………………………82
可変費用曲線 …………………………82
カラ脅し ………………………………229
カルテル ………………………………151
関数の積の微分 …………………136, 181
完全競争 ……………13, 86, 103, 128, 141
完全情報ゲーム ………………………226
完全情報 ………………………………235
機会費用 …………………………79, 177
企　業 ……………………………9, 65
企業の供給曲線 ………………………105
企業の短期供給曲線 …………………94
企業の長期供給曲線 …………………99
企業の長期均衡 ………………………100
企業の労働需要曲線 …………………167
技術的限界代替率 ………………72, 125
基数的効用 ……………………………43
期待価格 ………………………………237
ギッフェン財 …………………………59
規範的な分析 …………………………4
規模に関する収穫 ………………73, 97
規模に関する収穫一定 ………………74
規模に関する収穫逓減 …………74, 97
規模に関する収穫逓増 …………74, 97
規模の経済 ………………………162, 205
供　給 …………………………………17
逆選択 …………………………………240
供給価格 …………………………108, 114
供給曲線 ……………………17, 29, 113
供給独占 …………………………133, 183

供給の価格弾力性……………………28
供給法則………………………………17
供給量…………………………………17
競合性………………………………200
競争均衡………………………113, 140
協　調………………………………155
共有資源…………………201, 204, 248
共有地の悲劇………………………204
協力ゲーム…………………………213
均　衡…………………………………6
均衡価格…………………………19, 105
均衡雇用量…………………………173
均衡値の決定…………………………6
均衡賃金率…………………………173
均衡取引量(均衡量)…………………19
クールノー A.A……………………153
クールノー均衡(クールノー＝ナッシュ均
衡)……………………………………155
クールノー・モデル………………153
屈折需要曲線………………………160
クモの巣型の調整過程……………110
クモの巣モデル……………………109
繰り返しゲーム……………………221
グレシャムの法則…………………240
経済学…………………………………3
経済主体………………………………9
経済循環……………………………11
経済地代(経済レント)……………176
経済余剰………………110, 141, 182, 192
契約曲線……………………………124
契約形態……………………………245
ケインズ J.M.…………………………5
ゲーム…………………………150, 212
ゲームの木……………………213, 225
ゲーム理論……………………150, 212
限界効用……………………………42
限界効用の均等……………………49
限界収入………………………87, 136
限界収入曲線………………………88

限界生産物…………………………69
限界生産物曲線……………………69
限界代替率……………………46, 125
限界代替率の逓減…………………47
限界費用……………………………85
限界費用価格形成…………………207
限界費用曲線………………………85
限界変形率…………………………126
限界要素所得………………………184
限界要素費用………………………181
現在価値……………………………179
コイン合わせ………………………217
公共財………………………………200
公共財の最適供給条件……………203
交差効果……………………………59
交　渉………………………………195
公　正(公平, 衡平)…………3, 120, 187
厚生経済学の基本定理……………129
公正取引委員会……………………143
公正な保険…………………………248
効　用……………………………38, 42
効用可能性フロンティア……119, 130
効用関数………………………42, 169
効用最大化………………………38, 47
効率性…………………………3, 113, 118
効率賃金……………………………252
効率的規模…………………………148
合理的行動……………………………6
コースの定理………………………196
固定給………………………………250
固定的生産要素(インプット)……66
固定費用……………………………81
固定費用曲線………………………82
コーナー解…………………………50

さ　行

財・サービス………………………3, 13
最適化…………………………………6
最適消費の条件……………………49

索引 *273*

最適投入の条件 …………………… 78
サミュエルソン P.A. …………………… 203
サミュエルソンの条件 …………………… 203
サンクコスト …………………… 94
参入障壁 …………………… 161
参入阻止価格 …………………… 163
シグナリング …………………… 243
シグナル …………………… 243
資源の希少性 …………………… 2
資源配分 …………………… 3, 113, 118
自己選択 …………………… 245
資産価格 …………………… 179
市　場 …………………… 7, 13
市場供給曲線 …………………… 105
市場均衡 …………………… 19
市場経済 …………………… 7
市場需要曲線 …………………… 104
市場清算価格 …………………… 19
市場賃金率 …………………… 166
市場の価格調整メカニズム …………… 7, 19
市場の失敗 …………………… 129, 189, 235
市場の労働供給曲線 …………………… 173
市場の労働需要曲線 …………………… 172
自然独占 …………………… 133, 206
実証科学 …………………… 4
実証的(事実解明的)な分析 …………… 4
しっぺ返し戦略 …………………… 223
私的財 …………………… 200
私的費用 …………………… 191
支配戦略 …………………… 215
支配戦略均衡 …………………… 215
社会厚生関数 …………………… 121
社会的費用 …………………… 191
収穫逓減 …………………… 68, 83, 85
収穫逓減の法則 …………………… 68, 167
収穫逓増 …………………… 68, 82, 85
囚人のジレンマ …………………… 151, 219
自由貿易協定 …………………… 221
受益者負担の原則 …………………… 201

シュタッケルベルグ・モデル …………… 156
シュタッケルベルグ均衡 …………… 157, 232
シュタッケルベルグの不均衡 …………… 158
需　要 …………………… 15
需要価格 …………………… 107, 114
需要曲線 …………………… 16, 25, 112
需要独占 …………………… 180
需要の価格弾力性 …………………… 24, 135, 144
需要の交差弾力性 …………………… 61
需要の所得弾力性 …………………… 52
需要法則 …………………… 16, 25, 56
需要量 …………………… 15
上級財 …………………… 52
消費者余剰 …………………… 111, 141, 192, 237
消費税 …………………… 33, 117
消費選択 …………………… 38
消費と生産の効率性 …………………… 127
消費の効率性 …………………… 124
消費の最適点 …………………… 48
情報の非対称性 …………………… 238
序数的効用 …………………… 43
所得効果 …………………… 57, 171
所得再配分 …………………… 187
所得-消費曲線 …………………… 52
所得分配 …………………… 3, 120, 186
スウィージー P. …………………… 160
スミス A. …………………… 7
スルツキー方程式 …………………… 62
生産可能性曲線 …………………… 126
生産関数 …………………… 66
生産者余剰 …………………… 112, 141, 192
生産集中度 …………………… 142
生産の効率性 …………………… 125
生産物 …………………… 9, 65
生産物市場 …………………… 11
生産要素 …………………… 9, 65
生産要素市場 …………………… 11
正常財 …………………… 52, 58
正の外部性 …………………… 190, 201

製品差別化	133, 146
政　府	9
石油ショック	30
ゼロ和(ゼロサム)ゲーム	217
選　択	3
先導者	156, 232
戦　略	150, 213
戦略型ゲーム	213
戦略的行動	149, 212
操業停止点	93
総収入	86, 134
総収入曲線	86
総生産物	67
総生産物曲線	67
相対価格	39
総費用	81
総費用曲線	83
双方独占	184
総余剰	114, 141, 192
粗代替財	59
粗補完財	60
粗利潤	113
損益分岐点	92

た　行

代替効果	57, 171
代替財	20, 59
代理人(エージェント)	249
ただ乗り(フリーライダー)	201
短　期	81
チェーンストア・パラドックス	229
地代	175
中間生産物	9
中間点の方法	25
中古車市場の供給曲線	240
中古車市場の需要曲線	241
超過供給	19
超過需要	18
長　期	95

長期限界費用	97
長期限界費用曲線	97
長期総費用	95
長期総費用曲線	96
長期平均費用	96
長期平均費用曲線	96
賃金格差	174
追随者	156, 232
デートのジレンマ	216, 231
展開型ゲーム	213, 225
統　合	194
等産出量曲線	70, 125
同次関数	73
道徳的危険	247
等費用線	75
独　占	14, 133
独占価格	139
独占企業の需要曲線	134
独占均衡	141
独占禁止法	143
独占的競争	14, 146
独占利潤	139
独立財	60
土地の限界生産物価値	175
トリガー戦略	222

な　行

ナッシュ均衡	151, 215
ナッシュ均衡の絞り込み	231
2部料金制	208
ネットワーク外部性	195

は　行

排出基準	197
排出権取引	199
排除性	200
派生需要	166
バブル	180
パレート効率	118

索　引　275

パレート最適 …………118, 128, 191, 220
反応関数 ………………………………154
非価格競争 ……………………………159
非競合性 ………………………………200
非協力ゲーム …………………………213
ピグー A.C. ……………………………198
ピグー税 ………………………………198
非排除性 ………………………………200
費用関数 …………………………………81
費用最小化 ………………………………76
標準型ゲーム …………………………213
費用と便益 ……………………………204
歩合給 …………………………………251
フォーク定理 …………………………223
不完全競争 ……………………… 14, 132
不完全情報 ……………………………235
不完全な価格情報 ……………………236
複　占 …………………………………153
負の外部性 ……………………… 190, 205
負の財 ……………………………………45
部分均衡分析 …………………………118
部分ゲーム ……………………………232
部分ゲーム完全均衡 …………………233
プライス・キャップ制 ………………209
プライス・リーダーシップ …………152
プライス・テイカー(価格受容者)…14, 103
プライス・メーカー(価格設定者)……134
プレーヤー ……………………………213
平均可変費用 ……………………………83
平均可変費用曲線 ………………………84
平均固定費用 ……………………………83
平均固定費用曲線 ………………………83
平均収入 ………………………… 86, 136
平均収入曲線 ……………………………87
平均生産物 ………………………………69
平均生産物曲線 …………………………69
平均総費用 ………………………………84
平均費用 …………………………………84
平均費用価格形成 ……………………207

平均費用曲線 ……………………………84
平均要素所得 …………………………184
平均要素費用 …………………………181
豊作貧乏 …………………………………26
補完財 …………………………… 20, 60
補助金 …………………………………199

ま　行

マークアップ価格形成 ………………158
マーシャル A. ……………………………5
マーシャル的調整過程 ………………108
マーシャルの安定条件 ………………108
埋没費用 …………………………………94
マクロ経済学 ……………………………5
見えざる手 ……………………… 7, 129
ミクロ経済学 ……………………………5
無差別曲線 ……………………44, 123, 169
モニタリング …………………………249
モラル・ハザード ……………………247

や　行

ヤードスティック方式 ………………209
誘因システム …………………………250
有効な脅し ……………………………230
要素価格 ………………………………175
予算制約式 ……………………… 39, 170
予算線 …………………………… 39, 170

ら　行

リース(出来高払い) …………………251
利　潤 …………………………66, 80, 88
利潤最大化 ……………………66, 138, 167
利潤最大化条件 ………………… 91, 139
利　得 …………………………………213
料金体系 ………………………………245
理　論 ……………………………………4
劣等財 ……………………………………54
レモン …………………………………239
レント …………………………………175

労働需要の決定条件 ………………………167
労働の限界生産物価値 …………………166

わ　行

ワルラス L. …………………………………5
ワルラス的調整過程 ………………………106
ワルラスの安定条件 ………………………107

著者紹介

嶋村紘輝（しまむら・ひろき）

1963年　熊谷高校卒
1967年　早稲田大学第一商学部卒
1972年　同大学院商学研究科博士課程修了
1975年　ミネソタ大学大学院経済学部博士課程
1993～94年, 2008年　オックスフォード大学 visiting scholar
現在　早稲田大学名誉教授。博士（商学）

主要著書
『入門経済学〈第2版〉』中央経済社, 1996年
『マクロ経済学―理論と政策―』成文堂, 1997年
『入門マクロ経済学』（共著）中央経済社, 1999年
『入門ミクロ経済学』（共著）中央経済社, 2002年
『図解雑学　ミクロ経済学』（共著）ナツメ社, 2003年
『経済と消費者』（共編著）慶應義塾大学出版会, 2009年
『日本の成長戦略』（共編著）中央経済社, 2012年
『マクロ経済学』（編著）成文堂, 2015年
『ビジネスのための経済学入門』（共著）中央経済社, 2015年

新版ミクロ経済学

2005年4月20日　新版第1刷発行
2022年3月1日　新版第7刷発行

著　者　嶋　村　紘　輝
発行者　阿　部　成　一

〒162-0041　東京都新宿区早稲田鶴巻町514番地
発行所　株式会社　成文堂
電話 03(3203)9201(代)　FAX 03(3203)9206
http://www.seibundoh.co.jp

製版・印刷　藤原印刷　　　　　　製本　弘伸製本
©2005 H. Shimamura　　　　　　Printed in Japan
☆乱丁・落丁本はお取替えいたします☆　検印省略
ISBN978-4-7923-4196-1　C3033

定価（本体2,800円＋税）